中国古代商业文书史

丁海斌　著

科学出版社

北京

内 容 简 介

本书是中国首部关于“中国古代商业文书”的通史类著作。全书从商业文书的起源开始展开叙述，时间上涵盖了从上古至清代前期（1840 年以前）的全部中国古代历史；书中介绍的中国古代商业文书以商业契约类文书为主，兼顾国家法规和管理类文书；在中国古代商业文书的来源方面，包括出土文书和文献记载文书。书中除较具体地介绍了各时期商业文书的情况外，也对各时期商业文书产生与存在的历史背景做了简单介绍，以便读者对各时期商业文书本身及其历史发展有一个更深刻、更全面的理解。

本书以商业史、文书史研究者为主要读者对象，也推荐所有对中国古代商业文化感兴趣的读者阅读。

图书在版编目（CIP）数据

中国古代商业文书史 / 丁海斌著. -- 北京 ：科学出版社, 2024. 11.

ISBN 978-7-03-080368-9

Ⅰ. F729.2

中国国家版本馆 CIP 数据核字第 202402WB94 号

责任编辑：李春伶　李秉乾 / 责任校对：王晓茜

任印制：肖　兴 / 封面设计：润一文化

编辑部电话：010-64005207

E-mail: lichunling@cspm.com.cn

科学出版社 出版

北京东黄城根北街 16 号

邮政编码：100717

http://www.sciencep.com

北京建宏印刷有限公司印刷

科学出版社发行　各地新华书店经销

*

2024 年 11 月第　一　版　开本：720×1000　1/16

2024 年 11 月第一次印刷　印张：21 1/2

字数：345 000

定价：108.00 元

（如有印装质量问题，我社负责调换）

前　言

《中国古代商业文书史》为北京用友公益基金会“商的长城”重点项目“中国古代商业文书研究”成果。

为深入发掘中华民族优秀商业文化传统，保护与传承中华民族商业文化遗产，弘扬中华商业文化，切实养成企业对历史、对社会、对民族高度负责的态度，北京用友公益基金会以“传承中华民族商业文化，促进中国商业文明发展”为目标，通过支持理论研究、学科建设、专业博物馆及数字博物馆建设、非物质文化遗产保护等方式，对中国商业文化遗产进行挖掘、整理、出版、展示，以助力传承和弘扬优秀的中华民族商业文化，促进商业文明发展。

我的研究计划得到了北京用友公益基金会及相关专家的认可，入选了北京用友公益基金会首届“商的长城”学术研究项目。本书旨在较全面地反映中国古代商业文书的历史面貌，特别是当代遗存的商业文书的基本情况。古代商业文书属于历史文书的范畴，是现存中国古代历史文书的重要组成部分。对它的挖掘和总结，对传承中华民族商业文化，对商业史、经济史、文化史、文书史等方面的学术研究都具有重要的学术意义。此前，学术界缺乏全面、系统地反映中国古代商业文书的历史全貌的著作，本书可以填补此项空白。

经过学术团队几年的努力工作，本书终于即将面世。本书的编写工作由我来主持，负责全书的总体筹划、大纲的撰写及后期的修改。参加各部分编写工作的有：杨璐璐（第一章）、林青（第二章）、闫倩倩（第三章）、李秋鸽（第四章）、陈佳丽（第五章）、赵丽娜（第六章）、丁思聪（第七章）、颜晗（第八章）、冷静（第九章）。感谢团队同仁的努力和卓有成效的工作。此外，我的博士研究生康胜利参与了书稿的后期修订。

中华文化博大精深，中国古代商业文书种类繁多，内涵极其丰富，相关的遗存亦分布极广。这为本书的撰写提供了丰富的养料，也使我的工作无法做到尽善尽美。加上个人能力所限，本书难免有不足之处，恳请广大读者批评、指正。本书借鉴了大量学者的相关研究成果，特此致谢！也向北京用友公益基金会的冯丽婕老师等表示衷心的谢意！

丁海斌

2024年10月3日于广西南宁

目　　录

第一章　先秦时期的商业文书

先秦时期是指中国秦朝建立以前的历史时期，广义的先秦时期为远古人类产生时期至公元前 221 年秦始皇灭六国。狭义的先秦时期主要指形成国家后的几个阶段，包含夏、商、西周、东周（春秋、战国）等几个历史时期，这一时期人类商业活动由“以物易物”发展为以货币为主要交易媒介的商业活动，文字渐趋成熟，商业文书逐渐形成。

第一节　先秦时期的历史发展与商业文书

先秦时期是中国历史上文化发展的第一个重要时期，在国家和文字逐渐产生的进程中，商业产生，而商业文书也随之逐渐形成。

张传玺在《论中国历代契约资料的蕴藏及其史料价值》中指出：“中国使用契约的历史很长，其开始时间大约在原始社会末期。今天已发现的有文字可证、有实物可考的最早的契约资料为西周中期的铜器铭文。”[①]由此可见，中国最早的契约文书在先秦时期就已出现，《周恭王三年裘卫典田契》就是其中之一。因此，研究先秦时期商业文书对整个中国古代历史文书的研究，尤其是古代商业文书的研究具有重要意义。

---

① 张传玺. 论中国历代契约资料的蕴藏及其史料价值[J]. 北京大学学报（哲学社会科学版），1991，(3)：114-125，130.

一、先秦时期历史及商业文书发展的基本脉络

传说中，黄帝是黄河流域一个部落联盟的首领。他提倡种植五谷，驯养牲畜，促使部落联盟逐步强大。他曾率领部落打败黄河流域的炎帝部落和南方的蚩尤部落，从而成为中国远古时代华夏民族的共主。传说黄帝和他的臣子、后代创造了包括文字在内的上古几乎所有重要的发明，因此被尊为中华“人文初祖”。黄帝以后，黄河流域部落联盟的杰出首领先后有尧、舜、禹。禹在约公元前 21 世纪，传位于子启，于是中国历史上第一个王朝（也是中国史书上记载的第一个世袭制朝代）——夏朝建立了，其统治时间长达 400 余年。夏朝是迄今为止人们探求中国古代的最早的国家，虽然目前还没有明确可以解读的文字对此进行验证，但是在《史记》等后世的史书中对于夏朝的记载比比皆是。

商朝史称殷商，是中国历史上第一个有直接文字记载的王朝，其统治时间长达 600 余年，商王统治期间曾多次迁都，所以商朝文化的传播范围较广，商朝文化中所留下的文字性材料记载了商朝时期重要的占卜、迁都等大事。商朝时期甲骨文、金文是主要的文字记录形式，目前发现的最长的甲骨文文献达 140 多字，可见文字在商朝时期已经正式走进了人类社会，但由于商朝属于奴隶制社会，因此商朝时期的文字性材料为少数贵族所使用。甲骨文和金文是目前已经发现的中国最早的成系统的文字符号记录。

第三个王朝是周朝。周朝分为“西周”（前 1046—前 771 年）与“东周”（前 770—前 256 年）两个时期。从西周时期开始，文字的使用得到了更广的普及，且商品交易活动逐渐兴盛起来，商业文书正式产生，“析”“赎”“宪”“四封”等字、词皆产生于西周时期，用于表示买卖双方签订的契约或交易凭证。

东周时期，由于各个诸侯国之间交易往来频繁，商业活动也更为繁荣。整个周王朝统治时间共约 800 年。东周分为春秋和战国两个历史时期。孔子对鲁国史官的历史记录——《春秋》加以整理修订，成为正式的儒家经典。《春秋》记录了从鲁隐公元年（前 722 年）到鲁哀公十四年（前 481 年）共 242 年的大事。由于它所记历史事实的起止年代大体上与一个客观的历史发展时期相当，所以历代史学家便把《春秋》这个书名作为该历史时期的名称。春秋时期，周王的势力减弱，诸侯群雄纷争，齐桓公、晋文公、宋襄公、秦穆公、楚庄王相

继称霸，史称春秋五霸。“契”“盟”“质要”等字、词产生于春秋时期，由于各国的频繁交战，商业活动范围进一步扩大，商业文书进一步发展，涉及商业文书的交易活动也不断增多。

春秋时期之后是战国时期（前 475—前 221 年），即中国历史上东周后期至秦统一中原前的一段历史时期。该时期各国混战不休，故被后世称为“战国”。“战国”之名取自西汉刘向所编注的《战国策》。春秋战国时期作为中国古代的大变革时期，其政治、经济、文化等方面都发生了翻天覆地的变化，同时也涌现出了大量在各方面具有独到见解者，形成了“百家争鸣”的局面。这一时期商业文书逐渐体现在契约、凭证、立法等各个方面。“契”“券”等字作为春秋时期商业文书发展的沿用字，其记录内容在战国时期变得更加丰富。《关市律》《金布律》等立法类商业文书的出现则为先秦商业文书的发展开辟了新的形式。

二、先秦时期的主要商业活动

（一）先秦时期商业活动的起源

商业活动在国家形成以前就已经出现了萌芽。关于商业与商人的产生，各个时期的学者观点各异。吴慧在《中国商业通史》中指出，最早的商业发生于母系社会时代：“在北京周口店山顶洞里，考古学家曾经发现作为装饰品用的海蚶壳和布于尸体骨上的赤铁矿碎块。这两种异乡之物——海蚶产于渤海湾一带，距山顶洞约四百里；赤铁矿产于宣龙地区，距周口店二三百里，都非本地所产，不是从他族掠夺而来，便是和他族‘以物易物’交换得来的。”[①]王兆祥和刘文智认为，“最初的商人是从统治者阶层中产生出来的……史籍上还有过这样的记载：我国奴隶社会有一个叫殷商的王朝，其祖先叫王亥，在商朝还未建立之前，也就是在夏朝的时候，他就曾亲自驾着马车，载着帛，带着牛，到远方的部落去进行贸易，最远的地方曾到达过黄河的北岸。从上面的记载中可以看出，最早从事物资交换的人不是一般的普通人，而是掌握着部落大权的统治者”[②]。张一农在《中国商业简史》中提出，中国古代商人分为官商和自由商人，自由商人具备今日我

---

① 吴慧. 中国商业通史（第一卷）[M]. 北京：中国财政经济出版社，2004：5-6.

② 王兆祥，刘文智. 中国古代的商人[M]. 北京：商务印书馆国际有限公司，1995：2.

们所熟知的商人属性，他认为“自由商人是从西周开始出现的，春秋战国以后这支队伍不断发展，并且分为自由的富商大贾和自由的中小商人两部分”①。

商业活动产生于部落时代，“以物易物”即属于商业活动。而从逻辑上分析，商人的产生则需依托国家和货币的产生，因为只有出现了真正的国家，才会存在流通的货币和完善的社会制度，以供商人进行商业活动。而商业文书的产生则在商业活动和商人出现之后，因为文书的存在还需依托文字及载体，可见中国古代商业文书始于先秦时期。

（二）先秦时期的商业活动

先秦时期的商业活动主要分为两大类：“以物易物”和“货币交易”。

“以物易物”的商业活动形式从黄帝时期开始一直延续至商朝以前，这一时期的商业活动没有明确的价值衡量标准，多为按需交换。商业活动在部落内部很少进行，主要是在部落首领带领下与其他部落之间的交换。

然而，“以物易物”的商业活动形式在交易种类及时间方面有很多局限性。伴随国家的产生，货币逐渐形成，商业活动也随之变得更为标准化、灵活化。

“货币交易”的商业活动时代分为“地方货币交易”时代和“统一货币交易”时代，商朝以来货币逐渐形成，在不同地区存在贝壳、布片、金属等多种货币形式，满足了地区内商业活动的需求，但是在跨国和跨地区贸易方面则有很大的局限性，尤其在春秋战国时期，各国交战频繁，百姓流动性较大，货币的不统一给诸侯国的商业收入及税收带来了巨大的障碍。因此，战国末年直至秦朝时期，逐渐出现了统一的货币。

先秦时期的商业活动出现了由“以物易物”到“货币交易”形式上的转变，商业活动使“统一货币交易”萌芽发展，且促进了商业活动的进步。在商业活动的具体内容方面，先秦时期的商业活动交易内容广泛，大到王公贵族交易的土地、马匹，小到市井交易的布料、用具，都可以作为商品进行交易。这也促进了商业文书的发展，尤其是在以“货币交易”为主的商业活动时代，国家的税收凭证，购买房屋、土地、马匹的凭证契约，欠款的收据等商业文书形式多种多样。

---

① 张一农. 中国商业简史[M]. 北京：中国财政经济出版社，1989：15.

三、先秦时期的政治与商业文书

（一）先秦时期政治情况

政治之于文档，乃为重要之母体。先秦时期的国家政治制度直接影响着各个时期商业发展的速度及商业文书的产生与保存情况。先秦时期在政治建设方面属于中国最早期的奴隶制社会，在对于商业文书的保存与管理方面，先秦时期的政治文化起到了积极的促进作用。“事实上，严格意义的档案出现有两个条件：一是记述的工具——文字，这是物质条件；另一个是人们的心理需要，即所谓动机。人类档案的动机是已经产生了，最初来源于人类的记忆力满足了现实的需要，因而产生了萌芽的档案——结绳记事和物件记事。而随着人类活动的发展和复杂化，在国家产生之前，人们就已经开始了一定规模的社会管理工作并设立了一定数量的公职。在文字产生的情况下，这些公职人员难道不会利用文字来书写政务文件和记录史事吗？因此，黄帝的史官苍（仓）颉才集中了群众的智慧，创造了系统的文字。而且，据记载，当时确实也形成了档案材料。”[①]商业文书也在黄帝时期以后逐渐出现萌芽，并在整个先秦时期的发展中正式形成。

在政治方面，先秦时期的政治发展促进了商业文书的产生与发展。但在实际的发展过程中，该时期的政治也对商业起到了部分阻碍作用，受到了以“农本商末”为主调的中国传统经济思想的抑制。自战国时形成“奖耕战”“抑商贾”政策始，秦汉后“重农抑商”“崇本抑末”渐成国策。因此，整个先秦时期在国家政治方面对商业活动一直采取抑制政策，这在一定程度上也阻碍了该时期商业文书的发展。

（二）先秦时期商业管理制度

商业文书源于上古时期的结绳记事，《周易》系辞下曰：“上古结绳而治，后世圣人易之以书契。”[②]《尚书》序曰：“古者伏羲氏之王天下也，始画八卦，造书契，以代结绳之政，由是文籍生焉。”[③]先秦时期的商业文书指在商业活动

① 丁海斌. 档案起源新论——兼与吴宝康教授商榷[J]. 档案，1989，（6）：27-30.

② 冯国超. 周易[M]. 北京：华夏出版社，2017：390.

③ 陶新华. 四书五经全译 2[M]. 北京：线装书局，2016：299.

前、中、后三个时期产生的文书档案，商业文书按其不同的分类标准可以划分为不同的类型。按其法律职能可分为立法类商业文书和执法类商业文书；按其记录内容性质可分为契约类商业文书、法律类商业文书、交易凭证类商业文书和政府统计类商业文书；按其记录交易内容可分为土地类商业文书、牲畜类商业文书、粮食类商业文书和奴隶类商业文书；按其形成朝代可分为商朝时期商业文书、西周时期商业文书、春秋时期商业文书和战国时期商业文书。本书主要按商业文书的法律职能进行划分，这些商业文书的类型与先秦时期的商业管理制度有着密不可分的关系，商业文书形成的每个环节都需要统治者对其进行规则的设定。

《周礼》中记载："以官府之八成经邦治。一曰听政役以比居，二曰听师田以简稽，三曰听闾里以版图，四曰听称责以傅别，五曰听禄位以礼命，六曰听取予以书契，七曰听卖买以质剂，八曰听出入以要会。"[①]可见在整个先秦时期，统治者对于与国家运转相关的事业都进行了严密的制度设计与管理，以提高整个国家的运转效率。商业文书也不例外，尤其在春秋战国时期，商业税收已经逐渐成为各国征战开支的主要经济来源。因此，国家商业管理制度的建立对于整个商业的发展更为重要。

四、先秦文化与商业文书

先秦时期的各个朝代对于商业的管理政策有所差异，管仲曾在《管子》中明确提出对于商业应以抑制的政策进行管理，而以范蠡、白圭为代表的商人则在乱世中不断积累经验，发展商业文化。先秦文化对于商业活动无论采取重商还是抑商的主张，其对商业文书的发展都有一定的促进作用。因为促进商业发展的文化有利于商业活动及契约类商业文书的产生，增加了商业往来的次数，而抑制商业发展的文化则在商业活动中增添了更多的限制性法律类商业文书用以约束商业活动。

（一）汉语言文字的起源与商业文书

语言文字与整个先秦时期的商业总体上没有明确关系可言，在文字产生以前，"以物易物"的商业活动早已存在。汉语言文字在起源方面主要经历了骨

① 杨天宇. 周礼译注[M]. 上海：上海古籍出版社，2004：35.

刻文、陶文、甲骨文等几个过程。

骨刻文是指在兽骨上刻画的符号——象形文字或图形文字。1987年，考古工作者在河南舞阳城北的沙河故道旁发现了一些甲骨，上面有一些刻画的符号。经碳-14测定，该地是一处距今约8000年且保存完好的、相当于裴李岗文化时期的原始社会聚落遗址。王忠恕和张居中认为，这些符号的刻画、笔势、形态、组合等各方面都与殷墟甲骨文基本一致，因此这些符号应该是约8000年前贾湖人使用的文字，贾湖契刻是中国汉字的正源，是汉字的始祖。[①]有研究者认为，通过对骨刻文年代的科学认识，可以确定骨刻文与双墩文化和大汶口文化等陶器符号有密切的关系，而它又是甲骨文的主要源头。

陶文是古人在陶器上刻画的文字符号。关于陶文的发现可分为大汶口文化陶文文字说、丁公陶文文字说和王城岗陶文文字说，持以上几种文字说的学者认为，大汶口文化陶器刻符、丁公陶文和王城岗陶文是早于甲骨文并与古汉字有关的文字，汉字的起源可上溯到4000多年前。

甲骨文产生于公元前14世纪的殷商后期，是迄今为止中国发现的年代最早的成熟文字系统。由于甲骨文内容大多是关于祭祀、征战等方面的占卜记录，故其还被称为“甲骨卜辞”，因其在殷墟出土，又被称为“殷墟卜辞”。

汉语言文字的产生与商业文书的产生和发展有着千丝万缕的关系。商业文书作为文书的一种，是以汉语言文字为基础的一种凭证记录信息。首先，汉语言文字的产生为先秦时期商业文书的产生提供了必要条件；其次，汉语言文字的产生为更多的普通百姓带来了便利，使得普通百姓利用语言文字进行记录成为一种可能，从而对商业文书的发展与普及起到了促进作用；最后，汉语言文字的产生对于今天学者研究先秦时期的商业文书具有重要的价值，是现代学者研究先秦商业文书的重要工具和依据。

（二）甲骨文化、青铜文化、简牍文化与商业文书

先秦时期是由多个朝代共同组成的，且它们所使用的文书载体总在不断变化。甲骨作为殷商时期的重要载体形式一直沿用至西周时期，由于它是将信息内容记录于龟甲和兽骨之上的，因此保存时间较长。

---

① 转引自孟维智．汉字起源问题浅议[J]．语文研究，1980，(1)：94-109.

甲骨文是目前存在的最早的文书形式，主要记录殷商时期的占卜和祭祀的具体起因、经过与结果。“殷墟甲骨文是我国目前发现的最早的成系统的文字材料，其数量达 15 万片之多，内容涉及商代的政治、经济、社会、文化等各方面，具有极高的文物价值和史料价值。”①一条完整的卜辞有前辞（叙辞、述辞）、命辞（贞辞）、占辞、验辞四个部分，刻契时间不一。

甲骨文在记载占卜情况的同时包括许多与商业活动相关的文字，如“盟”（盟约、约信）、“契”（契约）②等，可见在殷商时期商业活动就已经开始被记载。

殷商时期商业文书还没有正式产生，该时期的商业类文字仅限于简单的“盟”“契”等甲骨文字，商业类文书更是无从谈起。但是在殷商时期却存在许多与商业相关的文字，如“贾”“商”“币”等，这些文字是殷商时期存在商业活动往来的重要凭证。殷商甲骨文化虽然以占卜和祭祀为主要用途，但它对商业的价值却是不可估量的，甲骨文化为商业往来提供了更多的凭证参考类保障。

甲骨文由于在文字和载体上存在的要求标准较高，直接影响了其所蕴含的价值，因此从西周时期开始，青铜器上所记载的金文逐渐取代了甲骨文。青铜器铭文是指中国古代青铜器上的文字，也称金文、钟鼎文。金文是“吉金文字”的简称，主要铸刻在青铜器内侧。因为古代称铜为金，所以把这样的文字称为金文。商周时期是青铜器的时代，青铜器的礼器以鼎为代表，乐器以钟为代表，“钟鼎”是青铜器的代名词，因此也称金文为钟鼎文。青铜器铭文中所记载的商业文书的内容较为丰富，这不仅与青铜器铭文这种载体形式的文书有重要的关系，也与西周时期的国家政策有重要的关系。西周时期，“井田制”逐渐瓦解，土地在百姓手中逐渐成为一种可以交易买卖的商品，因此出现了许多以土地易马匹、器具等交易情况，并签订了交易契约作为商业凭证，商业文书也在交易契约中逐渐形成。目前出土的蕴含商业往来内容的青铜器包括“倗生簋”（西周格伯簋）、“九年卫鼎”、“五祀卫鼎”和“善夫山鼎”等，在这一时期商业文书已经逐渐产生。

① 袁伦强.《新甲骨文编》（增订本）校补[D]. 重庆：西南大学，2018：5.

② 陈济. 甲骨文字形字典[M]. 北京：长征出版社，2004：295，608.

简牍文书是一种与青铜文书同时存在的文书形式，其以竹简为主要载体形式。简牍是对中国古代遗存下来的、写有文字的竹简与木牍的概称，它的使用时间是西周到秦汉时期，这一时期是汉文化的形成期，也是文档名词的形成期。当时，用竹片写的书叫“简策”，用木版（也作“板”）写的书叫“版牍”。超过100字的长文写在简策上，不到100字的短文写在木版上。目前出土的《秦律》《田律》等战国时期形成的法律类商业文书也都记载于简牍之上，这为先秦时期的商业文书研究提供了可靠的凭证性档案材料。

第二节 先秦时期商业文书的基本构成与特点

如果将整个古代商业文书作为一个整体，那么先秦时期则是古代商业文书发展的初期，在这一时期，商业文书开始逐渐形成，并在朝代更迭的过程中不断形成完善的立法和管理制度。如果将先秦时期的商业文书作为一个整体，那么可以将先秦时期的商业文书发展划分为三个时期：萌芽期（商朝时期）、产生期（西周时期）、形成期（春秋战国时期）。

一、先秦时期商业文书的历史脉络

中国传统文献中关于夏朝的记载较少，且至今还未出土夏朝的文字或文物。虽然二里头文化具备了属于夏文化的年代和地理位置的基本条件，但一直未能出土类似安阳殷墟甲骨卜辞的文字材料。夏朝的商业活动是无法用文字或文物证实的，因此本书所研究的先秦时期的商业文书以商朝作为第一个研究朝代。商朝的主要文字形式为甲骨文，这种古老的文字在我国学者的研究下正在被逐渐揭下神秘的面纱。商朝的主要商业活动形式为“以物易物”，百姓通过商品的交换来满足生活的各项需要。这一时期的甲骨文主要用于占卜和祭祀，所记载的内容大多为占卜和祭祀的过程，因此所记录的商业往来信息较少，但是在甲骨文中已经出现了“契”“商”“贾”等字。可见在商周时期，商业文书已出现萌芽。

西周时期，商业文书开始逐渐产生，其产生的主要契机与该时期所使用的文字及载体有着密不可分的联系。从西周时期开始，青铜器铭文逐渐发展起来，它的适用范围和记录内容比甲骨文广泛，因此在传播和利用方面发展得极为迅速。青铜器产生于西周时期，其发明之初主要用于祭祀和饮食，但随着人类文明的不断发展，在青铜器上刻以铭文用于记录逐渐成为铸造青铜器的重要一步。其记录的内容包括祭祀、出行、买卖等多种事件，如目前出土的青铜器“卫盉”“倗生簋”“九年卫鼎”“五祀卫鼎”“善夫山鼎”等记载了贵族之间商业往来的时间，并以不同种类的商业文书作为交易凭证。虽然商业文书在西周时期已产生，但该时期其使用主要集中在少数君王和贵族手中。由于该时期产生的货币主要用于贵族之间的商品交易，百姓的日常商品交易仍采用传统的“以物易物”的方式，因此此时商业文书的使用范围还较为局限。

自春秋战国时期开始，商业文书逐渐正式形成。形成的主要原因如下：首先，春秋战国时期文字逐渐普及，青铜器、竹木简成为主要的文字载体，商业文书有了较为成熟的文字和载体基础；其次，商品交易的货币逐渐在各个国家得到应用，为民间的商品交易带来了更多的便利；再次，春秋战国时期属于中国古代多国政权分立的时期，随着铁器的应用生产力进一步发展，促使商业贸易更加频繁；最后，春秋战国时期各家学派林立，诸子思想各领风骚，变法激烈，为该时期的商业活动设立了更为完备的法律类商业文书，增添了商业文书的内容与形式。

二、先秦时期商业文书的基本构成

先秦时期的商业文书按其来源可分为出土文书和文献记载文书两部分。按其记载内容可分为商业文书律令、商业文书契约和商业文书记录凭证，且三者伴随而生、紧密相依，涵盖了古代商业发展的活动、制约等各个方面。商业文书律令的主要职能是在商业活动不断发展的社会环境中约束商人及百姓间的商业交易行为，强化商业秩序；商业文书契约是百姓在商业活动中各自留存的凭证类文书，是百姓进行交易的重要凭证；商业文书记录凭证是买卖双方在交易达成后向政府报备及税收缴纳依据，是政府管控百姓进行商业活动的必要手段。

出土文献主要包括青铜器铭文类和简牍类，先秦时期《睡虎地秦墓竹简·秦律十八种·关市》《睡虎地秦墓竹简·法律答问》等简牍文献为研究先秦时期的商业凭证类文书、立法类文书提供了重要资料；青铜器铭文“倗生簋”“九年卫鼎”“五祀卫鼎”“善夫山鼎”详细记载了诸侯买卖牲畜、土地等的商业文书。详见表 1-1。

表 1-1 先秦时期商业文书出土概况

来源	载体	数量	名称	出处	内容
出土	青铜器	4 件	宪	“善夫山鼎”	立法类商业文书
			析	“倗生簋”	买卖双方的土地契约
			四封	“九年卫鼎”	土地买卖中记载交易信息的凭证
			赎	“五祀卫鼎”	签订的契约
	竹简	2 件		《关市律》	立法类商业文书
				《商君书》	立法类商业文书
文献	竹简	13 件	契	《老子》《荀子》	契约文书
			质要	《左传·文公六年》《周礼》	土地的面积、品质，以及买卖双方或租赁双方的基本信息及契约
			券、契	《战国策》	契约文书，双方参与的文件
			约剂	《周礼》	契约文书
			质剂	《周礼》	买卖契约
			傅别	《周礼》	借贷契约
			书契	《周礼》	交易双方所签订的购买或租赁凭证
			盟	《左传》	执法类商业文书
			禁令	《周礼》	市场法制管理处罚文书
			税	《周礼》	税务类商业文书的统称
			盟	《左传》	执法类商业文书
			判书	《周礼》	先秦时期的合同
			节	《周礼》	通过关卡所用的凭证货节

三、先秦时期商业文书的发展过程

就目前出土文献的研究而言，商朝商业文书并未产生，该时期的文字记载中仅“盟”字在甲骨文中做诸侯之间的誓言、盟约讲，但并不专指商业，且商朝的文字主要供诸侯、王室占卜使用。虽然商朝商业文书还未形成，但在盘庚迁都殷墟后，商朝的商业文化逐渐发展起来。《史记·殷本纪》正义曰："《竹书纪年》云，自盘庚徙殷，至纣之灭，二百五十三年，更不徙都。"[①]自盘庚迁都以后，商朝的都城就成了商贸往来的商业中心，此时商朝的货币流通也逐渐活跃起来。马季凡在《"贝玉"不是商代人的葬具——读姚朔民的〈"具乃贝玉"新说〉》一文中指出，在商代人的墓中，确实有不少用贝随葬的（占1/3—1/2）。[②]可见，商朝在商业市场的形成和货币的产生方面都为商业的发展奠定了基础。

西周时期，青铜器铭文开始记载王室及诸侯的各类事件，周成王时期的"倗生簋"所记载的"析"是目前出土的铭文中最早的商业文书，自此商业文书正式产生。但此时的商业文书仍为诸侯、王室所使用，记载的事件也多为土地、牲畜的买卖交换，未普及至普通百姓。

春秋战国时期各类商业文书开始涌现出来，尤其在战国后期，《秦律》的出现丰富了立法类商业文书的种类。

四、先秦时期商业文书的发展特点

先秦时期商业文书的形成和发展与不同时期的社会稳定情况、货币的发展情况，以及国家对于商业活动的政策有着密不可分的联系。整个先秦时期的商业文书呈现分散、多样的发展特点，随着先秦时期商业活动的不断发展，该时期商业文书的种类也在不断增多，至先秦末期商业文书体系发展成熟。其具体发展特点如下。

第一，载体多样。从西周时期的金文开始商业文书就已产生，因此在载体方面，商业文书有的铸于青铜器具之上（如"善夫山鼎""倗生簋""九年卫鼎""五祀卫鼎"），有的刻于木牍版面（如"傅别""质剂"）供买卖双方一分为二，还有的书于竹简之上（如《关市律》《商君书》）。多样的载体促进了商业文书的产生与逐渐普及，为商业文书的后续发展奠定了良好的基础。

第二，范围局限。西周以前文字主要供诸侯王室占卜和祭祀使用，普通百姓不具备使用文字的条件，对于文字的使用需求也很少，后发展至春秋战国时

① （西汉）司马迁．史记[M]．北京：中华书局，1959：106.

② 马季凡．"贝玉"不是商代人的葬具——读姚朔民的《"具乃贝玉"新说》[C]//王宇信，宋镇豪，孟宪武．2004年安阳殷商文明国际学术研讨会论文集．北京：社会科学文献出版社，2004：314-319.

期，国家在立法（如《秦律》）和由政府主持为百姓提供的凭证契约（如“傅别”“质剂”）中才逐渐使用文字。因此，先秦时期商业文书在使用范围上主要局限于王室、诸侯及贵族间的商业活动。

第三节　商周时期的商业文书

商周时期的商业文书是先秦商业文书产生的萌芽时期，商业文书的分类方式多种多样，其中按朝代划分和按商业文书的用途划分是较为常见的两种分类方式。按商业文书的用途可将其分为立法类和执法类。立法类即各个朝代国家所制定的商业类法律，用以约束百姓的商业活动；执法类主要包括契约、凭证等，是执行商业法令的重要参考资料。商周时期的商业文书主要以执法类契约为主，也包含部分立法类商业文书。

一、商业文书的起源

“文”，泛指文字，先秦时期的单音词“文”就有“用文字记录下来以及与之有关的事物”之意，如《鬼谷子》：“此揣情饰言成文章而后论之。”[①]“而‘书’在先秦时期至少已经有了‘文书奏章’‘诏书’‘档案’‘图书、典籍’‘书信’‘契约凭证’‘簿书（当时的一种礼单）’等文档含义。”[②]目前检索所见，“文书”一词最早出现于西汉贾谊所著的《过秦论·中篇》，文曰：“秦王怀贪鄙之心，行自奋之智，不信功臣，不亲士民，废王道，立私权，禁文书而酷刑法，先诈力而后仁义，以暴虐为天下始。”[③]该处“文书”一词是指诸子百家的诗文典籍，较为明确的文档含义约形成于东汉时期，如《汉书·刑法志》：“文书盈于几阁，典者不能遍睹。”[④]

“文书”一词在《简明古籍整理辞典》中共有三个含义：①指契约和公牍；

---

① （战国）鬼谷子. 鬼谷子[M]. 方向东注评. 南京：江苏古籍出版社，2001：58.

② 丁海斌，康胜利. “文书”“公文”“文件”“档案”四词生成、演变之文化形态研究[J]. 档案学通讯，2016，(2)：47-51.

③ （清）曾国藩. 广注经史百家杂钞[M]. 上海：世界书局，1936：81.

④ （东汉）班固. 汉书[M]. 北京：中华书局，2007：730.

②指文字书籍；③指司理文书的人。[①]而本书主要研究文书在先秦时期的商业价值，即商业契约和公牍。

研究商业文书的起源，首先要从文书的起源开始研究。吴宝康曾指出：“随着社会生产的发展出现了文字后，也就出现了使用文字的文书档案。”[②]在文书档案产生以前，以商业记录为主要目的的非纸质文书凭证早已出现，云南景颇人无力还债时，使用红绸带、花布条把代表各种实物的牛角、铜钱和木片串在一起交给对方，作为“欠条”，凭此条可向欠债人索取财物。云南红河哈尼族典出土地，典出者收到银价若干后，用同样重量的鹅卵石烧红，称为“可粒”，付给对方作为凭证，以后买方可用此赎回典金。“欠条”和“可粒”相当于今天的契约文书，无疑都具有凭证作用。[③]不仅如此，我国少数民族还广泛利用木刻来记日、记账，形成各种文书、档案性质的记事材料，如欠条、盟约、公约、保证书、订婚证书、离婚证书、和解证书、诉讼文书等。

甲骨文产生于殷商时期，主要用于占卜和祭祀，其中与契约有关的主要有“盟”“契”等，但它们在当时都尚未成为商业文书，而是为后世商业文书的产生奠定了一定的基础。

“盟”字在甲骨文字典中解释为盟誓时杀牲口的器皿，尚无商业文书方面的含义。后衍生出“国有疑则盟”[④]，即国与国之间商榷约定的誓言形式，并且随着历史的发展，至春秋战国时期，盟的内容不仅包括“国之疑”，还包括商业之“盟”，如《左传·昭公十六年》中记载，子产对曰：“昔我先君桓公与商人，皆出自周。庸次比耦，以艾杀此地，斩之蓬蒿藜藋而共处之。世有盟誓，以相信也，曰：‘尔无我叛，我无强贾，毋或匄夺。尔有利市宝贿，我勿与知。’恃此质誓，故能相保，以至于今。”[⑤]“誓”为动词，表示人神之间的祈祷约定，其对于“利市宝贿”的规定即为“盟”的内容。因此，“盟”在殷商时期的出现为后来商业文书的正式产生奠定了基础。

---

① 诸伟奇，贺友龄，敖堃，等. 简明古籍整理辞典[M]. 哈尔滨：黑龙江人民出版社，1990：52.

② 吴宝康. 档案学理论与历史初探[M]. 成都：四川科学技术出版社，1986：308.

③ 刘文杰，雷荣广. 论文书和档案的起源[J]. 四川档案，1985，(4)：7-12.

④ 刘兴隆. 新编甲骨文字典[M]. 北京：国际文化出版公司，2005：402.

⑤ 《十三经注疏》整理委员会. 十三经注疏·春秋左传正义（中）[M]. 北京：北京大学出版社，1999：1352.

而在甲骨文和青铜器铭文中，“商”和“契”等字也已出现，但是含义仍局限于国家名和占卜，并不是商业文书的名称。

由以上可见，在殷商时期，虽然产生了“盟”的约定形式，但是在甲骨文字的应用中缺少关于“盟”“契”“商”等字在商业记载中的应用，因此不能判定殷商时期形成了商业文书。从目前的资料看，中国古代的商业文书起源于西周时期。

西周时期，“井田制”逐渐瓦解，土地在百姓手中逐渐成为一种可以交易买卖的商品，因此出现了以土地易马匹、器具等交易情况，并签订了交易契约作为商业凭证，商业文书也在交易契约中逐渐形成。张传玺在《论中国历代契约资料的蕴藏及其史料价值》中指出：“中国使用契约的历史很长，其开始时间大约在原始社会末期。今天已发现的有文字可证、有实物可考的最早的契约资料为西周中期的铜器铭文。”①目前出土的蕴含商业往来内容的西周时期的青铜器包括“倗生簋”（“析”）、“九年卫鼎”（“四封”）、“五祀卫鼎”（“賸”）和“善夫山鼎”（“宪”）等，《周恭王三年裘卫典田契》就是其中之一。目前出土的青铜器中“倗生簋”记载了周成王时期的事件，早于周恭王时期的“九年卫鼎”“五祀卫鼎”和周宣王时期的“善夫山鼎”，其中记载的商业文书“析”是目前出土时间最早的商业文书。

二、商朝时期的商业文书

根据吴宝康的说法，文书产生于文字使用之时，因而商业文书的真正产生时期也应在文字产生以后，即殷商时期。甲骨文的文书主要用于王公贵族占卜出征、祭祀等事宜，在百姓间的“以物易物”的社会中未有使用甲骨文作为商业文书的情况，但该时期商业活动简单的文字记录为商业文书的产生提供了必要的基础条件。

在《甲骨文字形字典》中就存在与商业文书凭证相关的甲骨文，如“盟”（盟约、约信）、“契”（契约）等字，在《甲骨文字形字典》中未出现直接的土地契约或卖身契，“贾”“商”“币”等文字是殷商时期商业活动往来的重要凭证。

① 张传玺. 论中国历代契约资料的蕴藏及其史料价值[J]. 北京大学学报（哲学社会科学版），1991，(3)：114-125，130.

由于甲骨文主要记载商朝时期占卜、祭祀的事宜，因此甲骨文中所记录的关于商业活动的片言只语也源自占卜、祭祀的过程。

三、西周时期的商业文书

西周时期的商业文书是目前出土的最早的一批商业文书，笔者将西周商业文书按照用途分为立法类和执法类。殷商时期的土地归商朝贵族所有，同时土地不具有买卖属性。而自周朝开始实行“井田制”，部分土地归百姓个人所有，且王室、百姓具备部分土地买卖权利，促使了土地买卖文书的产生。此外，西周时期开始使用青铜器与简牍作为记录载体，该时期的商业文书在内容和载体方面与殷商时期相比有了巨大变化。对市场的管理也是促进商业发展的措施之一。周人设立了市场管理机构和管理人员。市场总管为司市，此外还有处理聚讼纠纷、捕盗贼、往来巡查、列肆买卖、平抑物价的胥司、司虣、司稽、肆长、贾师等。[①]这促使西周时期商业文书所包含的类型有所增加。

《卫盉》记载了西周恭王时期一个名叫矩伯的人分两次向裘卫索取觐见天子的价值八十朋的玉质礼器和价值二十朋的皮裘礼服，以及矩伯分两次付给裘卫1300亩农用土地作为索取礼品的代价一事。“隹（唯）三年三月既生霸壬寅。王爯旗于豐。矩白（伯）庶人取堇（瑾）章（璋）于裘卫，才（裁）八十朋，氒贮，其舍田十田。矩或（又）取赤虎（琥）两、麀桒（韨）两、桒韐一，才（裁）廿朋，其舍田三田。裘卫乃彘告于白（伯）邑父，荧白（伯），定白（伯），㝬白（伯），单白（伯）。乃令参有司：司土（徒）敚（微）邑，司马单舆，司工（空）邑人服，眔受（授）田。燹（豳）趞、卫小子瑶逆者（诸）其卿（飨）。卫用乍朕文考惠孟宝般（盘），卫其万年永宝用。”[②]这段文字记载了大臣为买卖双方办理了转移土地所有权的合法手续，说明当时已有了商业文书。

---

① 刘方．论西周商业的发展[J]．宝鸡师院学报（哲学社会科学版），1989，（2）：51-55，80，2.

② 马承源．商周青铜器铭文选[M]．北京：文物出版社，1988：126-127.

具体而言，西周的商业文书包括“析”“四封”“赎”“宪”等。

（一）析

西周“倗生簋”（亦称“格伯簋”）中有以“析”作为土地商业文书的情况，如图 1-1“倗生簋”中有铭文记载，“唯正月初吉癸巳，王在成周。格伯爰良马乘于倗生，厥贮三十田，则析”。其中“则”为副词，“析”本义应为动词，意为“劈分成两半”，这里则是“形成格伯买马的凭证”的意思，即买卖双方的土地契约称为“析”，交易成功后将“析”劈分成两半由买卖双方各执一半。郭沫若曾将“则析”解释为“谓析券成议也”[①]。用后世的“析券”来解释“析”。“析券”，即“以竹或木牍书写要约，剖分为二，当事人各持一，用以为凭证，执法者亦可据以裁断。在用作债券时，右半之券多操于债权人手中，以讨债和索取利息”[②]。

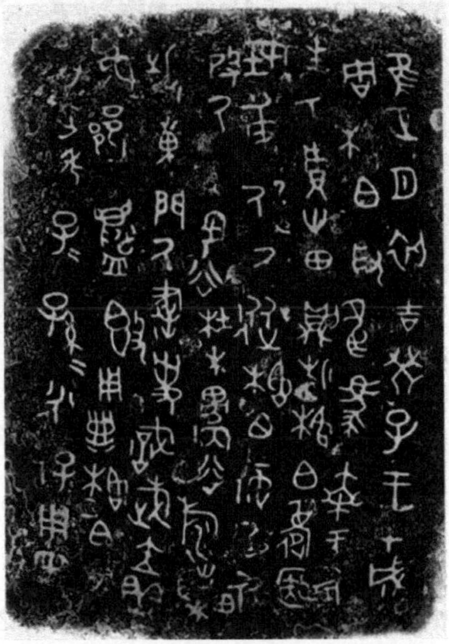

图 1-1　“倗生簋”金文拓片

资料来源：马承源. 商周青铜器铭文选[M]. 北京：文物出版社，1988：107

① 郭沫若. 两周金文辞大系图录考释[M]. 北京：科学出版社，1957：82.

② 郑天挺，等. 中国历史大辞典：音序本[M]. 上海：上海辞书出版社，2007：2092.

（二）四封

“四封”产生于周恭王时期。除在西周铭文中出现外，“四封”多为“数词+量词”的合成结构，不表示专有词语。目前，仅陕西省岐山县董家村青铜器窖藏的“九年卫鼎”之上记载的土地交换事件提及的“四封”与商业文书相关。图 1-2“九年卫鼎”中有铭文记载，“则乃成夆（封）四夆（封）。蕕（颜）小子具（俱）叀（惟）夆（封）”[①]。“九年卫鼎”主要记录了颜氏为了得到两匹大马，用土地“以物易物”的事件，最后签订了“四封”达成交易。其中的“四封”即在土地买卖中记载交易的凭证。

图 1-2 “九年卫鼎”拓片

资料来源：马承源. 商周青铜器铭文选[M]. 北京：文物出版社，1988：101

西周时期还在实行奴隶制，且“井田制”的主要受益者也为贵族，因此“析券”“四封”等仅应用于贵族间的土地交易。

（三）赎

周恭王时期的“五祀卫鼎”中也记载了裘卫和邦君厉之间的土地交换活动。原文载：“隹正月初吉庚戌。卫目邦君厉告于井白（伯）、白（伯）邑父、定白（伯）、琼白（伯）、白（伯）俗父，曰：厉曰‘余执龚（恭）王恤工（功），于邵（昭）大室东逆（朔）荧（营）二川。’曰：‘余舍女（汝）田五田。’正乃

① 马承源. 商周青铜器铭文选[M]. 北京：文物出版社，1988：137.

讯厉曰：‘女（汝）贮田不？’厉乃许曰：‘余窖（审）贮田五田。’”[①]“裘卫要用五百亩土地交换邦君厉的带有两条河流的四百亩土地，当时在场的井伯等大臣询问邦君厉：‘你愿意换田吗?’在‘厉乃许’后，交换契约便在双方合意的基础上作成，并现场举行了土地交接仪式。”[②]其中的“赎”即为签订的契约。

（四）宪

周宣王时期的“善夫山鼎”也有记载用于规范商贾的条例规范：“王曰：‘山，令女（汝）官司饮献人于蒄，用乍口（宪），司贮，母（毋）敢不善’”[③]虽然学术界对“用乍宪，司贮，母（毋）敢不善”的解读并不一致，但其进行管理的含义是没有疑问的，也具备立法类商业文书的含义。可见，西周时期不仅存在对执法商业文书的记录，还存在立法类商业文书的记载。自西周时期开始，立法类商业文书和执法类商业文书都已存在直接的凭证性记录材料，这也是后世春秋战国时期立法类商业文书的开端。

四、春秋战国时期的商业文书

春秋战国时期各诸侯国之间的商业往来逐渐频繁起来，因此跨国交易逐渐盛行，各国对于商品交易的立法规定逐渐完善，且该时期商品交易的契约凭证种类繁多，不同行业的契约都产生了特有的名称。

（一）春秋时期的商业文书

契。自春秋时期开始，各个诸侯国日益独立，国与国之间的贸易往来频繁，形成了更多的契约类商业文书，同时商业类法令书籍也逐渐完善。《诗经·长发》载：“相土烈烈，海外有截。”汉郑玄笺：“相土居夏后之世，承契之业，人为王官之伯，出长诸侯，其威武之盛烈烈然，四海之外率服截尔整齐。”[④]可

---

① 马承源. 商周青铜器铭文选[M]. 北京：文物出版社，1988：131.

② 转引自程延军，杜海英. 中国古代契约法律制度初探[J]. 内蒙古大学学报（人文社会科学版），2006（1）：57-62.

③ 马承源. 商周青铜器铭文选[M]. 北京：文物出版社，1988：314.

④ 《十三经注疏》整理委员会. 十三经注疏·毛诗正义[M]. 北京：北京大学出版社，1999：1455.

见春秋时期开始，“契”已经成为主要的商业契约文书。《老子》中也有“圣人执左契，而不责于人”①之说。《荀子》中则将契约称为契券，云：“合符节、别契券者，所以为信也。”②

质要。《左传・文公六年》中将“质要”解释为买卖货物的券契，在笔者检索的国学宝典古籍数据库中出现约45次，在先秦文献中出现1次。“质”表示事物的本质属性，《周礼》郑玄注“质剂，谓两书一札，同而别之，长曰质，短曰剂”③。《说文解字》载“，身中也。象人要自臼之形”④。《周礼》郑玄注“要”为“要会，谓计最之簿书，月计曰要，岁计曰会”⑤，即“每月的小结”。“质要”在《左传》中第一次出现即用于表示土地契约凭证，原文曰：“六年，春，晋搜于夷，舍二军。使狐射姑将中军，赵盾佐之。阳处父至自温，改搜于董，易中军。阳子成季之属也，故党于赵氏，且谓赵盾能，曰：‘使能，国之利也。’是以上之。宣子于是乎始为国政。制事典，正法罪，辟狱刑，董逋逃，由质要，治旧洿，本秩礼，续常职，出滞淹。既成，以授大傅阳子与大师贾佗，使行诸晋国，以为常法。”⑥晋国的赵宣子主持国政，共制定了九项“常法”，其中一项就是“由质要”，即官私借贷都要使用专门的文书——“质要”，偿还债务也要以“质要”为凭据，即“契约”。

盟。“盟”字产生于殷商时期，做占卜使用，发展至春秋时期才作为“盟约、盟誓”使用，其形式既包括人神之间的盟誓也包括诸侯之间的盟约。《左传・襄公十一年》载，晋、鲁、郑、宋、卫、曹、齐、营、都、滕、薛、杞、小都等国在亳会盟，盟约的主要内容为：“凡我同盟，毋蕰年，毋壅利，毋保奸，毋留慝，救灾患，恤祸乱，同好恶，奖王室。”⑦自春秋时期开始，各国之间经常结成盟约关系，此盟约或盟誓不仅包括各国间的征战，也包括各国之间

① （汉）河上公注，（三国）王弼注，（汉）严遵指归. 老子[M]. 刘思禾校点. 上海：上海古籍出版社，2013：210.

② 方达. 荀子[M]. 北京：商务印书馆，2016：210.

③ 《十三经注疏》整理委员会. 十三经注疏・周礼注疏（上）[M]. 北京：北京大学出版社，1999：58.

④ （汉）许慎. 说文解字[M]. 北京：中华书局，1963：54.

⑤ 《十三经注疏》整理委员会. 十三经注疏・周礼注疏（上）[M]. 北京：北京大学出版社，1999：58.

⑥ 《十三经注疏》整理委员会. 十三经注疏・春秋左传正义（中）[M]. 北京：北京大学出版社，1999：509-510.

⑦ 《十三经注疏》整理委员会. 十三经注疏・春秋左传正义（中）[M]. 北京：北京大学出版社，1999：898.

的商业贸易往来。因此，盟也属于执法类的商业文书。《左传·昭公十六年》载子产对曰："昔我先君桓公与商人，皆出自周。庸次比耦，以艾杀此地，斩之蓬蒿藜藋而共处之。世有盟誓，以相信也，曰：'尔无我叛，我无强贾，毋或匄夺。尔有利市宝贿，我勿与知。'恃此质誓，故能相保，以至于今。"[①]从这段记载中不难看出，二国"盟誓"的内容都与商业有关。

（二）战国时期的商业文书

战国时期商业继续发展，促进了商业文书的发展。战国晚期，秦国在立法方面较为完善，商业文书也不断丰富起来。

券、契。券和契是战国时期的重要商业文书形式，《战国策》中对于"契"的记载居多。这些契约的载体一般是竹帛。根据《战国策》记载，冯谖奉孟尝君之命，驱车赶到薛地，"使吏召诸民当偿者，悉来合券。券遍合，起，矫命以责赐诸民，因烧其券，民称万岁"。《战国策·西周》载："今君之使最为太子，独知之契也，天下未有信之者也。"注曰："契：约。立约必双方，今则只一方，故曰'独知之契'。"即"契"是契约文书，双方参与的文件，其中有经济契约，如冯谖为孟尝君到薛地收债时，"约车治装，载券契而行""券，契也。券别之书，以刀判契其旁"。[②]

《关市律》《金布律》。战国后期秦国的法律最为完备且使用的时间最长，在商鞅变法的促进下，秦国的《田律》《仓律》等立法类商业文书也相继涌现。《睡虎地秦墓竹简·秦律十八种·关市》载："为作务及官府市，受钱必辄入其钱缿中，令市者见其入，不从令者赀一甲。"[③]规定买卖双方交易时，卖方必须将钱当着买家的面投入钱罐中，否则就要罚一甲。《金布律》中规定，凡出售的商品，一钱以上者，都必须明码标价。商业活动被市场官员与群众监督起来，有利于监管物价，防止商人随意抬高物价从中牟取暴利。

---

① 《十三经注疏》整理委员会. 十三经注疏·春秋左传正义（中）[M]. 北京：北京大学出版社，1999：1352.

② 何建章. 战国策注释[M]. 北京：中华书局，1990：58-59，381，385.

③ 睡虎地秦墓竹简整理小组. 睡虎地秦墓竹简[M]. 北京：文物出版社，1978：68.

第四节 《周礼》中的商业文书

《周礼》是研究先秦时期商业文书的重要依据，因此本书将《周礼》中记载的商业文书单独成节加以介绍。关于《周礼》的成书时间，学术界一直在春秋、战国、秦代三者之间有所争议，但多倾向于战国晚期。一般认为，《周礼》所反映的内容，除西周外，也可能包括先秦其他时间段特别是春秋战国时期的内容。而且，有一部分内容应属于作者的设计，此前笔者已有所甄别。《周礼》中使用的文档名词流传后世的可以分为两种：第一种为《周礼》中所含先秦通用的文档名词，包括书、版、图、礼籍、书契；第二种为《周礼》独有的文档名词，包括八柄、六典、八法、八则、八统、九赋、九贡、九两、九职、三典、五刑、判书、质剂、质、剂、岁会、约剂、版图、官书、官契、礼命、贤能之书。[①]另有一些文档名词仅在《周礼》及相关注疏中使用，后世再现是对原文的引用或复述，如傅别、腰、岁成等。其中“约剂”“质剂”“傅别”“判书”“禁令”“书契”“节”等都属于先秦时期《周礼》中所特有的商业类契约文书。

一、约剂

“约剂”最早出现于《周礼》中，在笔者检索的古代文献中出现45次，其中在先秦时期出现4次，皆出自《周礼》。“约剂”即古代用作凭据的文书、契券。《周礼》中记载“司约掌邦国及万民之约剂”，“凡民之有约剂者，其贰在司盟”。其含义都指契约，“司约掌邦国及万民之约剂，治神之约为上，治民之约次之，治地之约次之，治功之约次之，治器之约次之，治挚之约次之。凡大约剂，书于宗彝。小约剂，书于丹图”。[②]

① 丁牧羊，王鹤淇.《周礼》文档名词再研究[J]. 档案学通讯，2015，(6)：32-39.

② 《十三经注疏》整理委员会. 十三经注疏·周礼注疏（上）[M]. 北京：北京大学出版社，1999：947-952.

二、质剂

“质剂”在笔者检索的古代文献中出现123次，其中在先秦时期出现4次，皆出自《周礼》。这种契约写在简牍上，一分为二，双方各执一份；质，是买卖奴隶、牛马所使用的较长的契券；剂，是买卖兵器、珍异所使用的较短的契券。《周礼》中记载，“以质剂结信而止讼”，“凡卖儥者质剂焉，大市以质，小市以剂”，“凡治质剂者，国中一旬，郊二旬，野三旬，都三月，邦国期”。[①]“质剂”作为商业文书在《周礼》中涉及的交易种类主要包括奴隶、牛马、兵器、珍异等。

三、傅别

“傅别”在笔者检索的古代文献中出现49次，其中在先秦时期共出现2次，皆记载于《周礼》中。它是商业债务合同，借贷双方各持一份，小宰亦持一份，并充当公证人与经济法官角色，有时也解释为票据。[②]《周礼·天官·小宰》载：“四曰听称责以傅别。”注：“傅别，谓券书也。听讼责者，以券书决之。”[③]

四、判书

“判书”是先秦时期的合同，在笔者检索的古代文献中出现119次，其中在先秦时期出现1次。《周礼》记载：“凡有责者，有判书以治，则听。”[④]

“质剂”“傅别”“判书”三者虽然都指契约文书，但是在具体的使用方法和种类上有所差异。“质剂”“傅别”“判书”三者第一次出现都是在《周礼》中，其中应用最为广泛的是“傅别”，其主要原因是“傅别”不仅权威性强且操作较为简单，其在交易买卖中只需将买卖双方交易的基本信息等契文写在木板或竹片中的一面上且仅书写一份，然后将木板或竹板一分为二供买卖双方分

---

① 《十三经注疏》整理委员会. 十三经注疏·周礼注疏（上）[M]. 北京：北京大学出版社，1999：368，375-376.

② 丁海斌. 论《周礼》所记载的经济管理文书与档案[J]. 档案学研究，1995，(2)：23-27，49.

③ 《十三经注疏》整理委员会. 十三经注疏·周礼注疏（上）[M]. 北京：北京大学出版社，1999：57-58.

④ 《十三经注疏》整理委员会. 十三经注疏·周礼注疏（上）[M]. 北京：北京大学出版社，1999：940.

别留存一半契文即可。“质剂”则是利用政府官员“质人”发放的木板或竹板中的一面同时书写上两份契文，交易达成后将木板或竹板分开由买卖双方各持一份完整的契文，在“质剂”产生的全过程都有“质人”监督，因此“质剂”所具有的权威性更高，可以作为政府明确的法律依据凭证。此外，“质剂”可分为两种，即大型交易用长券、小型交易用短券，这使得交易凭证更为规范。

五、禁令

“禁令”在笔者检索的古代文献中出现 931 次，其中在先秦中出现 29 次，皆记载于《周礼》中。市场禁令文书是国家对在市场上从事货贿的民商贾工及出入市场者所制定的司法条例。《周礼》中市场禁令文书由管理市场的司市制定，如《周礼·司市》云：“掌市之治教、政刑、量度、禁令。”[①]

市场法制管理处罚文书是针对违反市场禁令文书者而制定的惩罚条例。因违反市场禁令罪轻重不同及犯者身份地位不同，处罚的内容和形式也不同。《周礼》中涉及对市场犯罪进行惩罚的名称有“罚、宪罚、徇罚、扑罚、罚布、诛罚之、举而罚之、达戮而罚之、徇且刑之、搏而戮之、举之、搏之、袭及刑人赦等”。“表悬于肆门，宣播其罚，与表悬法令同。”“徇”注云：“举以示其地之众也。”孙怡让认为：“谓列其所犯，楬著其身，使周行市廛，以示众为戒也。”此罚要以身楬罪状于市示众，略重于只在肆悬其罪状的宪刑。“扑罚”，《尚书·舜典》云：“扑作教刑。”《国语·鲁语》云：“薄刑用鞭扑。”《鲁语》所云国用之薄刑，即是市场之大刑。可见，对市场之罪的惩罚比较轻。超出大刑的重罪则交于“秋官”中的士师、乡士及遂士之属处理，“其附于刑者，归于士”，指的即是此事。[②]

六、书契

“书契”属于“契族”类名词，为交易双方所签订的购买或租赁凭证。《周礼》载，“以官府之八成经邦治：一曰听政役以比居，二曰听师田以简稽，三

① 《十三经注疏》整理委员会. 十三经注疏·周礼注疏（上）[M]. 北京：北京大学出版社，1999：366.

② 孙瑞.《周礼》中市场法制管理文书探究[J]. 法制与社会发展，2003，(3)：141-144.

曰听闾里以版图，四曰听称责以傅别，五曰听禄位以礼命，六曰听取予以书契，七曰听卖买以质剂，八曰听出入以要会”[①]。《易经》也载，“上古结绳而治，后世圣人易之以书契，百官以治，万民以察，盖取诸《夬》”[②]。两处文献中的“书契”皆为契约凭证。

七、节

“节”是古代商人通过关卡所用的凭证。《周礼·地官·司关》云：“司关，掌国货之节。”汉郑玄注：“货节，谓商本所发司市之玺节也。”《周礼》称：“凡邦国之使节，山国用虎节，土国用人节，泽国用龙节，皆金也，以英荡辅之。门关用符节，货贿用玺节，道路用旌节，皆有期以反节。”[③]“节”上有印章，门关用符节，货贿用玺节，道路用放节，因此“节”也属于商业文书的范畴。

第五节　小　　结

先秦是中国古代历史发展的起步时期，先秦时期商业文书是伴随先秦经济活动的产生、发展而产生的必要凭证。商朝在文字、载体、商业活动方面已经具备了产生商业文书的必要条件，目前所见的与契约有关联的甲骨文主要有“盟”“契”等，但它们在当时尚未成为商业文书，而是为后世商业文书的产生奠定了一定的基础。

西周时期，商业文书正式形成，“析”“赎”“宪”“四封”等皆产生于西周时期，用于记录王室贵族间的土地、马匹等交易情况。至春秋战国时期，商业文书在使用范围上有所扩展，“契”“盟”“券”“质要”等商业文书皆产生于春秋战国时期。《周礼》中也包含大量与商业文书相关的记载，具体包括“约剂”“质剂”“傅别”“判书”“禁令”“书契”“节”等。

---

① 《十三经注疏》整理委员会. 十三经注疏·周礼注疏（上）[M]. 北京：北京大学出版社，1999：57.

② 柯可. 八卦奥义[M]. 北京：中国档案出版社，2004：7.

③ 《十三经注疏》整理委员会. 十三经注疏·周礼注疏（上）[M]. 北京：北京大学出版社，1999：383，387-388.

总体来讲，先秦时期的商业文书在内容和种类方面已经初具雏形。在中国古代商业文书发展史中，先秦时期是其产生和初步发展期，为秦汉时期商业文书的进一步丰富与发展提供了良好的基础。在商业文书的种类方面，立法类商业文书与执法类商业文书已经分类明确。先秦时期商业文书的发展促进了当时社会经济的发展，同时也为各国之间的贸易往来做出了巨大贡献。

第二章 秦汉时期的商业文书

秦汉，自公元前221年秦统一为始，至公元220年东汉灭亡为终，包括秦、西汉、新、东汉四个朝代。这一时期，逐渐发展成熟的商业催生出体系逐渐完备的商业文书。综合来看，秦汉商业文书在整个商业文书史上是一个起着承上启下作用的重要阶段，是中国古代商业文书初步走向成熟的一个关键转折点。

第一节 概 述

在秦始皇一统六国的政治背景之下，在相对稳定的商业发展环境之中，商业文书的数量大幅增加，文书种类也逐渐丰富，且条理规范更加趋于完备。自此，中国古代商业文书体系初步形成，并对后世商业文书之发展产生了相当深远的影响。

一、秦汉时期历史发展与商业文书

中国古代商业文书发展至秦汉阶段，具有里程碑式的重要意义，它标志着中国古代商业文书的初步成熟。这一时期，商业文书具备了较完整统一的管理体系，在此基础上，文书内容与种类不断丰富。该时期既是“抑商”政策建立起强势局面的时期，也是中国商业发展走向成熟的重要阶段。在此历史背景下，中国古代商业文书于秦汉时期初成体系。

（一）秦代商业及其对商业文书的影响

秦始皇立秦之后，颁布的诸多改革措施之中，对于商业影响最大的当属“抑商”和“统一”政策。这两种政策也令商业文书形成了完善、统一的规模。中国古代商业文书滥觞于先秦，初成体系于秦代，可称之为一次质的飞跃，这样的飞跃必然归功于当时的商业环境。

1. 秦代商业

1）在“重农抑商”中乘风破浪

为了巩固政权、维护封建统治、打击工商业者，秦始皇始终推行“重农抑商”，该政策虽起源于战国时期，但秦汉则为“重农抑商”政策全国盛行之时。

《史记·秦始皇本纪》中记载：“三十三年，发诸尝逋亡人、赘婿、贾人略取陆梁地，为桂林、象郡、南海，以适遣戍。”[①]“贾人”即从商之人，秦始皇当时将商人与“逋亡人、赘婿”划为同类，使其处于较为低贱的社会地位。此外，为了加强中央集权，秦始皇令东方六国的大工商业者迁徙至西北、西南等蛮荒之地，此举大大打击了工商业者的经商活动，商品经济更因此而遭到破坏。

但是，秦代“抑商”政策的推行并不连续，在某些特殊时期对地域并未严加管制，这就使经商者得以喘息，重操旧业。另外，实际上，秦始皇对诸如乌氏倮、巴寡妇清等大商人依然持尊重态度，如《史记·货殖列传》中记载：“畜至用谷量马牛。秦始皇帝令倮比封君，以时与列臣朝请。”[②]或如《汉书·货殖传》曰：“清寡妇能守其业”，“始皇以为贞妇而客之，为筑女怀清台”。[③]这一系列措施，在一定程度上促进了当时的商业发展。

2）在“统一政策”下重获新生

与“重农抑商”相辅相成的是政府干预经济。作为一个中央集权的大帝国，不仅要“海内为郡县”，还要“法令由一统”[④]，秦始皇统一货币、统一度量衡、统一亩制、统一车轨，开创了中央集权的封建专制主义的新历史时代。上述诸

① （西汉）司马迁．史记[M]．北京：中华书局，1959：253.

② （西汉）司马迁．史记[M]．北京：中华书局，1959：3260.

③ （东汉）班固．汉书[M]．上海：上海古籍出版社，2003：2637.

④ （清）马骕．绎史[M]．北京：中华书局，2002：3711.

多“统一”之政策，为商业发展提供了一个安定有序的环境。秦对于商业活动的管理是通过制定一系列法律规章进行的，在政府的干预下，商业活动虽受到制约，但政府也维护了商业活动发展的有序性，从而使其得到良性发展。

秦始皇对于商业方面最重要的举措是统一货币。在秦王朝建立前，六国货币形态各异，交易流通实属困难。秦始皇建立统一王朝后，废除了各国原用货币，钦定“半两”圆钱为通行全国的法定货币，最终于公元前210年统一了全国货币。秦始皇还颁布了中国最早的钱币法，堪称中国历史上第一次重要的钱币革命。货币的统一，扭转了当时市场上货币混乱的局面，便利了全国各地之间的商品交易往来，该政策对商业发展具有积极意义。可以说，秦始皇统一货币，是中国古代商业形成规模的基础。

秦统一之前，与货币形制多样的情况相类似，各诸侯国的度量衡制度相当混乱，进位制也有差异。秦统一六国后，颁布了统一度量衡的政策，并制发了度量衡的标准器，对度量衡进位制也进行了统一规定。度量衡的统一，对当时的经济发展具有重大意义，使计算更为方便，克服了因标准不同而产生的困难，为商业的发展提供了更有利的条件。

为了巩固统一，加强中央对地方的控制，秦代建立了中央集权制的财政管理机构。《汉书·百官公卿表上》云：“掌丞天子助理万机。”[①]丞相奉皇帝使命，参与制定财政政策。该政策为商业发展提供了既安定又有序的环境，一系列针对商业的法律法规使商业活动有法可依、有章可循，使商业获得良性发展。

2. 秦代商业对商业文书的影响

秦是一个法律严苛的朝代，秦始皇为维护政权统一，秉持“法令由一统”的原则，制定了相当多的法律条文来约束商业发展，也就是上述提到的“抑商”，而这些法律条文也就成了《秦律》的组成部分。在这样的法律背景下，秦代商业受到政府的严格把控，而在这样的商业背景下，自然产生了相当数量的立法类商业文书，现今出土的秦代商业文书中，无论是《睡虎地秦墓竹简》《岳麓书院藏秦简》还是其他古文书资料，均以立法类文书为主。

在《睡虎地秦墓竹简》中，不仅包括像《金布律》《关市律》《工律》《秦律十八种》中对于当时市场管理、契约管理等方面的法律条文规定，也有像《法

① （东汉）班固. 汉书[M]. 北京：中华书局，1962：724.

律答问》这种针对现实生活中商业活动的案例分析，案例中亦会涉及一些有关商业的法律条文。《岳麓书院藏秦简》中也包含大量立法类商业文书，如《奏谳书》《秦律杂抄》《秦令杂抄》，它们真实地反映了秦代的商业法律制度。秦代商业活动管理之严格，促进了商业法律类文书的快速成长，同时，它也是中国商业法律文书初步走向成熟的重要标志。

（二）西汉商业及其对商业文书的影响

西汉商业发展历程，可概括为发展（繁荣）→抑制→发展（盛后转衰）。西汉商业文书在整个秦汉商业文书中所占比重最大，其最大的特点是“汉承秦制”，立法类商业文书方面西汉与秦代可谓一脉相承。西汉商业繁荣时期，商业文书从数量上和种类上都呈现剧增趋势，除立法类商业文书外，也存在大量契约文书和借贷文书等。

1. 西汉商业

1）商业繁荣——刘邦立汉、文景之治

汉高祖刘邦推翻了秦王朝，在吸取秦亡教训的基础上，继承并维护了秦始皇开创的中央集权的体制。汉承秦制，并非完全照搬秦代制度，而是取其精华、去其糟粕，在秦制基础上有所改进与发展。汉高祖刘邦以温和的方式治理国家，建立了一个稳定的统一政权。商业方面，依旧采用“重农抑商”的政策，颁布贱商之令。《史记・平准书》云：“贾人不得衣丝乘车，重租税以困辱之。”[①]汉初虽然在理论上强调“抑商”，但只是使从商之人处于较低贱的社会地位，而并未真正从经济上限制商业发展。随着农业的恢复与发展，西汉的手工业和商业也随之得到了快速的发展。西汉前期，呈现商业繁荣之景象。汉初是中国商人获得自由发展的安定时期，该时期贸易活跃，各地区商业交流频繁，并随着商业发展，新一批富商大贾逐渐涌现。

“文景之治”是中国历史上的盛世之一，在文帝与景帝执政时期，汉王朝经济日趋繁荣，出现了封建社会第一次“盛世”景象。《史记・平准书》云：“至今上即位数岁，汉兴七十余年之间，国家无事，非遇水旱之灾，民则人给家足，都鄙廪庾皆满，而府库余货财。京师之钱累巨万，贯朽而不可校。太仓之粟陈

① （西汉）司马迁. 史记[M]. 北京：中华书局，1959：1418.

陈相因，充溢露积于外，至腐败不可食。”[①]

从以上描述可见文景盛世时期，国家之繁荣，人民生活之富足。

2）商业颓势——武帝“抑商”

公元前140年，刘彻即位，是为汉武帝。

经过数十年的休养生息，这一时期，西汉经济已经恢复繁荣。但是，经济繁荣的同时，却造成了当时社会贫富差距悬殊的局面。为了缓解此种社会矛盾，抑制商人资本的思想又重新抬头。

汉武帝即位后，开始改变过去的“无为而治”。面对富商大贾的淫侈兼并，汉武帝颁布了算缗、告缗，以及盐铁官营政策，令富商赈济灾民，帮助国家。此举一方面是为了筹备军费，准备抗击匈奴的战争；另一方面是为了抑制富商大贾势力的发展，从根本上解决当时存在的社会问题。由于武帝前期穷奢极欲、繁刑重敛、频繁征战，至武帝末，经济日益凋敝，于是，汉武帝改变早年的政策，开始休养生息。

3）畸形发展——汉室衰败

为了恢复社会经济，挽救衰退局面，西汉后期采用较温和的政策，以农为本，轻徭薄赋，赈困济穷，慎用刑罚。此后，至昭帝时期，商人势力有所恢复。这时期，国家的官吏也多依靠商业致富，商贾大肆谋利，官吏也参与其中，相互勾结，造成“上有好利之臣，则下有盗窃之民”[②]的社会风气。

《汉书·佞幸传》载：“汉室衰于元、成，坏于哀、平。”[③]汉室盛衰，当以宣、元为界。汉代末期，内忧外患不断，统治阶级腐朽，政权腐败，难以重振基业，最终，汉元帝在错综复杂的形势中病逝，成帝即位，其政治手段不外乎在各种社会矛盾中求得平衡，维护日益腐败的政权。西汉末年，社会日渐衰败，各种社会矛盾交织，以致爆发小股农民起义。

2. 西汉商业对商业文书的影响

西汉王朝历经210年，悠久的历史留给后世相当丰富的史料资源。下面，笔者将分别从文书数量、文书出土地点、文书内容三方面来概括西汉时期商业对该时期商业文书发展的影响。

① （西汉）司马迁. 史记[M]. 北京：中华书局，1959：1420.
② （宋）司马光. 资治通鉴[M]. 邬国义校点. 上海：上海古籍出版社，2017：290.
③ （东汉）班固. 汉书[M]. 北京：中华书局，1962：3741.

首先，从文书数量上看，西汉时期涉及商业的古文书是秦汉商业文书中所占比例最高的，其所涵盖的内容也相当丰富。契约文书、立法类商业文书、借贷文书等种类繁多，广泛涉及物价、买卖、雇佣等诸多商业活动内容，这归功于西汉王朝统一的时间较长，以及当时商业发展的完善与贸易往来的活跃。通过了解西汉商业背景可知，西汉时期经济几度繁荣，贸易活动频繁，各地域之间商业来往密切，频繁的商业活动必然产生大量的商业文书。

其次，从文书出土地点来看，《肩水金关汉简》与《居延汉简》皆出土于当时的战略要地，因此出土的汉简包含许多军事、政治、经济等相关内容，涉及商业的文书也大多与商业法律法规有关，属官府文书。西汉初期虽采取“与民休息”的政策，但并非放任自如，经济恢复，商业也随之发展起来，买卖、借贷、雇佣行为逐渐活跃，对于政府而言，制定新的更加完善的律令以适应商业的进步已是当务之急。

最后，从这些商业文书内容中可以得知，西汉时期许多商业法规和秦代是一脉相承的，这点恰好印证了“汉承秦制”这一说法，但是其制度又没完全照搬《秦律》，如由《睡虎地秦墓竹简》的“入顷刍稿，以其受田之数，无豤（垦）不豤（垦），顷入刍三石、稿二石。刍自黄穌及历束以上皆受之。入刍稿，相输度，可殹（也）”[①]，到《张家山汉简》中“入顷刍稿，顷入刍三石；上郡地恶，顷入二石；稿皆二石。令各入其岁所有，毋入陈，不从令者罚黄金四两。收入刍稿，县各度一岁用刍稿，足其县用，其余令顷入五十五钱以当刍稿。刍一石当十五钱，稿一石当五钱”[②]。通过仔细对比可以发现，《张家山汉简》中刍稿税的征收制度，是在《睡虎地秦墓竹简》中《田律》的基础之上加以修正而成的，这是比较典型的汉承秦制。

（三）新朝商业及其对商业文书的影响

公元 9 年，王莽篡汉，建立新朝称帝，西汉王朝至此灭亡。鉴于西汉末年腐败的政治局面，王莽称帝后，顺应时势，推行了一系列改良政策。新朝商业文书对于整个秦汉商业文书而言，具备“独特性”一环。由于王莽在位期间进行

---

① 睡虎地秦墓竹简整理小组. 睡虎地秦墓竹简[M]. 北京：文物出版社，1978：27-28.

② 张家山二四七号汉墓竹简整理小组. 张家山汉墓竹简〔二四七号墓〕[M]. 北京：文物出版社，2001：165.

了许多新朝时期所特有的改革，因此新朝商业文书具有较为明显的时代特征。换言之，正是由于新朝独特的商业政策环境才赋予了新朝商业文书的独特性。

1. 新朝商业

1）四次币制改革带来的负面影响

币制改革，是王莽即位后的一项重要改制，他执政期间共进行过四次币制改革。

币制改革对当时社会的负面影响颇深，多次币制改革导致货币流通效果极差，造成市场通货膨胀、物价飞涨的不良后果。《资治通鉴》载："每一易钱，民用破业而大陷刑。"[①]可见币制改革混乱，造成平民破产，频繁改易币种使百姓苦不堪言，并且使得国民财富被大量洗劫。由此可见，频繁的币制改革违背了市场流通规律，给社会注入了动荡的因子。

2）"五均六筦"政策的积极意义

"五均六筦"是中国历史上最早的城市工商管理条例，王莽实行"五均六筦"的初衷是为了平抑物价，抑制商贾囤积居奇，由国家垄断重要的手工业和商业活动，并直接进行赊贷活动。

理论上讲，"五均六筦"政策的提出，其思想是先进的，是符合市场运行规律的，也在一定程度上打击了富商大贾、保护了中小工商业者，但该政策实施的过程中剥夺了富商大贾的利益，加剧了王莽政权与豪强势力之间的矛盾，官商勾结，商人披上权力的外衣以权谋私，适得其反地损害了百姓的利益。因此，这次改革反而激化了社会矛盾，使得改革最终以失败告终，但是，就"五均六筦"的政策本身而言，其意义是不容小觑、利大于弊的。

2. 新朝商业对商业文书的影响

新朝经济之变革，历经 15 年，其间提出了诸多涉及商业方面的政策，但是大多中途夭折，并为当时的社会发展带来了相当负面的影响，这些在新莽时期商业文书中有着较为明显的体现。

王莽四次币制改革，较为直观的是对钱币称呼的改变，改"钱"为"泉"。频繁的币制改革，造成商品市场秩序严重混乱，通货膨胀，物价飞涨，此类状况在《汉书·食货志》和《东观汉记》中都有所记载，在新莽简中也有所体现。

---

① （宋）司马光. 资治通鉴[M]. 北京：线装书局，2007：277.

例如，《居延汉简》中记载新朝时期羊价的两枚简文，一枚简文记载羊的单价为 250 钱，而另一枚简文记载的羊价却高达 1000 钱，这应该归咎于币制改革造成的市场混乱。再如，新莽简中记载了当时的布价为每匹 1000 钱左右，而查阅西汉时期布的单价，仅不超过 500 钱。

然而，新朝这段看似制度混乱的历史，却为如今新莽简的断代工作带来了较大的便利。新莽时期对一些事物的称谓，是当时所特有的。某些当时制定的政策，也在新莽简中具有明显的体现，这便于我们仅通过辨别钱币、地区乃至数字等的特殊称谓来判定是否为新莽简，如称“钱”为“泉”、改“长安”作“常安”、将“四”写作“亖”。

（四）东汉商业及其对商业文书的影响

汉宗室刘秀重建汉王朝，是为东汉。经历了王莽篡权之乱，国家百废待兴，为使国家经济得到恢复与继续发展，刘秀采取了各种措施。

在商业方面，东汉继承了西汉的商业思想，发展私营工商业，但是，东汉并不像西汉那样实施“抑商”政策，而实行的是“宽商”政策。因此，东汉商业得到了快速发展，地主、官僚、商人三位一体，势力逐渐扩大，官僚商人的出现是东汉一个特有的现象。商人势力的发展，造成一系列社会问题，使得东汉的统治者也曾对于是否沿袭西汉“抑商”政策展开争论，不过从一些史料可以看出，东汉始终未进行全面的抑商。例如，《后汉书 • 桓谭传》云：“夫理国之道，举本业而抑末利……此所以抑并兼长廉耻也。今富商大贾，多放钱货，中家子弟，为之保役，趋走与臣仆等勤，收税与封君比入，是以众人慕效，不耕而食，至乃多通侈靡，以淫耳目。今可令诸商贾自相纠告，若非身力所得，皆以臧畀告者。如此，则专役一己，不敢以货与人，事寡力弱，必归功田亩。田亩修，则谷入多而地力尽矣。”①

东汉的“宽商”政策，有利有弊，但从社会经济发展的角度来看，利大于弊，它不仅推动了以洛阳为中心的一大批工商业的兴起，而且促进了周边地区郡县商业往来的繁荣。《晋书 • 江统传》云：“秦汉以来，风俗转薄，公侯之尊，莫不殖园圃之田，而收市井之利。”②表明当时社会经商的普遍性，

---

① （南朝宋）范晔. 后汉书[M]. 北京：中华书局，1965：958.

② （唐）房玄龄，等. 晋书[M]. 北京：中华书局，1974：1537.

呈现一种“全民经商”的景象，东汉的商业繁荣更甚于西汉，商品经济得到快速发展。

可是，东汉中后期，商人、豪强的势力过盛，不断榨取农民生产财富、大放高利贷、官商勾结，造成当时朝廷的腐败，商品经济沦为封建官僚地主经济的附庸，社会财富日益集中到官僚地主手中，人民饱受剥削，生活日益贫困，导致阶级矛盾日益尖锐，生产力停滞，最终掀起了全国性的黄巾起义，东汉王朝最终终结。

长沙五一广场东汉简牍的发掘，可谓一份珍贵的宝藏，它填补了长期以来东汉简牍的空白，再现了东汉历史。长沙五一广场在历史上一直是官府所在之地，所出土的简牍对于东汉历史各方面研究具有重要意义，在这批简牍中，包含许多涉及买卖、借贷及商业管理方面的商业文书，为研究东汉时期商业发展情况提供了最直接的依据。

东汉时期贸易往来频繁，故产生了许多买卖、借贷文书。值得一提的是，由于东汉后期官商勾结、剥削百姓，还产生了“官僚商人”这一东汉特有群体，体现在商业文书上，便是东汉商业文书有许多涉及官府向民间借贷行为的文书记载。

二、秦汉时期商业文书的基本构成与特点

秦汉时期商业文书在整个商业文书发展史上的地位，起着承前启后的作用。政治上，秦兼并六国前，六国长期处于各执其政的局面，这时期的商业文书尚未成系统，管理较为混乱。秦兼并六国后，秦始皇颁布了一系列商业政策，商业文书也在此政治环境下发展起来，产生了大量立法类商业文书，形成了较具规模的文书体系。概括地讲，由秦至东汉，商业文书的数量逐渐增加，种类不断丰富，商业发展正逐渐成熟，商业文书也初步形成体系。

（一）秦汉商业文书的基本构成

论及秦汉商业文书之构成，可以从商业文书的形成时期与商业文书的内容两个角度进行叙述。若以形成时期为标准，那么秦汉商业文书是由秦代商业文书、两汉商业文书及新朝商业文书所构成的；若从文书内容来看，秦汉商业文

书则包括立法类商业文书、买卖文书、借贷文书、雇佣文书和记账文书。

1. 各时期形成的商业文书

1）秦代商业文书

在现今出土的《睡虎地秦墓竹简》与《岳麓书院藏秦简》中，都包含大量的商业文书，且多数为立法类商业文书。例如，《金布律》对商品标价、商业活动、借贷行为制定了法律规定，并针对违反商业正常运行秩序者制定了相关处罚条例；《关市律》中包含对商业市场监管制度的法律条文；《工律》和《效律》对商品的规格做了统一的规定，并对违反规定者制定了相应的处罚措施；《秦律十八种》中对商品的保管进行了较为严格的法律规定；《司空律》中有涉及契约担保方面的法律文书。

2）两汉商业文书

两汉时期商业文书在整个秦汉商业文书中所占比重最大，其中又以西汉商业文书为主。

《张家山汉简》中《奏谳书》与《二年律令》类法律文书中涉及许多对于西汉商业活动的法律规定，《二年律令》包括《贼律》《盗律》《亡律》《收律》《杂律》《户律》《行书律》《金布律》《关市律》等 28 种律令，其中《金布律》《关市律》记载了西汉商业管理的相关法律。

《居延汉简》内容涉及官制、兵制、屯田制、贡赋制、物价、口粮、名籍等诸多方面，80%以上属于边关档案文书的性质。

《肩水金关汉简》经整理后由中西书局出版了《肩水金关汉简（壹）》《肩水金关汉简（贰）》《肩水金关汉简（叁）》《肩水金关汉简（肆）》《肩水金关汉简（伍）》，其中含有记账文书、借贷文书和雇佣文书。

3）新朝商业文书

新莽简是指王莽执政期间的新朝简牍，它与秦代、汉代时期简牍略有不同。据考证，新莽简存在于《肩水金关汉简》《居延汉简》《敦煌汉简》等两汉时期简牍之中，由于新朝是介于西汉与东汉之间的一段仅存 15 年的短暂的历史王朝，因此留存下来的简牍数量较少且多与汉简混合。现今对于新莽简的研究比较有代表性的著作有李均明撰写的《新莽简辑证》与《居延汉简编年——居延编》，在《新莽简辑证》中作者列出 789 例新莽简，新莽简多以文书为主，自然不乏商业方面的文书。

正所谓物以稀为贵，对新朝商业文书研究而言，新莽简是一份弥足珍贵的史料。新朝商业文书中包括当时的立法类商业文书、借贷文书、记账文书等，从外形看，虽然由于年代原因，文书较散，文字时有残缺，但从其记录的体例仍可以看出，新朝商业文书已经具有较完整的格式。

2. 秦汉商业文书的类型

若以记录内容的类型为标准描述秦汉商业文书之构成，则具体如下。

首先，秦汉商业文书中所占比例最高的当属立法类商业文书。秦汉时期是商业相关法律得到统一并逐渐走向成熟的时期，这一时期自然形成了为数众多的律令类文书，如《睡虎地秦墓竹简》中的《金布律》《关市律》《秦律十八种》等，又如张家山 247 号汉简中的《二年律令》，这些律令中不乏关于当时商业的法律条文。除此之外，法律类文书还包括诸如《睡虎地秦墓竹简》中《法律答问》这类的法律案例记载的相关文书。

其次，秦汉商业文书中也包括大量的买卖文书和借贷文书。秦汉经济的飞速发展促成了买卖、借贷活动的频繁发生。买卖文书根据交易对象可分为商品买卖、土地买卖、奴婢买卖等。借贷文书包括借贷双方、借贷物品及金额；贳买记录包括借贷时间、借贷双方、借贷物品，以及金额、偿还日期，签订借贷契约时，需有见证人在场，并在借贷记录上注明见证人，这套严格的借贷程序一直延续至东汉时期。

随着秦汉商业的发展与社会的进步，政府官员、富商大贾开始雇佣劳动力为自己服务，形成了雇佣文书，这些雇佣活动在秦汉商业文书中都有所记述。

除了上述立法类商业文书、买卖文书、借贷文书和雇佣文书之外，秦汉商业文书的构成还包括如《钱物出入簿》的簿籍类文书，也可称为记账文书。

（二）秦汉商业文书特点

从历史发展的角度讲，西周至秦汉是中国从奴隶社会到封建社会的过渡时期，生产力也正不断发展，因此文书载体及内容也在不断地推陈出新。对于中国古代整个商业文书的发展历程而言，秦汉商业文书处于承前启后的重要阶段。

1. 载体方面

简牍是纸张发明之前被广泛使用的文书载体，也是秦汉时期古文书的最主要载体，主要包括竹简和木简。简牍具备取材便捷、加工容易等优势，这些优势使其在社会生活中被使用的领域及用途更广，延及的阶层更宽，表现出多样性的特征。

1）加工与使用趋于轻便

原始时代人类记事所依赖的载体大多是就地取材，石壁、树木都可以作为记录事物的载体，后来人们采用青铜、甲骨等作为载体，秦汉时期则以竹木简牍为载体，这一变化显示出文书载体向更便携的趋势演变。简牍作为文书载体，取材更加方便，其加工程序也容易得多。

2）文字的统一

与六国各自为政的先秦时期相比，秦汉简牍中所使用的文字是趋于统一的。秦始皇统一文字，废除异体字，推行简化字，下令将大篆简化为小篆（又称秦篆），而后又简化成秦隶，使得低级官吏与底层人民都可以认识这些文字，这样不仅普及了文化，还延续了文明。

2. 内容方面

随着秦汉商业的发展，产生了大量的商业文书，秦汉经商，十分注重契约与法规，因此秦汉商业文书以法律文书居多，但并不仅限于此，商业繁盛的大背景下，特别是相对“宽商”的两汉时期，商业文书的种类也随之多样化，法规条款也日趋完整化，商业文书初成体系。

1）法律法规类文书居多

秦始皇建立秦朝，推出一系列商业法律法规以维护封建统治，至西汉继承秦制后，商业法律法规进一步健全，除了《秦律十八种》《秦律杂抄》《二年律令》等法律条文对货币流通、市场管理、买卖活动等方面提出要求外，《居延汉简》《肩水金关汉简》等简文中，对借贷、雇佣等行为也制定了一系列较严格的规章制度，并给违法者罗列出了相应的惩罚措施。

2）文书种类逐渐丰富

秦汉商业的发展几度繁荣，使得商业文书的种类也逐渐丰富，除了有上述商业法律法规类文书外，还出现了大量的契约文书、借贷文书、雇佣文书及簿籍类文书，这些商业文书种类的丰富在一定程度上反映了秦汉商业的发展与成熟。从文书种类上看，汉代的商业文书种类最为繁多，可见，汉代是整个秦汉时期商业发展最鼎盛的时期，也是商业文书体系初步形成体系的时期。

3）文书条款更加完备

就法律文书而言，秦汉商业的法律文书不仅对商业活动各方面有详细的规定，并且对违反规定者也制定了相应的惩罚措施，做到了有备无患。契约文书方面，秦汉契约最主要的形式是买卖契约；契约调整的领域更加广泛；土地、奴婢买卖需签订契约，成立契约的前提是双方合意，签订契约需注明证人在场；在国家干预契约活动的背景下，还出现了契约担保制度，分为保证担保和以物担保。

第二节 秦汉重要商业文书种类

秦汉时期，尤其是秦代，正处在一个极其注重法律的时期，因此产生了诸多法律条文，商业方面也不例外。中国古代商业之所以能在此时期得到快速发展及成熟，离不开当时政府管控商业的大背景。秦汉的商业活动除了一般的商品交易外，还包括借贷、雇佣等行为，由此产生了借贷、雇佣等文书。

一、秦代商业文书

现今已被发现的秦代简牍中，较为知名的有《睡虎地秦墓竹简》《岳麓书院藏秦简》《里耶秦简》《龙岗秦简》等。秦时还未发明纸张，古文书的材料多为竹木简，它们是东汉纸张被发明之前最为普遍的书写载体。

下面，笔者将以《睡虎地秦墓竹简》《岳麓书院藏秦简》中的商业文书作为主要研究对象。

《睡虎地秦墓竹简》的《金布律》《工律》《关市律》《效律》《秦律十八种》《司空律》《法律答问》中都包含一定数量的商业文书，其中大部分是《秦律》的抄本，以及关于秦代律令的案例或问答解释。正因如此，秦简中所涉及的商业文书多为立法类商业文书，其种类丰富，涉及对商业活动进行管理的诸多方面。从《睡虎地秦墓竹简》中商业文书的内容来看，它包括商业管理文书、契约管理文书、商人管理文书。秦代法律严苛，加之“抑商”政策，在秦代商业管理文书中，对商品物价、商品质量、货物保管、财务交接、市场监督等方面，都事无巨细地做出法律规定，并订立了相应的处罚措施。

《岳麓书院藏秦简》是由湖南大学岳麓书院于2007年收购的一批秦简，这批秦简的材质大多数为竹简，也包含少量木简，其中的《奏谳书》《秦令杂抄》《秦律杂抄》涉及许多商业相关的法律法规。经过研究整理，由朱汉民和陈松长担任主编，于上海辞书出版社出版了《岳麓书院藏秦简（一）》《岳麓书院藏秦简（二）》《岳麓书院藏秦简（三）》《岳麓书院藏秦简（四）》《岳麓书院藏秦简（五）》。《岳麓书院藏秦简》中商业文书多集中在《岳麓书院藏秦简（四）》与《岳麓书院藏秦简（五）》中，收录的多为秦代商业法律条文，如《秦律》、秦令等内容。

其实，无论是《睡虎地秦墓竹简》还是《岳麓书院藏秦简》，它们的商业文书都多以立法类文书为主。

（一）商业管理文书

在秦始皇推行“重农抑商”的背景下，政府通过一系列合理手段对秦时商业进行了规范化管理，使之更有秩序，维持良性发展。

首先，物价方面，秦代商业活动要求明码标价。《睡虎地秦墓竹简》中《金布律》云：“有买及买（卖）殹（也），各婴其贾（价）；小物不能各一钱者，勿婴。”[①]婴其价，即标价。

其次，为保证流通的商品质量，《工律》有云：“为器同物者，其小大、短长、广亦必等。”另外，《金布律》规定：“布袤八尺，福（幅）广二尺五寸。布恶，其广袤不如式者，不行。”[②]这是对商品生产者制作产品规格进行的规定，对于制作同一种器物，其大小、长短等规格必须相同，这样不仅保证了商品的质量，而且保证了商品交易的公平性。除此之外，《工律》还规定：“县及工室听官为正衡石累、斗桶、升，毋过岁壹。有工者勿为正。假试即正。”[③]政府对于衡器要求每年校正一次，这是当时秦代对度量衡的统一要求，也印证了“统

① 睡虎地秦墓竹简整理小组. 睡虎地秦墓竹简[M]. 北京：文物出版社，1978：57.

② 睡虎地秦墓竹简整理小组. 睡虎地秦墓竹简[M]. 北京：文物出版社，1978：56，69.

③ 转引自戴世君.《睡虎地秦墓竹简》注译商榷六则[J]. 江汉考古，2012，(4)：116-119.

一度量衡”这一改革举措。

除此之外，对于违反上述市场管理规则者，秦政府也制定了相对应的处罚条例。例如，秦代十分重视度量衡的统一，对于违反者的处罚措施，《效律》载：“衡石不正，十六两以上，赀官啬夫一甲；不盈十六两到八两，赀一盾。甬（桶）不正，二升以上，赀一甲；不盈二升到一升，赀一盾。”又：“斗不正，半升以上，赀一甲；不盈半升到少半升，赀一盾。半石不正，八两以上；钧不正，四两以上；斤不正，三朱（铢）以上；半斗不正，少半升以上；参不正，六分升一以上；升不正，廿分升一以上；黄金衡羸（累）不正，半朱（铢）以上，赀各一盾。”在货币流通方面，对市场管理人员也提出要求，如《金布律》云：“贾市居列者及官府之吏，毋敢择行钱、布；择行钱、布者，列伍长弗告，吏循之不谨，皆有罪”，“钱善不善，杂实之……百姓市用钱，美恶杂之，勿敢异”。[①]对市场管理者的要求，实际上也是用来管理及限制商人的。

并且，为了维护交易市场的公平性，政府还提倡购买者要对销售者进行监督，销售者若不从，则将受到处罚，如《关市律》中记载：“为作务及官府市、受钱必辄入其钱缿中，令市者见其入，不从令者赀一甲。”[②]由此可以看出秦对市场监管之严格。

（二）契约管理文书

契约始于西周时期，秦汉处于中国古代契约制度的初步发展阶段，秦虽轻商，但出于政府对商业的严格管控，对契约的发展具有一定的促进作用，秦政府对契约的管理也十分严格。秦汉时期法律规定契约成立的条件是双方合意，并设“强买”“强质”等罪名用以处罚单方意志强加于人的行为。秦代契约分为口头契约与书面契约，但重视书面契约甚于口头契约。订立契约，通常书写于木板之上，中剖为左右两半，一半为“左券”，另一半为“右券”，两半契约相合之处用刀刻上约定借贷的数目，右券为检验之用，由债权人所持有，左券则由债务人或收入人持有，债权人可持右券作为凭证，向债务人讨还债务。

---

① 睡虎地秦墓竹简整理小组. 睡虎地秦墓竹简[M]. 北京：文物出版社，1978：55，57，113-114.

② 转引自李均明. 秦汉简牍文书分类辑解[M]. 北京：文物出版社，2009：172.

《司空律》云："有罪以赀赎及有债于公，以其令日问之，其弗能入及偿，以令日居之，日居八钱；公食者，日居六钱。"①这是秦代对契约担保行为提出的规定。秦汉时期的担保可以分为保证担保和以物担保，并且，若出现欠债者无力偿还债务的情况，以劳役抵偿债务在当时也是被允许的。

秦代契约包括买卖契约、借贷契约、保管契约、雇佣契约等契约文书。除此之外，秦代出现了一种名为"参辨券"的新形式的契约。"参辨券"作为契约，可一式三份，除了契约双方当事人各执一份外，其余一份需交给官府保存。

古人有云："以物假人曰借，从人求物曰贷。"②由此可知，古代之借贷，其意义与现代略显不同：借而将原物归还，称为借；借而不将原物归还，而是还以其他事物取代之，称为贷。借贷业早在春秋战国时期便已盛行，及至秦代，随着统一货币的流通，商品经济发展，借贷之风更加盛行，一方面，促进了货币的发展与商品经济的繁荣；另一方面，水满则溢，政府需要利用法律来约束与规范借贷行为，使其良性发展。

秦代借贷行为要求双方必须遵守法律规定进行办理，《法律答问》曰："'贷人赢律及介人。'何谓'介人'？不当贷，贷之，是谓'介人'。"③赢律，即超出法律规定。也就是说，借贷活动不可以超出法律规定的范畴。

秦时期借贷行为可分为民间借贷和官民借贷。

1. 民间借贷

《法律答问》载："百姓有责（债），勿敢擅强质，擅强质及和受质者，皆赀二甲。"④该法律条文规定，对于民间借贷，债权人不得强制其作抵押，否则将受到赀二甲的惩罚。

● 十三年六月辛丑以来，明告黔首：相贷资缗者，必券书吏L，其不券书而讼，乃勿听，如廷律。前此（简301/0630）令不券书讼者，为治其

① 转引自（清）孙楷．秦会要[M]．杨善群校补．上海：上海古籍出版社，2004：501.

② 杨讷．吏学指南（外三种）[M]．杭州：浙江古籍出版社，1988：119.

③ 转引自（清）孙楷．秦会要[M]．杨善群校补．上海：上海古籍出版社，2004：340.

④ 睡虎地秦墓竹简整理小组．睡虎地秦墓竹简[M]．北京：文物出版社，1978：214.

缗，毋治其息，如内史律。（简 302/0609）[①]

这是迄今为止所见的唯一一本较为完整的秦官府规范民间借贷行为的法律文书，它规定秦王政十三年（前 234 年）以后，民间若“相贷资缗”，必须“券书吏”，否则官府可以“勿听”。但此之前，若有“不券书讼者”，官府仅“为治其缗，毋治其息”。这同时也反映出，《秦律》也是随着时间的推移而不断做出了调整的。

2. 官民借贷

《秦律》中大部分反映的是百姓与官府之间的借贷，对于借贷双方，《金布律》中记载：“其债毋敢逾岁，逾岁而弗入及不如令者，皆以律论之。”又如《司空律》载：“有罪以赀赎及有债于公，以其令日问之，其弗能入及偿，以令日居之，日居八钱；公食者，日居六钱。”[②]前者规定了还债期限不得超过一年，后者则可以看作对前者的一种补充说明，如果债务人无力在规定期限内偿还债务，可以通过被债权人雇佣劳动来作为偿还。

此外，政府为了防止富商大贾放高利贷的行为，对百姓偿还债务也赋予了一定的权益，这些在《睡虎地秦墓竹简》中都有体现，如“有责（债）于公及赀、赎者居它县，辄移居县责之。公有责（债）百姓未赏（偿），亦移其县，县赏（偿）”。或“百姓假公器及有责（债）未赏（偿），其日踐以收责之，而弗收责，其人死亡”。[③]这是有关百姓借用官物的律文，该律文规定若是百姓无法偿还债务，国家可以借债给百姓，由国家来掌握债务事宜，减少百姓被剥削的可能，同时，也旨在维护国家稳定，避免阶级冲突。

在《里耶秦简》中，有如下几则关于借贷的记录：

粟米一石九斗少半斗。卅三年十月甲辰朔壬戌，发弩绎、尉史过出贷罚戍士五（伍）醴阳同□禄。廿。

---

① 陈松长. 岳麓书院藏秦简（四）[M]. 上海：上海辞书出版社，2015：194-195. 注：简牍文献中的“●”及“ L”符号是作为句读符号来使用的。

② 转引自（清）孙楷. 秦会要[M]. 杨善群校补. 上海：上海古籍出版社，2004：451，501.

③ 睡虎地秦墓竹简整理小组. 睡虎地秦墓竹简[M]. 北京：文物出版社，1978：60.

令史兼视平。过手。8-761[①]

径□粟米一石九斗少半斗。卅一年正月甲寅朔丙辰，田官守敬、佐壬、禀人显出禀赀貣（贷）士五（伍）巫中陵免将。8-764[②]

粟米二石。卅三年九月戊辰乙酉，仓是、佐襄、禀人蓝出贷更☐

☐令☐8-1660+8-1827[③]

这是三则较为完整的借贷记录，它们皆为粮食借贷，并且都是政府对公职人员进行的借贷行为。这些文书上记录的内容包括所借贷的物品、借贷数量、借贷时间及借贷双方。这一时期的借贷活动，秦政府在借贷程序和借贷数额方面都有较为严格的规定，目的是维护国家财产安全，防止贪污。

（三）商人管理文书

为了贯彻“抑商”政策，秦政府对商人经商范围也做出了一些限制。在《法律答问》中载有这样一则法律条文：“‘客未布吏而与贾，赀一甲。’何谓‘布吏’？诣符传于吏是谓‘布吏’。”[④]指的是商人如果去外地经商，必须持“布吏”先到当地官府登记，经当地官府批准后才可以经商，否则当地官府要对该商人进行罚款，而文中的“布吏”，则是指当时所需要提供的一种凭证。

黔首卖马牛勿献（谳）廷，县官其买殹（也），与和市若室，勿敢强。买及卖马牛、奴婢它乡、它县，吏（简 1415）为（？）取传书及致以归及（？）免（？），弗为书，官啬夫吏主者，赀各二甲，丞、令、令史弗得，赀各一甲。其有事关外，以私马（简 1428）牛羊行而欲行卖之及取传卖它县，县皆为传，而欲徙卖它县者，发其传为质。黔首卖奴卑（婢）、（简 1300）马牛及买者，各出廿二钱以质市亭。皇帝其买奴卑（婢）、马，以县官马牛羊贸黔首马牛羊及买，以为义（简 1301）者，以平贾（价）

① 武汉大学简帛研究中心. 简帛（第 11 辑）[M]. 上海：上海古籍出版社，2015：164.
② 武汉大学简帛研究中心. 简帛（第 9 辑）[M]. 上海：上海古籍出版社，2014：186.
③ 武汉大学简帛研究中心. 简帛（第 11 辑）[M]. 上海：上海古籍出版社，2015：137.
④ 转引自（清）孙楷. 秦会要[M]. 杨善群校补. 上海：上海古籍出版社，2004：357.

买之，辄予其主钱。而令虚质、毋出钱、过旬不质，赀吏主者一甲，而以不质律论。黔首自（简1351）告，吏弗为质，除。黔首其为大隃取义，亦先以平贾（价）直之。质奴婢、马、牛者，各质其乡，乡远都市，欲徙（简0990）（缺简）老为占者皆䙴（迁）之。舍室为里人盗卖马、牛、人，典、老见其盗及虽弗见或告盗，为占质，黥为（简1226）城旦，弗见及莫告盗，赎耐，其伍、同居及一典，弗坐。卖奴卑（婢）、马、牛者，皆以帛书质，不从令者，（简J42）赀一甲。卖半马半牛者，毋质诸乡。（简1263）[①]

以上出自《岳麓书院藏秦简（四）》中《金布律》的一则，它对秦代牛马、奴婢的买卖行为制定了相关规定，而该规定主要旨在维护百姓自由贸易的权利。

根据引文记载，“黔首卖马牛勿献（谳）廷，县官其买殹（也），与和市若室，毋敢强”。首先，强调百姓进行牛马交易是他们的合法权利，假若官府意图购买百姓的马匹，则需按照正常的市场规则进行购买，不得强行购买。其次，“买及卖马牛、奴婢它乡、它县，吏（简1415）为（？）取传书及致以归及（？）免（？），弗为书，官啬夫吏主者，赀各二甲，丞、令、令史弗得，赀各一甲”。[②]要求百姓如果去外地进行商业活动，则需要官吏为他们出具通关凭证，即“传书”“致书”，如果不出具这些出入关的凭证，官府掌管该事宜的官吏将受到处罚。最后，待买卖双方达成交易之后，双方还需签订一种买卖契约，并要求契券必须使用帛书，而且用以买卖的牛马、奴婢需明码标价。

二、西汉商业文书

《张家山汉简》是20世纪80年代出土于江陵张家山247号汉墓的一批汉代简牍。其中，法律类的文献包括《奏谳书》（228枚）和《二年律令》（526枚），合计竹简共754枚。《二年律令》原有竹简至少526枚，简长31厘米，

---

① 陈松长. 岳麓书院藏秦简（四）[M]. 上海：上海辞书出版社，2015：133-136.

② 陈松长. 岳麓书院藏秦简（四）[M]. 上海：上海辞书出版社，2015：133-134.

包括《贼律》《盗律》《具律》《亡律》《收律》《杂律》《置吏律》《户律》《行书律》《金布律》《关市律》等28种律令。

《居延汉简》所记述的年代约从汉武帝太初年间至光武帝建武年间。现今发掘出的《居延汉简》种类丰富，包括官书、佛经、画册、谱牒等，内容涉及官制、兵制、屯田制、贡赋制、物价、口粮、名籍等诸多方面。《居延汉简》80%以上属于边关档案文书的性质，它是汉代西北边境的屯戍文书，涉及整个防御系统的日常运作情况，是研究汉代，特别是西汉中期、后期的重要文书资料。

《居延汉简》中所含商业文书众多，包括借贷文书、雇佣文书、记账文书、买卖文书、债务文书和买地券等，有的是用来规范商业活动的立法条文，有的是在商业活动过程中产生的商业文书。

（一）借贷文书

三樵燧长徐宗 自言故霸胡亭长宁就舍钱二千三百卌数责不可得[①]

《合校》3·4

不侵守候长成赦之责广地隧长□丰钱八百，移广地候官。 ● 一事一封八月壬子尉史并封[②]

《合校》58·11

武贤隧长郑武，自言负故不侵候长徐辅六百□☑[③]

《新简》E. P. T52：126

孤山隧长何昌，责乘胡隧长朱德☑[④]

《合校》405·2

以上汉简反映的是官吏之间的借贷，简文中记录了借贷双方身份及姓名、借贷金额，“燧（隧）长”“亭长”即借贷双方的官职。

① 谢桂华，李均明，朱国炤. 秦汉魏晋出土文献 居延汉简释文合校[M]. 北京：文物出版社，1987：1.
② 李均明. 秦汉简牍文书分类辑解[M]. 北京：文物出版社，2009：429.
③ 李均明. 秦汉简牍文书分类辑解[M]. 北京：文物出版社，2009：369.
④ 李均明. 秦汉简牍文书分类辑解[M]. 北京：文物出版社，2009：366.

灭虏隧戍卒梁国蒙东阳里公乘左咸，年卅六，自言责故乐哉
隧长张中实皂练一匹，直千二百，今中实见为甲渠令史。[①]

《合校》35·6

吞远候史季赦之。
负不侵卒解万年剑一，直六百五十。
负止北卒赵忠袭裘一，直三百八十。凡千卅□。[②]

《合校》258·7

卅井移𬳙喜隧卒郑柳等责木中隧长董忠等钱，谓候长建
国等　●一事一封　三月辛丑令史护封[③]

《合校》214·34

鄣卒杜福 责故尉□四百士吏谭主收得毕见[④]

《合校》190·13、190·14

武强隧长并持延水卒责钱诣官闰月辛酉☑[⑤]

《合校》231·28

出吞远士吏平四月奉 四月庚戌令史博付仓曹史孙卿偿具丽卒陈☑[⑥]

《合校》279·17

☑官告第四候长徐卿鄣卒　周利自言当责第七隧长季由
☑百记到持由三月奉　　钱诣官会月三日有[⑦]

《合校》285·12

以上简牍反映的是官吏与戍卒之间的借贷活动，包括契约及责书和爰书。在《居延新简》中，也发现类似简文：

临之隧卒魏郡内黄宜民里尹宗　　责故临之隧长薛忘==

---

① 李均明. 秦汉简牍文书分类辑解[M]. 北京：文物出版社，2009：366.
② 李均明. 秦汉简牍文书分类辑解[M]. 北京：文物出版社，2009：368.
③ 李均明. 秦汉简牍文书分类辑解[M]. 北京：文物出版社，2009：429.
④ 中国社会科学院考古研究所. 居延汉简 甲乙编[M]. 北京：中华书局，1980：128.
⑤ 中国社会科学院考古研究所. 居延汉简 甲乙编[M]. 北京：中华书局，1980：160.
⑥ 中国社会科学院考古研究所. 居延汉简 甲乙编[M]. 北京：中华书局，1980：200.
⑦ 中国社会科学院考古研究所. 居延汉简 甲乙编[M]. 北京：中华书局，1980：205.

得铁斗一直九十尺二寸刀一直直卅缇绩一直廿五凡直=
百卌五
同隧卒魏郡内黄城南里吴故　　　责故临之隧长薛忘=
三石布囊一曼索一具皆𧅬忘得不可得忘得见为复作①

《新简》E. P. T59：7

终古隧卒王晏言隧长房五月廿日贷晏钱百七月十日藉白
单衣一领积十五日归七月五日藉晏胡鞍一直二百五十=
七月十日使晏伐
茭七百束又从卒利亲贷平二件晏其夜从毋伤隧户出见=
卒王音音不告吏②

《新简》E. P. T40：6A

甲渠戍卒淮阳始□□宁□　　　自言责箕山隧长周祖从=
与贷钱千已得六百少四百③

《新简》E. P. T4：92

上述皆为戍卒与官吏之间的借贷文书，从这些文书中我们可以看出，借贷的物品中不仅有钱币，还有布等物品，借贷物品种类繁多，借贷活动也较为普遍。

商品经济活跃的西汉时期，借贷活动也随之变得频繁，因此《居延汉简》中存在大量的赊买、贳买记录。《居延汉简》中的赊买活动大体分为两类：一类为戍卒与里民之间的赊买，一般是卒卖民买；另一类是吏卒之间的赊买，一般是卒卖吏买。上述《居延汉简》中包含许多赊买和贳买记录，从这些文书格式来看，直接借贷记录的内容包括借贷双方、借贷物品、借贷金额；贳买记录内容有借贷时间、借贷双方、借贷物品、借贷金额、约定偿还日期及见证人。在直接借贷记录中，用来指示账项方向的是“责”（通“债”）字，而在贳买记

① 甘肃省文物考古研究所，甘肃省博物馆，文化部古文献研究室，等. 居延新简　甲渠候官与第四燧[M]. 北京：文物出版社，1990：359.

② 甘肃省文物考古研究所，甘肃省博物馆，文化部古文献研究室，等. 居延新简　甲渠候官与第四燧[M]. 北京：文物出版社，1990：85.

③ 甘肃省文物考古研究所，甘肃省博物馆，文化部古文献研究室，等. 居延新简　甲渠候官与第四燧[M]. 北京：文物出版社，1990：14.

录中用来指示账项方向的是“卖”字。

（二）雇佣文书

《说文解字》云：“佣，均直也。”[①]《广雅》云：“佣，役也。谓役力受直曰佣”[②]，即受雇于人。汉代商业迅速发展，“富商大贾周流天下”，因此不仅在农业上，甚至在商业上也吸纳了众多雇佣劳动力。

☐年廿七　庸同县和□☐[③]

《合校》212・71

张掖居延库卒弘农郡陆浑河阳里大夫成更年廿四　庸同县阳里大夫赵勋年廿九贾二万九千[④]

《合校》170・2

中为同县不害里庆□来庸贾钱四千六百戍诣居延六月旦　署无甲渠第[⑤]

《合校》159・23

☐　庸中都里公乘张副年卅二[⑥]

《新简》E. P. T51：392

☐里公乘王赐，年卅二。庸同县□阳☐[⑦]

《新简》E. P. T56：222

“庸”，古同“佣”字。以上简牍记述年代应为汉昭帝、汉宣帝年间至建武八年（公元 32 年），根据简牍记载，“佣”可分三类，其中使用最多的一类便是上述简文中的，取“受雇于人，代人戍边”之意。除此之外，“佣”还有戍卒受佣或贫苦的劳动者受佣从事劳动的含义，如以下简：

---

① 中华书局编辑部. 清人注疏十三经 附经义述闻[M]. 北京：中华书局，1998：20.
② （清）阮元，等. 经籍纂诂[M]. 北京：中华书局，1982：48.
③ 中国社会科学院考古研究所. 居延汉简 甲乙编[M]. 北京：中华书局，1980：140.
④ 中国社会科学院考古研究所. 居延汉简 甲乙编[M]. 北京：中华书局，1980：115.
⑤ 中国社会科学院考古研究所. 居延汉简 甲乙编[M]. 北京：中华书局，1980：111.
⑥ 甘肃省文物考古研究所，甘肃省博物馆，文化部古文献研究室，等. 居延新简 甲渠候官与第四燧[M]. 北京：文物出版社，1990：204.
⑦ 李均明. 秦汉简牍文书分类辑解[M]. 北京：文物出版社，2009：386.

戍卒庸昭武安汉☐[1]

《合校》146・31

万岁部居摄元年九月戍卒受庸钱名籍[2]

E. P. T59：573

☐里杜买奴年廿三庸北里吉☐[3]

《合校》221・30

☐沈广年廿五　庸南关里☐[4]

《合校》515・26

☐庸任作者移名任作不欲为庸

☐一编敢言之[5]

《合校》224・19

雇佣劳动者靠出卖劳动力而获得佣金，这种雇佣活动是当时社会的普遍现象，史书中也多有记载。

“出钱四千五百，八月乙丑，给令史张卿为市。”[6]这是一段反映雇人经商的简文，令史张卿的长官出资给张卿 4500 钱，使张卿为长官做事，同时张卿也会得到相应的报酬。

（三）记账文书

《居延汉简》中，现金出入簿是比较常见的，居延对于现金的管理，常见于《钱物出入簿》，如以下简：

● 元寿六月受库钱财物出入簿[7]

286・28

① 中国社会科学院考古研究所. 居延汉简 甲乙编[M]. 北京：中华书局，1980：103.
② 李振宏. 居延汉简与汉代社会[M]. 北京：中华书局，2003：82.
③ 中国社会科学院考古研究所. 居延汉简 甲乙编[M]. 北京：中华书局，1980：153.
④ 中国社会科学院考古研究所. 居延汉简 甲乙编[M]. 北京：中华书局，1980：268.
⑤ 中国社会科学院考古研究所. 居延汉简 甲乙编[M]. 北京：中华书局，1980：154.
⑥ 谢桂华，李均明，朱国炤. 秦汉魏晋出土文献 居延汉简释文合校 上[M]. 北京：文物出版社，1987：427.
⑦ 中国社会科学院考古研究所. 居延汉简 甲乙编[M]. 北京：中华书局，1980：206.

甲渠候官阳朔二年正月尽三月钱出入簿[①]

28·11

阳朔元年十一月甲辰朔戊午第廿三候长赦之敢言之谨移钱出入簿一编敢言之[②]

28·4

《钱物出入簿》对于现金的收支、存余等进行了详细的记录，一般由作为封面的题签、正文、尾账三部分构成。

（四）买卖文书

居延边塞戍卒的衣物，主要是由戍卒原籍的地方官府配给。不过，由于军官享有俸金，服装大多是自己配备。因而，虽然严令禁止戍卒私自买卖衣物，但边塞买卖衣物的现象仍十分普遍，《居延汉简》中也常见有军官向戍卒贳买（卖）衣物的记载。由于当时的下级军官及戍卒经济状况大多比较窘迫，所以衣物贳买贳卖（赊账买卖）的情况十分常见。同时，也存在因买卖衣物而发生经济纠纷的案例。

一般而言，贳买贳卖的商业活动是需要有见证人在场的，并要签订专门的协议，即“券”，如以下简：

七月十日鄣卒张中功贳买皁布章单衣一领直三百五十三堠史张君长取钱约至

十二月尽毕已旁人临桐史解子房知券□☐[③]

262·29

建昭二年闰月丙戌甲渠令史董子方买鄣卒欧威裘一领直七百五十给□□钱毕==

已旁人杜君隽[④]

① 谢桂华，李均明，朱国炤. 秦汉魏晋出土文献 居延汉简释文合校[M]. 北京：文物出版社，1987：43.

② 中国社会科学院考古研究所. 居延汉简 甲乙编[M]. 北京：中华书局，1980：17.

③ 中国社会科学院考古研究所. 居延汉简 甲乙编[M]. 北京：中华书局，1980：186.

④ 中国社会科学院考古研究所. 居延汉简 甲乙编[M]. 北京：中华书局，1980：16.

26・1

在贳买贳卖的活动中，产生经济纠纷的情况也在所难免。以下两条简文是关于贳买贳卖的商业活动中出现经济纠纷的案例：

☑年六月己巳朔丁丑甲渠候破胡以私印行事敢言之谨移戍卒朱宽等五人贳卖候史郑武所贫毋以偿坐诈　　名籍一编敢言之[①]

《新简》E. P. T51：199

元延三年四月丙戌朔庚戌鉼庭候史□敢言之府移殄北书曰□□

燧卒子章自言责第卅八燧长□□官袍一领直千四百五十□问□[②]

甲附 22

正因如此，官府明令禁止戍卒私自贳卖衣物：

毋得贳卖衣财物大守不遣都吏循行☑[③]

213・15

但由于戍卒贳卖衣物的情况仍然存在，候官令候部调查本部戍卒是否存在贳卖衣物的行为，并编制《贳卖衣物爰书》。爰书，为汉代司法文书之一，是一种书面证明材料，《贳卖衣物爰书》即用来处理贳卖衣物所引发的经济纠纷的法律文书，如下：

元康四年六月丁巳朔庚申左前候长禹敢言之谨移戍卒贳卖衣财物爰书名籍一编敢言之

印日蔺禹

六月壬戌金关卒延寿以来　候史充国[④]

10・34A、10・34B

① 马怡，张荣强. 居延新简释校[M]. 天津：天津古籍出版社，2013：294.

② 中国社会科学院考古研究所. 居延汉简 甲乙编[M]. 北京：中华书局，1980：288.

③ 中国社会科学院考古研究所. 居延汉简 甲乙编[M]. 北京：中华书局，1980：141.

④ 中国社会科学院考古研究所. 居延汉简 甲乙编[M]. 北京：中华书局，1980：7.

甘露三年二月卒贳卖名籍[①]

《新简》E. P. T56：263

● 第廿三部甘露二年卒行道贳买衣物名籍[②]

《新简》E. P. T56：265

甲渠候官　卒不贳卖爰书[③]

《新简》E. P. T56：82

□□燧长董福　□□绔直五百　□大人积居官袍直五百燧卒张偃　□客□偃

负第三卒主□□□一直钱五百☑

负算二卒广□布复绔一直☑

负□□卒傅胜复襦一直☑[④]

257・17

吞远候史季赦之

负不侵卒解万年剑一直六百五十

负止北卒赵忠袭裘一直三百八十　凡千卅□[⑤]

258・7

☑始五年二月部卒贳卖衣物骑司马令史所名籍[⑥]

《新简》E. P. T51：210A

（五）债务文书

债务文书具有多种形式，包括债名籍、负债名籍、债券、行道贳卖名籍、吏体赋名籍、偿债保证书、催收债书和债务司法文书等。其中前三种债务文书在现存古文献中较为多见，因此下文将它们作为重点阐述对象加以论述。

① 马怡，张荣强. 居延新简释校[M]. 天津：天津古籍出版社，2013：512.

② 甘肃省文物考古研究所，甘肃省博物馆，文化部古文献研究室，等. 居延新简　甲渠候官与第四燧[M]. 北京：文物出版社，1990：325.

③ 马怡，张荣强. 居延新简释校[M]. 天津：天津古籍出版社，2013：491.

④ 中国社会科学院考古研究所. 居延汉简　甲乙编[M]. 北京：中华书局，1980：182.

⑤ 中国社会科学院考古研究所. 居延汉简　甲乙编[M]. 北京：中华书局，1980：183.

⑥ 马怡，张荣强. 居延新简释校[M]. 天津：天津古籍出版社，2013：295.

1. 债名籍

所谓债名籍，即记录债务双方的名籍，通常根据债权人所述，分为上下两栏，上栏用来记录债权人的姓名及身份，下栏则用来记录债务人的姓名、身份，以及所欠债务简要情况，以下两例便为债名籍简文：

三燋燧长徐宗 自言故霸胡亭长宁就舍钱二千三百卅，四责不可得。[①]
燧长徐宗 自言责故三泉亭长 石延寿茭钱少二百八十，数责不可得。[②]

2. 负债名籍

除了债名籍外，债务文书还包括负债名籍。与债名籍不同的是，负债名籍可以同时记录某个债务人与多个债权人的债务关系，并且记录的形式与债名籍相反，如下：

吞远候史季赦之负不侵卒解万年剑一，直六百五十。负止北卒赵忠袭裘一，直三百八十。凡千卅□[③]

与债名籍类似，负债名籍也分为上下两栏，不过，负债名籍的上栏记录债务人姓名和身份，下栏记录债权人姓名、身份，以及债务简要情况。

3. 债券

以下是一例出自《居延汉简》的债券，在该债券上可以看到建立债务关系的时间、债权人与债务人的姓名和身份、所欠债的物品或价钱、偿还期限、见证人的姓名和身份：

建昭二年闰月丙戌，甲渠令史董子方买鄣卒欧威裘一领，直七百五十，给□□钱毕==

① 中国社会科学院考古研究所. 居延汉简 甲乙编[M]. 北京：中华书局，1980：1.
② 中国社会科学院考古研究所. 居延汉简 甲乙编[M]. 北京：中华书局，1980：1.
③ 中国社会科学院考古研究所. 居延汉简 甲乙编[M]. 北京：中华书局，1980：183.

已旁人杜君隽。[①]

（六）买地券

买地券作为一种重要的商业文书，起源于西汉，它的前身是西汉前期墓葬所出的告地策。买地券也被称为“冥契”或“幽契”。它的产生最初是带有迷信色彩的，仅作为死者在阴间能够领到土地的凭证，属陪葬品。

《杨量买山地刻石》被众多学者视为买地券的雏形，它是迄今为止所见最早的买地券。至于该碑刻文献产生的年代，据考证，该碑文属西汉时期。该碑刻文献中记载：“地节二年□月，巴州民杨量买山，直（值）钱千百作业守（冢），子孙永保，其毋替。”[②]虽然该石刻文献全文仅 5 行 27 个字，但对于买地券，以及商业文书的研究意义却是重大的。

三、新朝商业文书

新莽时期（公元 9—23 年），以平帝驾崩、王莽摄政为始，至新朝灭国为终，共经历了 5 个年号：居摄元年至三年（公元 6—8 年）、初始元年（公元 8 年）、始建国元年至五年（公元 9—13 年）、始建国天凤元年至六年（公元 14—19 年）、始建国地皇元年至四年（公元 20—23 年）。这一时间段内所产生的简牍文书，即新莽简。

王莽执政期间一系列“别出心裁”的改革政策，使新莽时期商业文书具有相对鲜明的时代特色和语言特征。在新莽商业文书中，对于一些具体事物，常常具有该时期的特殊称谓及特殊写法，如称“钱”为“泉”、将“四”写作“亖”等。

（一）立法类商业文书

王莽建立新朝不久，针对土地与奴婢问题颁布诏令。为缓解阶级矛盾，王莽令田地归国家所有，奴婢归私人所有，不得进行买卖，违者流放以处罚之。《汉书·王莽传》曰：

① 中国社会科学院考古研究所. 居延汉简 甲乙编[M]. 北京：中华书局，1980：16.

② 蒋晓春. 三峡地区秦汉墓研究[M]. 成都：巴蜀书社，2010：151.

古者，设庐井八家，一夫一妇田百亩，什一而税，则国给民富而颂声作。此唐虞之道，三代所遵行也。秦为无道，厚赋税以自供奉，罢民力以极欲，坏圣制，废井田，是以兼并起，贪鄙生，强者规田以千数，弱者曾无立锥之居。……予前在大麓，始令天下公田口井，时则有嘉禾之祥，遭反虏逆贼且止。今更名天下田曰"王田"，奴婢曰"私属"，皆不得卖买。……敢有非井田圣制，无法惑众者，投诸四裔，以御魑魅，如皇始祖考虞帝故事。[①]

除此之外，为平抑物价、维护商业秩序，王莽还颁布了平贾制度：

遂于长安及洛阳、邯郸、临菑、宛、成都立五均司市、钱府官。司市常以四时仲月定物上中下之贾，各为其市平。民卖五谷、布帛、丝绵之物不售者，均官考检厥实，用其本贾取之。物贵过平一钱，则以平贾卖与民。贱减平者，听民自相与市。[②]

在《居延新简》中，我们可以发现有关平贾制度的律文：

枚缣素上贾一匹直小泉七百枚，其马牛各且倍平，及诸==
万物可皆倍牺和折威侯匡等
所为平贾，夫贵者征贱，物皆集聚于常安城中，亦自为极==
贱矣县官市买于民民[③]

《新简》E. P. T59：163

该简文当属立法类商业文书。就其对货币的特有称谓而言，王莽立新之后，改"钱"为"泉"，这一对金钱的称谓为新朝所特有。根据其名称，很容易分辨出它属于新朝时期的商业文书，而该律令的执行者便是简文中的

① （东汉）班固. 汉书[M]. 北京：中华书局，1962：4110-4111.
② （宋）司马光. 资治通鉴[M]. 邬国义校点. 上海：上海古籍出版社，2017：375.
③ 甘肃省文物考古研究所，甘肃省博物馆，文化部古文献研究室，等. 居延新简 甲渠候官与第四燧[M]. 北京：文物出版社，1990：370.

“牺和折威侯匡”等。

（二）借贷文书

戍卒魏郡贝丘某里王甲贳卖□皂复袍县絮绪一==
领，直若干千，居延某里王乙▢
居延某里王丙，舍在某辟==
● 它衣财▢[①]

《新简》E. P. T56：113

▢贳卖官复袍若干领，直（值）若干，某所，隧长王乙所。它财▢[②]

《新简》E. P. T56：230

以上三枚简文皆为借贷文书，确切地讲，应当被称作索债文书。文书中记录的是赎买物品的情况，从中我们可以发现，三枚简文的共同点是并未具体注明涉及的人名及金额，而是以“甲”“乙”“丙”“若干”代替，但通常的借贷文书，需要借贷双方明确标注双方姓名、地点及所借金额，因此可以推断这并不是简单的人们在借贷行为产生之时所签订的借贷契约，而应是当借贷双方的其中一方违约，被借款者向借款者索要债务的申诉文书。

（三）记账文书

《劳边使者过界中费》是新莽时期的一份账簿文书，记载的是肩水金关戍吏款待王莽派来的劳边使者的开支情况。其简文曰：

劳边使者过界中费
粱米八斗　直百六十
即米三石　直四百五十
羊二　直五百

① 甘肃省文物考古研究所，甘肃省博物馆，文化部古文献研究室，等. 居延新简　甲渠候官与第四燧[M]. 北京：文物出版社，1990：315.

② 甘肃省文物考古研究所，甘肃省博物馆，文化部古文献研究室，等. 居延新简　甲渠候官与第四燧[M]. 北京：文物出版社，1990：323.

酒二石 直二百八

盐豉各一斗 直卅

荠将畺 直五十

往来过费凡直千四百七十

肩水来人廿七人 率人五十五

除《劳边使者过界中费》外，在《居延汉简》及《居延新简》中也存在若干较为零散的新莽时期记账文书：

出粟大石廿五石，车一两，始建国二年正月壬辰，訾家昌里齐熹、就人同里陈丰付吞远置令史长。[①]

《新简》E. P. T59：175

☑直四千 卌勒君兄泉

廿官泉 始建国二☑[②]

《合校》110·17

出书绳百斤 泉九百☰十 始建国天凤一年十一月庚☑[③]

《新简》E. P. T5：38

☑泉五百，大泉五枚☑[④]

《合校》240·26

缣素上贾一匹，直小泉七百枚[⑤]

《新简》E. P. T59：163

以上为新莽时期的记账文书，虽然由于年代等原因，简文比较散乱，内容残缺不全，但依然可见在这些文书上清楚地注明了商业活动中出卖的物品、获得的金钱及时间、地点等。

---

① 李均明. 秦汉简牍文书分类辑解[M]. 北京：文物出版社，2009：297.

② 谢桂华，李均明，朱国炤. 秦汉魏晋出土文献 居延汉简释文合校[M]. 北京：文物出版社，1987：179.

③ 马怡，张荣强. 居延新简释校[M]. 天津：天津古籍出版社，2013：29.

④ 吉仕梅. 秦汉简帛语言研究[M]. 成都：巴蜀书社，2004：101.

⑤ 吉仕梅. 秦汉简帛语言研究[M]. 成都：巴蜀书社，2004：101.

四、东汉商业文书

长沙五一广场东汉简牍的出土，填补了东汉文书研究史料的空白。经辨认，这批简牍包括木牍、木简和竹简，按其形制，可分为大木牍、木两行简、封检、签牌、竹简等，上有明确的纪年，经判断当属东汉时期的官方文书。

东汉时期商业蓬勃发展，物价甚高，并且商品种类丰富，奴隶、田地均可以买卖。东汉时期借贷行为盛行，借贷资本渗透程度加深，产生了大量的借贷文书，借贷的金额通常很高。

（一）借贷文书

东汉的借贷关系，既延续了西汉时期以田庄为基础的经营方式，同时又表现出了一些新的特点。相较于西汉而言，东汉的借贷资本对于整个社会的影响力更加广泛，社会各阶层都在日常工作活动中涉及借贷行为，民间借贷活动愈加频繁，就连中央政府也被借贷资本所渗透。东汉时期，出现了许多官方向民间借贷的记载。

> 左一人本钱。时任人男子王伯兴、张叔陵。明辞：家单无人，愿遣从弟殷平赍致书责叔阳、孟威本钱。实问里正杨成，辞：明前市婢愿、谛，当应得。遣平责（CWJ1③：325-1-16）[①]

以上简文可使我们了解到，东汉时期借贷活动过程中，也需要有第三人作为“证人”，文中“明”曾出贷一笔钱，当时有“男子王伯兴、张叔陵”作为证人，这一规定显然是延续了西汉的借贷制度。

> 敢用。后荆物故，阳责汝，汝以钱二千付阳。☐四百，并处阳钱凡九万三千四百，皆名阳钱☐（CWJ1③：325-1-27）[②]

① 长沙市文物考古研究所，清华大学出土文献研究与保护中心，中国文化遗产研究院，等. 长沙五一广场东汉简牍选释[M]. 上海：中西书局，2015：187.

② 长沙市文物考古研究所，清华大学出土文献研究与保护中心，中国文化遗产研究院，等. 长沙五一广场东汉简牍选释[M]. 上海：中西书局，2015：190.

文中“荆”死亡后，“阳”向“汝”讨要债款，“汝”随即“以钱二千付阳”，“汝”前后“并处阳钱凡九万三千四百”。借款往来数目如此庞大，侧面可证当时货币经济之发达。

A面：

永初元年八月庚子朔廿一日庚申，广成乡有秩香、佐种、助佐赐叩头死罪敢言之。廷移府记曰：男子王石自言，女子溏贞以永元十四年中从石母列贷钱二万，未

B面：

广成乡印。八月 日 邮人以来。

史 白开。（CWJ1③：325-1-45）[①]

这是一份上行官方文书，文中女子“溏贞”向“王石”之母“列”借贷了“钱二万”，借贷数额如此之大，也可以得知当时货币经济之发达，一笔借款就达两万钱。

（二）市场管理

钱八千，即日毕。男子任仲孙、李仲升、齐仲孙证。今市有秩佐夺明肆还次。书到，亟治决。明处言。冯閻叩头死罪死罪。谨案文书，辄实问次、知状男子齐仲孙、李仲升，辞皆曰：前（CWJ1③：325-4-48）[②]

长沙五一广场东汉简牍中“市有秩”之句，长沙市文物考古研究所出版的《长沙五一广场东汉简牍选释》解释为：“市有秩，市场负责人。”[③]《后汉书》卷一一八《百官志》云：“有秩，郡所署，秩百石，掌一乡人；其乡小者，县

① 长沙市文物考古研究所，清华大学出土文献研究与保护中心，中国文化遗产研究院，等. 长沙五一广场东汉简牍选释[M]. 上海：中西书局，2015：195.

② 长沙市文物考古研究所，清华大学出土文献研究与保护中心，中国文化遗产研究院，等. 长沙五一广场东汉简牍选释[M]. 上海：中西书局，2015：170.

③ 长沙市文物考古研究所，清华大学出土文献研究与保护中心，中国文化遗产研究院，等. 长沙五一广场东汉简牍选释[M]. 上海：中西书局，2015：171.

置啬夫一人。”[①]除此之外，负责管理市场的人员还有市令、长、丞、市吏、市啬夫、市掾等。由此可见，在东汉时期，政府对市场的管控是十分严格的。

（三）买地券

买地券起源于西汉，盛于东汉。由鲁西奇编著、厦门大学出版社出版的《中国古代买地券研究》中，涉及东汉买地券的记载共 13 通，包括《武孟子男靡婴买地券》《钟仲游妻买地券》《王末卿买地券》《孙成买地券》《刘元台买地砖券》《刘公买地券》《曹仲成买地券》《王当买地券》《戴子起买地券》《樊利家买地券》《房桃枝买地券》《雒阳县男子买地铅券》《甄谦买地券》。我们可以从中发现东汉买地券的形制特点。

《刘元台买地砖券》：

> 从同县刘文平妻买得代矛里冢地一处，贾（价）钱二万，即日钱毕。[②]

《刘公买地券》：

> 青骨死人刘公，则自以家田三梁……得东佰南田廿八亩，南北长七/十步，东西广九十六步。[③]

《王当买地券》：

> 青骨死人王当、弟伎偷及父元兴[等]，从河南□□[左仲敬]子孙等，买谷郏亭部三陌西袁田十亩以为宅。[④]

《雒阳县男子买地铅券》：

① （南朝宋）范晔. 后汉书・百官志[M]. 北京：中华书局，2000：3624.

② 政协江苏省邗江县文史委员会. 邗江文史资料・第 3 辑・邗江古代墓葬和出土文物[M]. 1989：69.

③ 西南大学出土文献综合研究中心，西南大学汉语言文献研究所. 出土文献综合研究集刊（第 2 辑）[M]. 成都：巴蜀书社，2015：299.

④ 牟华林，钟桂玲. 汉金文辑注[M]. 北京：光明日报出版社，2017：295.

从同县男子申阿、仲节、季节、元节所名有当利亭部大阳仟北高坫佰西垣冢田一町，东西长廿五步，南北卅八步，东□东出角佰，广五步，长五十四步，并为田五亩。①

东汉买地券文献较西汉时期多，反映出东汉时期正值买地券盛行之时。东汉买地券多为石刻，但也出现过以玉、铅、砖、铁、瓦、木、纸等为载体的情况。在这些买地券中，可以看到一些重复出现的比较特殊的称谓，如“青骨”指逝者的躯体；“归土”意指去世、入土为安；“冢田”指坟墓，这些委婉的语言表达，均反映了当时人们的忌讳心理。从买地券中所记述的内容来看，大多包含逝者姓名、入葬时间、买地地址、宅地价钱等要素。

买地券作为一种特殊文书，多保存良好，这是由于其藏于墓中，保存较为完好。

第三节　小　　结

秦汉之商业，虽受制于“抑商”政策，却也得益于“抑商”政策。该时期可被视作中国古代商业迈向成熟的关键时期，秦汉商业文书在整个中国古代商业文书发展历程中的地位亦如此。

从文书性质来看，已发现的秦汉商业文书中立法性质的文书占多数，这与当时的社会背景息息相关，看似法律严苛的表象下，对于当时商业文书的发展实则具有里程碑式的重要意义。除了包含大量立法类文书外，秦汉商业文书还包括买卖文书（商品买卖、土地买卖、奴婢买卖等）、借贷文书、雇佣文书等，而立法类商业文书相当于它们的纲领，起到统领全局的作用，它规范了买卖、借贷、雇佣等商业行为，因此在秦汉商业文书中，立法类商业文书占据着举足轻重的地位。

从文书所属年代来看，具体而言，秦汉商业文书包括秦代商业文书、西汉商业文书、新朝商业文书，以及东汉商业文书，其中西汉时期的商业文书数量

① 牟华林，钟桂玲. 汉金文辑注[M]. 北京：光明日报出版社，2017：298.

最多，这归功于西汉商业的几度繁荣。繁荣的商业促使买卖文书、借贷文书、雇佣文书增多并在形式上和管理上逐渐完备，如秦汉时期正是商业文书确立并走向成熟的时期，双方订立契约要求将契约分为左右两半，双方各执一半，若丢失，则要遭受法律惩罚，并且在订立契约之时，是需要第三人作为“证人”的。正所谓无规矩不成方圆，完备的文书形制及条款，是商业文书的发展迈向成熟的基石。

至此，中国古代商业文书在这看似“繁文缛节”的大环境背景下初现雏形、初成体系。

第三章　三国两晋南北朝时期的商业文书

三国两晋南北朝亦称“魏晋南北朝”，起自 220 年曹丕称帝，止为 589 年隋朝灭南朝陈统一中国，包含三国、西晋、东晋和十六国、南北朝几个历史时期，共历 369 年。这一时期，纸张的出现和造纸术的发展为商业文书的发展提供了契机，促使中国古代商业文书进一步发展。

第一节　概　　述

总体而言，三国两晋南北朝是中国古代商业文书快速成长的一个历史阶段。商业文书的内容较前朝有所丰富，类型也更多样，并在朝代更迭的过程中不断形成相关的立法和管理制度。这一时期的商业文书对于整个古代商业发展及商业文书管理都具有不可替代的作用，它不仅是我们研究这一时期商业发展的重要历史资料，同时其所涵盖的商业管理内容对后世而言极具参考和研究价值。

一、三国两晋南北朝时期历史发展与商业文书

东汉末期，战乱频仍，至 229 年孙权称帝，魏、蜀、吴三国鼎立的局面正式形成，战争给商业带来巨大的摧残，极大地阻碍了商业的发展。西晋短暂统一，为商业经济的恢复提供了契机，但好景不长。东晋十六国及南北朝形成的对峙局面，又使商业的发展受到了巨大的摧残。因此，这一时期的商业发展与

两汉相比，相对缓慢，走着迂回曲折的道路，但各个具体时期和具体地区也不完全一样。就总的趋势而言，南方商业呈现稳定发展态势，而北方商业呈现曲折、断续发展态势，经济重心从北方开始向南方转移。值得注意的是，该时期互市及对外贸易较为活跃。这种商业环境对商业文书的发展产生了巨大影响。其大致情况概述如下。

（一）三国时期的商业及其对商业文书的影响

1. 三国时期的商业

东汉末期的长时间战乱使得经济发展受到巨大破坏，到三国时期，虽然魏、蜀、吴之间互相攻战，跨区域商品的流通亦受到很大阻碍，但它们在各自的统治区域内实施了一系列措施来恢复生产。三国时期的商业虽不如秦汉发达，但相较东汉末年而言，还是有所恢复和发展的。

曹魏占据的中原地区受战争影响较大，但随着农业和手工业的发展，商品交易日益增多，洛阳等城市经济逐渐发展，曹魏商业有了很大起色。西蜀商业略强于魏。刘备在起兵前，就曾得到中山大商人的支持。在占据四川后，稳定物价、开设官市，还实行盐铁专卖，支持了财政。另外，蜀锦及蜀绮的质地颇优，全国驰名，甚至销于吴魏，在蜀地经济和商业发展中贡献卓越。当时，成都是西南的大商业都市。孙吴所在地区，农业和手工业发展迅速，葛布、越布、青铜镜、船只等制造尤其繁荣，再加上其海运和河运等水路交通运输便利，因而其商业相对魏蜀而言也更为发达。长江沿岸的商船往来不绝，商贩“浮船长江贾作上下”。此外，为了保证财政收入，吴国还实行盐酒专卖。

三国时期，魏、蜀、吴虽处于分裂状态，但由于经济发展、便利生活等实际所需，它们常常开展互市，如《晋书·周浚传》记载魏初“南北为互市，而诸将多相袭夺以为功”[①]。此外，这一时期，三国之间还进行“聘使贸易”，且三国与少数民族地区之间的贸易也未曾中断，东北、西域的少数民族政权和曹魏就曾多次进行商业贸易。《魏书·食货志》记载：“自魏德既广，西域、东夷贡其珍物，充于王府。又于南垂立互市，以致南货，羽毛齿革之属无远

① （唐）房玄龄，等. 晋书·列传第三十一[M]. 北京：中华书局，1974：1658.

不至。”[①]在对外贸易方面，日本和曹魏常进行商业活动，蜀汉也曾与大秦（古代中国对罗马帝国及近东地区的称呼）有商业贸易往来。吴国由于傍江倚海，对外贸易也较魏、蜀发达。孙权曾调派上百艘大船，载盐铁与丝织品等众多商品货物到大秦、扶南（位于今柬埔寨）、林邑（今越南）等地进行贸易，如《三国志·吴书·吴主传》载：赤乌六年“十二月，扶南王范旃遣使献乐人及方物”[②]。

三国时期币制混乱，金属货币和谷帛等实物常被用于商业交易，但金属货币使用率较低，不甚通行。曹魏政权初期使用布帛作为交换媒介，后恢复五铢钱，但谷帛等实物是主要的交易媒介。《晋书·食货志》载：“及黄初二年，魏文帝罢五铢钱，使百姓以谷帛为市。”太和元年（227 年）夏四月，“魏明帝乃更立五铢钱，至晋用之，不闻有所改创”。[③]此外，蜀汉和孙吴为了筹备军费，都曾大量铸造钱币，导致通货膨胀和货币贬值。这种通货膨胀和货币贬值，自然对三国商业发展有很大的影响。

2. 三国时期的商业对商业文书的影响

三国时期，由于魏、蜀、吴之间互相攻战，该时期留存的商业文书数量有限。该时期三国城市交易活动、互市及对外贸易有所发展，因此商业文书中关于互市、对外贸易的相关记载，以及与此相关的法律规范类和管理类的文书占据多数。

长沙走马楼出土的三国吴简大约 10 万片，可谓一份珍贵的宝藏，再现了吴国历史。在这批简牍中，买卖、借贷、租赁、雇佣等商业文书兼而有之，这无疑是三国时期吴国商业发展活跃的产物，为研究孙吴时期商业发展情况提供了最直接的依据。

值得一提的是，由于江南地区水运便利，贩运贸易发达，体现在商业文书上，便是孙吴商业文书中有许多雇人运输布麻、牛皮等类型的雇佣文书。此外，由于孙吴政权为恢复生产，多次采取宽赋降税的政策，因而这一时期商业文书中有诸多关于租佃土地、买卖人口等内容的记载。

① （北齐）魏收. 魏书·食货志[M]. 北京：中华书局，1974：2858.

② （晋）陈寿. 三国志·吴书·吴主传[M]. 北京：中华书局，1959：1145.

③ （唐）房玄龄，等. 晋书·食货志[M]. 北京：中华书局，1974：794-795.

（二）西晋时期的商业及其对商业文书的影响

1. 西晋时期的商业

西晋平吴结束了三国分立，安定的社会环境为商业的发展提供了契机。在这一背景下，西晋商业进入了新的发展阶段。

这一时期，为了维护封建政权的统治，政府依然实行“抑商”的措施，如泰始五年（269 年）西晋政府就下令：“务尽地利，禁游食商贩。”[①]但是，“抑商”政策并未真正限制商业的发展。首先，在国家统一、人口增加、生产发展的背景下，人们的贱商观念日渐淡薄，弃农经商和贵族、官僚经商日渐盛行。《晋书》记载：泰始二年（266 年），当时“豪人富商，挟轻资，蕴重积，以管其利。故农夫苦其业，而末作不可禁也”[②]。其次，在国家统一、政治影响扩大、城市商业快速发展的同时，对外贸易的发展也呈现繁荣之态。当时，西晋与林邑、日本、天竺、大秦等都保持着良好的贸易往来。

但西晋商业的发展并非一帆风顺，如自给性很强的田庄经济的发展巩固了自然经济的统治地位、手工业封建依附性加强等在一定程度上阻碍了商业的发展。此外，值得注意的是西晋的奢侈之风和贪鄙之风盛行，虽然晋武帝曾倡导“抑奢从简”，但并未产生任何效果，反而导致统治集团、贵族官僚经商成风，官营手工业快速发展，商业经营几乎被大地主、大官僚所垄断。此外，西晋时期虽然谷帛等实物与钱币并行，但鉴于前朝滥制钱币所造成的恶果，这一时期政府不再轻易铸币，因而总体而言，钱贵谷贱，钱币较为流行。在这种情况下，西晋末期，社会矛盾日益激化，商业发展日渐凋敝。

2. 西晋时期的商业对商业文书的影响

毋庸置疑，西晋时期的商业对商业文书的发展有着广泛影响。第一，从文书数量上看，西晋的商业文书数量较多，买卖、立法类商业文书等兼而有之，这很大程度上要归功于当时稳定的内外部环境。第二，西晋政府倡导“抑商”或“贱商”政策，制定了诸多的法律条文对商业的发展加以约束。在这样的背景下，西晋产生了大量关于管理商品经营者的法律规范类文书，《晋书》《太平御览》等古籍文献中都有所记载，如《太平御览》记载，《晋令》曰：“士卒、

---

① （唐）房玄龄，等. 晋书・食货志[M]. 北京：中华书局，1974：786.

② （唐）房玄龄，等. 晋书・食货志[M]. 北京：中华书局，1974：786.

百工履色无过绿青白，婢履色无过红青，市侩（古会切）卖者皆当着巾帖，额题所侩卖者及姓名，一足着黑履，一足着白履。”[①]第三，由于这一时期对外贸易的发展较为活跃，商业文书中有诸多关于西晋对外贸易的记录。此外，这一时期钱币和实物货币兼用。因此，在留存的商业文书中我们可以发现，钱币和谷帛被作为交换媒介在买卖等交易中被使用。

（三）东晋十六国时期的商业及其对商业文书的影响

1. 东晋十六国时期的商业

该时期，北方处于十六国纷争割据的局面，战争、经济剥削、政治压迫等使商业发展总体上极为凋敝。但在社会相对安定的前凉及短暂统一的前秦，商业在一定程度上有所恢复。

位于南方的东晋，经济在吴国发展的基础上进一步提升，其商业贸易处于活跃状态，在商人规模、市场规模、市场交易等方面表现突出。就商人规模而言，商人人数明显增加。史书记载："以此人竞商贩，不为田业。"[②]这一时期，除商贾小贩经商之外，官僚经商也屡见不鲜。就市场规模而言，南方设置市数增加，且在重要津口设置津关。当时建康、江陵、襄阳、成都、广州等发展较快的商业城市都设置有诸多交易场所（定期交易的市集和草市并存）。不可否认，水路交通便利是这些城市商业发展的一个颇为有利的基础条件。就市场交易而言，政府开始收取估税和散估。但这一时期，商业也向畸形方向发展，一方面政府继续推行"抑商"政策；另一方面贵族和官僚经商现象普遍存在。

这一时期钱币在洛阳等大都市使用较多，在其余地区仍是以谷帛等实物为主要交换媒介。据研究，这一时期，由于铜产量不足，政府基本上实行的是不铸钱的货币紧缩政策，流通的大多是三国时期的旧钱。另外，还有民间私铸的小钱。《晋书·食货志》中就载有东晋自"元帝过江，用孙氏旧钱，轻重难行，大者谓之比轮，中者谓之四文。吴兴沈充又铸小钱，谓之沈郎钱"[③]。当时流通的钱币数量有限，常常是物贱钱贵，因此购买力较前朝有所提高。

---

① （宋）李昉，等. 太平御览七[M]. 上海：上海古籍出版社，2008：299.

② （唐）魏徵，等. 隋书·食货志[M]. 北京：中华书局，1973：689.

③ （唐）房玄龄，等. 晋书·食货志[M]. 北京：中华书局，1974：795.

2. 东晋十六国时期的商业对商业文书的影响

首先，由于“抑商”政策的继续推行，在这一时期商业文书中有管理商品经营者的法律规范类文书。例如，前秦苻坚曾下令：“非命士已上，不得乘车马于都城百里之内。金银锦绣，工商、皂隶、妇女不得服之，犯者弃市。”[①]其次，由于市场规模增大，市成为官府设立的进行商业贸易的场所。因而，商业文书中有许多关于开关市的时间，进行商业贸易的区域，维护市场秩序，设立官职对市进行管理等相关规定。例如，《通典·食货·杂税》载：“自东晋至陈，西有石头津，东有方山津，各置津主一人，贼曹一人，直水五人，以检察禁物及亡叛者。”[②]最后，由于市场交易开始增收估税和散估，商业文书中开始有关于税收比例、税收券契等的相关法律规范。此外，值得注意的是，商业文书中有关于十六国时期前凉、前秦、西凉的买卖和租赁等契约，这主要与当时前凉、前秦、西凉相对安定的社会环境密切相关。

（四）南北朝时期的商业及其对商业文书的影响

1. 南北朝时期的商业

南北朝时期，虽然南北对峙，但战乱已有所减弱，商业也有了明显的复兴趋势。北朝初期，由于社会生产和经济发展遭受到巨大破坏，商业则尤为凋敝。至北魏中期以后，经济和商业日趋恢复生机。至宣武帝元恪时，北魏的商业更趋活跃。《魏书》曾载：“逮景明之初，承升平之业，四疆清晏，远迩来同，于是蕃贡继路，商贾交入，诸所献贸，倍多于常。”[③]

南方经济经过西晋、东晋持续开发，至南朝时，其商业贸易相当繁荣。城市商业快速发展，在诸多大城市中，小市场和店肆增加，商贩也日益活跃，如“丹阳旧京所在，人物本盛，小人率多商贩，君子资于官禄，市廛列肆，埒于二京，人杂五方，故俗颇相类”[④]，尤其是长江沿岸更是商旅不绝，当时，商人贩运的大多是食粮、绢布等日常必需品。此外，在这一时期，商品流通中税收得到恢复与发展，关税和市税成为财政收入的重要来源。总体而言，南方商

---

① （唐）房玄龄，等. 晋书·苻坚载记[M]. 北京：中华书局，1974：2889.

② （唐）杜佑. 通典·食货十一·杂税[M]. 王文锦，王永兴，刘俊文，等点校. 北京：中华书局，1988：250.

③ （北齐）魏收. 魏书·刑峦传[M]. 北京：中华书局，1974：1438.

④ （唐）魏徵，等. 隋书·地理志[M]. 北京：中华书局，1973：887.

品流通较北方发达，南方征税多于北方。

当时，虽然南北朝处于对立状态，但为促进经济发展等的需要，北朝官府仍在南境立互市，与南朝进行商业贸易。例如，《北齐书·苏琼传》中载北齐“旧制以淮禁不听商贩辄度。淮南岁俭，启听淮北取籴。后淮北人饥，复请通籴淮南，遂得商估往还，彼此兼济，水陆之利，通于河北”[①]。但当时私人的商业贸易几乎是完全禁止的。除设立互市外，北朝也曾和日本、高丽、百济、新罗，乃至西域诸国都常有对外商业贸易往来。南朝和天竺、狮子国、波斯、大秦国、昆仑国等有商业贸易往来。例如，《梁书·诸夷传》记载了南朝与大秦国的贸易，“孙权黄武五年，有大秦贾人字秦论来到交趾，交趾太守吴邈遣送诣权，权问方土谣俗，论具以事对”[②]。再如，《南史》记南齐时著名书法家萧子云：“出为东阳太守。百济国使人至建邺求书，逢子云为郡，维舟将发。使人于渚次候之，望船三十许步，行拜行前。子云遣问之，答曰：‘侍中尺牍之美，远流海外，今日所求，唯在名迹。’子云乃为停船三日，书三十纸与之，获金货数百万。”[③]这在一定程度上可以说是艺术品对外贸易的开端。

南北朝时期的货币仍以实物为主，但钱币流通有所扩大。北朝时期，北魏初年尚未铸钱，租赋、俸给、借贷等都用谷帛作为中间媒介应用。至孝文帝太和十九年（495 年）时官府曾铸太和五铢钱，且容许私铸，但必须使用纯铜。南朝由于其商业较为活跃，所需货币较多，因而曾多次铸钱，且金银的使用较为盛行，其最普遍的样式是饼或锭状的。但南朝政治腐败，其所铸钱币的质量都很差，如刘宋末所铸的钱币——“耒子”和“鹅眼钱”。

值得注意的是，南北朝时期商业资本畸形发展，封建统治阶层经商成风，放高利贷现象屡见不鲜。主要表现在以下几个方面。

（1）贵族、官僚经商、放高利贷。此现象在三国两晋时期就已存在，在南朝和北朝发展日益猖獗。最为典型的例子则是北魏的太子拓跋晃，他曾“贩酤市廛，与民争利”[④]。此外，贵族官僚还开设邸舍，堆积货物，寄宿客商，放高利贷，如北魏时期的富商刘宝。

---

① （唐）李百药. 北齐书·苏琼传[M]. 北京：中华书局，1972：645.

② （唐）姚思廉. 梁书·诸夷传[M]. 北京：中华书局，1973：798.

③ （唐）李延寿. 南史[M]. 北京：中华书局，1975：1075.

④ （北齐）魏收. 魏书·高允传[M]. 北京：中华书局，1974：1072.

（2）皇室设立宫市。例如，《南齐书》记载，齐东昏侯萧宝卷，“又于苑中立市，太官每旦进酒肉杂肴，使宫人屠酤，潘氏为市令，帝为市魁，执罚，争者就潘氏决判”[①]。

（3）寺院经商。南北朝时期，寺院经济蓬勃发展，产生了专门管理寺院财产的机构——“寺库”。“寺库”的产生和发展为寺院典当、借贷等商业活动的开展提供了契机，开创了后世典当业、存钱保管业、拍卖业的先河。此外，寺院还兼营高利贷活动。高利贷的资本一般采用典当制和举货制两种借贷形式。

2. 南北朝时期的商业对商业文书的影响

由于南北朝战乱已有所减弱，商业也有了明显的复兴趋势，因而商业文书在三国两晋南北朝商业文书中所占比重较大。我们可以分别从以下几个方面来概括南北朝商业对该时期商业文书的影响。

首先，由于政府实行“重农抑商”政策，商业文书中有许多实行关于限制土地买卖，以及处罚买卖土地行为的立法类文书，如《均田制》的诏令等。当然，这一时期土地买卖处罚较轻，因此土地买卖现象猖獗，商业文书中就留存有这一时期的买田契。

其次，由于城市商业有所发展，商业文书中有许多关于维护商业秩序、进行商业管理的法律规范类文书。比如，为加强市场管理，政府颁布了“整市敕”等一系列禁令和规定。

最后，由于这一时期封建统治阶层经商成风（以贵族、官僚经商和寺院经济最为典型），放高利贷现象广泛存在，因而这一时期借贷契约较为典型。另外，商业文书中还有关于僧祇粟、记账文书等相关记载。

二、三国两晋南北朝时期商业文书的基本构成与特点

三国两晋南北朝，政权更迭频仍。受战乱的影响，该时期商业发展总体上较为低迷。但这一时期寺院经济快速发展，各民族之间经济交流有所加强，谷帛等实物货币流行，南北通商，周边各族互市，对外贸易的发展较为活跃，使

① （南朝梁）萧子显. 南齐书·东昏侯本纪[M]. 北京：中华书局，1972：104.

得这一时期形成了庞大的商品交易市场。此外，纸张的出现、文字及造纸术的进一步发展，使商业文书有了较为成熟和先进的书写载体。在此背景下，这一时期中国商业文书进一步发展。

（一）三国两晋南北朝时期商业文书的基本构成

该时期商业文书类型较为多样，按其法律职能可分为立法类商业文书和执法类商业文书；按其载体可分为简牍商业文书、纸质商业文书和其他商业文书；按其记录内容可分为买卖文书、借贷文书、租赁文书、雇佣文书、记账文书、立法类商业文书和互市文书。因该时期出土的商业文书数量有限，且残卷众多，所以，总体而言，商业文书记述越详尽，参考价值越高。

据不完全统计，目前各种商业文书的出土数量、出土地点或文献出处等基本构成情况，见表 3-1。

表 3-1　三国两晋南北朝时期商业文书基本构成情况

类别	数量	组成	出土地点或文献出处
土地买卖文书	44 件	买地券及实用土地买卖文书	集中在南京及其周围，武昌、鄂州、长沙及桂林、始兴地区
人口买卖文书	至少 13 件	买婢券、买奴券、妇女和逃亡者等买卖文书	新疆吐鲁番、塔里木
其他买卖文书	至少 4 件	买棺约、卖驼券、买布券、买毯券等	新疆吐鲁番
借贷文书	5 件	贷縻文书、贷粮文书和举锦券等（无息借贷、有息借贷和质押借贷）	
租佃契约	3 件	葡萄园、土地租赁	
其他租赁文书	2 件	房屋、蚕桑、马、牛等	
雇佣文书	2 件	雇人耕縻事、雇沙弥放羊文书等	
记账文书	6 件	毯帐、赀簿、便物历等	
走马楼三国吴简中的商业文书	数量较多	《嘉禾吏民田家莂》、买卖、佃田租税券书、会计账、市租、盐铁酒专卖、雇佣劳动、商业管理法、对外贸易往来等商业文书	长沙走马楼
其他商业文书	数量较多	法律规范、互市及对外贸易类文书等	《三国志》《魏书》《晋书》《隋书》《北史》《南史》《宋书》《北齐书》《南齐书》《梁书》《陈书》等

总体而言，这一时期商业文书研究的资料来源包括出土文献和史籍文献。其中，出土文献方面主要有《中国历代契约会编考释》《吐鲁番出土文书》《中国中古契券关系研究》《中国古代契约发展简史》《俄藏敦煌文献》《走马楼吴简经济文书研究》《长沙走马楼三国吴简·嘉禾吏民田家莂》《中国古代买地券研究》；史籍文献方面主要有《三国志》《太平御览》《魏书》《晋书》《隋书》《北史》《南史》《宋书》《北齐书》《南齐书》《梁书》《陈书》。无论出土文献还是史籍文献，对于如今我们研究该时期商业文书都具有较高的参考价值。

（二）三国两晋南北朝时期商业文书的特点

商业文书是中华民族优秀商业文化传统和中华民族商业文化遗产的重要载体，是围绕商业活动形成的一系列的文书记录。存世的三国两晋南北朝时期的商业文书种类很多，虽有残损，但其所涉经济领域广泛，内容丰富，反映出这一时期多种多样的经济生活。该时期，商业文书的内容与形式等都发生了诸多变化，经历了一个由简单到复杂、由条款不完备到渐趋完备的过程，促进这一过程的主要因素无疑是该时期法律及社会发展的需要。其特点具体体现在以下几个方面。

1. 文书种类方面

由于该时期政权更迭频仍，常年处于战乱状态，商业经济总体水平较低，因而该时期遗世的商业文书的数量有限。但是该时期文书种类逐渐丰富，买卖文书、借贷文书、租赁文书、雇佣文书、记账文书、立法类商业文书、互市文书兼而有之。另外，走马楼三国吴简中也有较多关于孙吴时期的商业文书记载。其中买卖、法律规范类、互市及对外贸易类文书占据了绝大多数，雇佣文书数量最少。又因买地券的物质载体易于保存，所以该时期的买地券在所有商业文书中数量最多、完整性最强，且在该时期的各个朝代均有留存。

2. 文书形式方面

该时期商业文书的形式发生了很大变化，东晋时期开始出现文券税契，即奴婢、田宅、马牛等牲畜的买卖在缴纳契税时，官府盖了官印的契约，后世将其称为红契或赤契。这一政策的实施是保证政府顺利征收契税的重要手段，极大地推动了契约类商业文书乃至商业活动的规范化。

3. 文书载体和内容方面

该时期的商业文书载体多样，包括简牍、纸张、青铜器、石板、铅板、砖、陶瓷、铝板等。纸张代替简牍逐渐变成商业文书的主要载体。但值得注意的是，商业文书以纸张代替简牍经历了一个较长的时期，因而该时期以简牍为载体的商业文书数量众多，仅走马楼三国吴简中就有大量以竹简和木简为载体的商业文书。

东晋桓玄帝的诏令称："《桓玄伪事》曰：'古无纸，故用简，非主于敬也。今诸用简者，皆以黄纸代之。'"[①]以此为标志，纸张正式成为官方文档书写载体，纸张的出现给商业文书的发展提供了良好的契机。

首先，纸张的出现使商业文书书写更为便利，能够言尽其意。一方面表现为文书条款不断完善，增加了预防性与惩处性条款。例如，十六国时期买卖契约《前秦建元十三年七月廿五日赵伯龙买婢券》中"成券后，有人仍（认）名及反悔者，罚中毯十四张，入不悔者"[②]。再如，《北凉建平五年高昌县张鄯善奴夏葡萄园券》中"倍罚毯肆拾张，入不悔者"[③]。从该时期开始，这一条款格式成了订立契约时的一种惯例，并在一定程度上保证了文书的实行。另一方面表现为防伪意识的增强。该时期多见契约类文书需要双方当事人在契文上签写本人姓名，即契文上常言的"各自署名为信"。此外，在国家干预契约活动下，该时期契约担保制度在秦汉基础上进一步发展，并出现了相关的专门术语。如关于中保人的名称，除沿用前朝旁人、任者、证人、知券约等，还出现了任知者、时证知、书券、时人、任人等专门名称。

其次，随着纸张的出现，该时期纸质契约类商业文书的使用增多，判书逐渐退出舞台，合同契应运而生，并产生了最早的骑缝押缝制度，保证了契约的规范化和真实性。因此，该时期契约类商业文书有判书式、合同式和单契式，合同式为其主流，如《晋太康五年杨绍买地砖莂》为判书式；《西晋泰始九年高昌翟姜女买棺约》《东晋咸康四年丹徒县朱曼妻买地石券》等是该时期保存较完整的合同式契约；因为该时期单契式商业文书处于初步形成阶段，数量稀

① （宋）李昉，等. 太平御览六[M]. 上海：上海古籍出版社，2008：557.

② 〔俄〕孟列夫，钱伯城. 俄藏敦煌文献15[M]. 上海：上海古籍出版社，2000：212.

③ 张传玺. 中国历代契约粹编（上）[M]. 北京：北京大学出版社，2014：136.

少，《北凉承平八年高昌石阿奴卖婢券》即是稀有留存中较为完整的单契。

最后，纸张的出现及造纸工艺的不断升级，极大地促进了商业文书的发展、普及与流通，对隋唐乃至后代商业文书的发展都产生了重要影响。

第二节　三国两晋南北朝商业文书的种类与内容

三国两晋南北朝时期，整个中国社会的经济结构都发生了一些变化，商品经济也有新的发展，且带有更多的封建制性质，而这也直接给商业文书带来了一些影响和变化。在广泛搜集文献资料的基础上，一方面考虑到文书内容；另一方面考虑到叙述某一商业文书类型的完整性，本节将文书记录内容作为逻辑前提来划分商业文书的种类，说明各具体类型文书中有关商业的记述。

总体来说，该时期的商业文书种类多样，主要包含买卖文书、借贷文书、租赁文书、雇佣文书、记账文书、立法类商业文书和互市文书。商业文书的内容及特点因其类型的不同而有所差异。因走马楼三国吴简中的商业文书数量众多且具有特殊性，因此下文将其单独作为一种类型进行介绍和说明。

一、买卖文书

买卖文书是社会买卖交易活动发展到一定阶段的产物。这一时期的买卖契约，总体呈现一种“短券”递减，以“长券”为主的趋向。即在买卖交易活动中，由于生活用品、消费品的买卖交易越来越频繁，不再订立文契，文契仅用于如土地、房宅、人口、牛马驼等大型的买卖交易活动，如《隋书·食货志》中所述：

> 晋自过江，凡货卖奴婢马牛田宅，有文券，率钱一万，输估四百入官，卖者三百，买者一百。无文券者，随物所堪，亦百分收四，名为散估。历宋齐梁陈，如此以为常。以此人竞商贩，不为田业，故使均输，欲为惩励。虽以此为辞，其实利在侵削。[①]

① （唐）魏徵，等. 隋书·食货志[M]. 北京：中华书局，1973：689.

这是史籍《隋书》中载述的关于东晋南朝买卖交易的内容。根据其内容，我们可以得知以下信息：晋代以来，买卖契约包括有文券与无文券两种类型。但无论有无文券，都要向政府缴纳交易税。对于这种交易税，李剑农说："有文券者似可称之为'契税'；然无文券者，亦输百分四之'散估'，则宜称之为'买卖税'，买者、卖者并出，是直税其买卖之行为也。"并指出这种税目的出现，是"政府既因财政穷乏之故，又以商旅水、陆交通之便，市场之交换事业较盛"[①]所致。这也是进入魏晋以后，封建商品经济发展状态下，在买卖活动中出现的一种新现象。

三国两晋南北朝时期关于奴婢、土地、房屋及牛马驼等牲畜的买卖极为盛行，如《三国志·魏书》中有这样的载述：

> 昭先名嘏。别传曰：嘏，乐安博昌人……遂遇荒乱，家贫卖鱼，会官税鱼，鱼贵数倍，嘏取直如常。又与人共买生（牲）口，各雇八匹。后生（牲）口家来赎，时价直六十匹。共买者欲随时价取赎，嘏自取本价八匹。共买者惭，亦还取本价。[②]

因此，该时期出土的买卖契约主要包括买地券、买奴（婢）券、卖驼券及买布券和卖葡萄园券几种类型。其中，由于买地券的物质载体大多易于保存，迄今为止发现的买地券数量最多，买奴券和买婢券次之。

（一）土地买卖文书

三国两晋南北朝时期土地买卖文书根据其性质的差异，可分为向神灵购买土地的"买地券"和现实生活中的"买田券"。据《中国古代买地券研究》统计，"校录、考释传世与考古发现之魏晋南北朝时期的买地券 39 种（属东吴者 12 种，属西晋者 7 种，属南朝者 17 种，属北魏者 3 种）以及北魏时期实用的土地买卖契约 2 种"[③]。但据研究统计，发现该时期共有实用的土地买卖契约 5 种。"今见魏晋南北朝买地券的出土地点集中在南京及其周围，武昌、

---

① 李剑农. 魏晋南北朝隋唐经济史稿[M]. 北京：生活·读书·新知三联书店，1959：103-104.

② （西晋）陈寿. 三国志·魏书[M]. 北京：中华书局，1959：748.

③ 鲁西奇. 中国古代买地券研究[M]. 厦门：厦门大学出版社，2014：647.

鄂州、长沙以及桂林、始兴地区。”[①]

1. 买地券

买地券，又叫墓莂，将其放置墓地中，旨在确保死者对墓地所有权的不可侵犯，并祈祷保佑死者和生者平安无虞等。刘屹在《敬天与崇道——中古经教道教形成的思想史背景》中，在论及“汉魏六朝墓券源流及其意义”时指出：“墓券中所有的买地契约都应该是虚构的，都不足以用来作为真实土地买卖的参考资料。”[②]

买地券作为一种重要的象征性契约类型的商业文书，起源于西汉，到三国两晋南北朝时期已经盛行于世。这一时期买地券的载体较汉代有所区别，汉多为石刻。三国两晋，买地券的载体通常为“砖”。从南朝开始，除刻于砖上外还常刻或写于石头之上。由于其物质载体易于保存，该时期买地券在现存买卖文书中数量最多，且在该时期各个朝代均有留存。例如，《三国吴黄武四年九江郡浩宗买地砖券》《西晋元康元年葛阳县李达买地砖券》《东晋咸康四年丹徒县朱曼妻买地石券》《南朝齐永明五年始安县秦僧猛买地石券》《北魏正始四年北坊张猥洛买墓田砖券》。但不论哪一朝代的买地券，其基本形制一致，现以《东晋咸康四年丹徒县朱曼妻买地石券》（图 3-1、图 3-2）为例进行说明。其录文如下[③]：

1 晋咸康四年二月壬子朔四日乙卯
2 吴故舍人立节都尉晋陵丹徒朱曼
3 故妻薛，从天买地，从地买宅。东极甲
4 乙，南极丙丁，西极庚辛，北极壬癸，中
5 极戊己，上极天，下极泉。直钱二百万
6 即日交毕。有志薛地，当询天帝；有志
7 薛宅；当询土伯。任知者，东王公、西王
8 [圣]母。如天帝律令。　司

① 鲁西奇. 中国古代买地券研究[M]. 厦门：厦门大学出版社，2014：152.
② 刘屹. 敬天与崇道——中古经教道教形成的思想史背景[M]. 北京：中华书局，2005：46.
③ 张传玺. 中国历代契约会编考释（上）[M]. 北京：北京大学出版社，1995：114. 注：引文中的数字序号为原文献所有，下此类同。

图 3-1 《东晋咸康四年丹徒县朱曼妻买地石券》

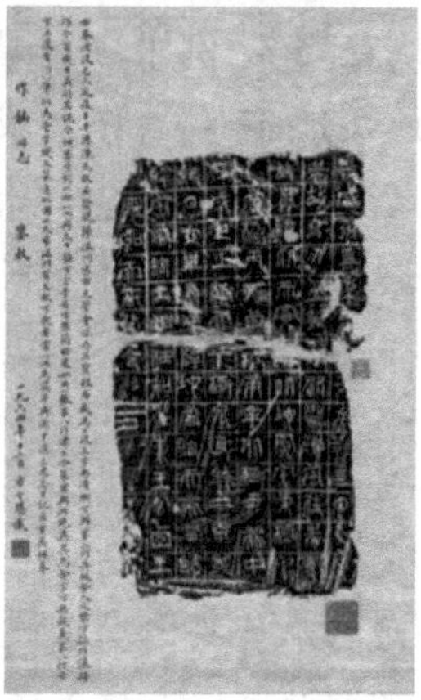

图 3-2 《东晋咸康四年丹徒县朱曼妻买地石券》拓片

注：1964 年方介堪赠夏鼐，2012 年夏鼐家属捐赠给温州博物馆，柯志平拓

从以上文书可以看出，该时期买地券的形制简易、行文内容简略，但包含了关键信息，如立券时间、亡人与卖地人姓名、埋葬地、墓地面积与价钱、墓地四至、证人等。另外，与前朝相比，该时期买地券的最大特点是迷信语言增多，神话色彩增强。首先表现为其所记买地人、保人等均由东汉时有具体姓名的亡人灵魂演变为天帝、日月及东王公、西王母、张坚固等神祇；其次表现在田地四至的语言表达上，开始使用“上极天，下极泉”；最后，券后还有“如天地律令”等语。

由于该时期买地券的形制简易，文字数量较少，因此存有一些赝品和疑伪买地券。例如，《三国吴神凤元年会稽孙鼎买地砖券》《西晋元康七年建市公孙仕买地砖券》《北魏永安元年谯县刘兰训买地铅券》，其内容和上述所举之例无甚差别，在此就不再一一赘述。

2. 实用土地买卖契约（买田券）

该时期受政府长时间限制土地买卖政策的影响，当前出土的实用土地买卖契约数量甚微，仅留存 5 份，分别是《前秦建元十四年七月八日赵迁妻买田券》《北魏太延二年苟头赤鲁买地瓦券》《北魏太和元年鹑觚县郭孟给买地砖券》《北凉建平四年高昌县支生贵卖田券》《高昌章和十一年佐佛得卖田券》。其中，《北魏太延二年苟头赤鲁买地瓦券》《北魏太和元年鹑觚县郭孟给买地砖券》较为完整。《北魏太和元年鹑觚县郭孟给买地砖券》录文如下[①]：

1　太和元年二月十日，鹑觚民郭孟给从从兄仪宗买
2　地卅五亩，要永为家业。与谷卅斛，要无寒盗。□
3　若有人庶忍，仰倍（赔）还本物。谷时贯石五斗
4　直（值）五十□，布卅尺。地南有大道，道南郭寄地；西
5　有郭凤起地，东右（有）洛侯郭秦地，北临
6　堡南领（岭）。券破之后，各不得变悔。时
7　人郭元智、文照、郭寄、郭僧、郭秦、曾（？）仁。（以上正面）
8　□明□

从该券所记郭孟给向其从兄仪宗买地 35 亩我们可以发现，该时期即便是宗亲之间买卖土地也要立契为凭，且契约内容极为详细，这也从侧面说明了该时期土地买卖已形成一定的程序，且具有一定的规范性。

（二）人口买卖文书

“人”不是普通的商品，因此，人口买卖是一种特殊的买卖类型。在中国古代社会，各种或合法或非法的人口买卖现象普遍存在，它反映出中国古代社

---

① 张传玺. 中国历代契约会编考释（上）[M]. 北京：北京大学出版社，1995：121.

会存在明显的等级阶层，以及对下层人民残酷的压迫、剥削和奴役。该时期，人口，尤其是奴婢被买卖时，签订券契是一项必要的程序。券契在证明被买卖者身份的同时，也可以作为被卖者所有权及其使用权由卖方转移到买方的凭证，具有重要的意义。

古籍中三国两晋南北朝时期有关的汉文奴婢买卖文书留存至今的很少，仅见有《西晋元康间石崇买奴券》。西晋元康间《石崇奴券》录文如下：

> 余元康之际，至在荥阳东住，闻主人公言声太高，须臾，出趣吾车曰“公府当怪吾家哓哓邪？中买得一恶羝奴，名宜勤，身长九尺余，力举五千斤，挽五石力弓，百步射钱孔，言读书，欲使便病，日食三斗米，不能奈何”。吾闻公卖不？公喜，便下绢百匹。闻请吾曰：“吾胡王子，性好读书，公府事一不上券，则不为公府作。”券文曰：“取东海巨盐，东齐羝羊，朝歌浦荐，八板桃床；真之安邑，梨栗之乡，常山细缣，赵国之编，许昌总，沙房之绵。作车当取高平英榆之毂，无尾髑髅之状，太良白槐之辐，茱萸之辋。河东乱梯桑辕，太山桑光，长安双入白乌钉锁，巧手出于上方。见好弓朴，可斫千张。山阴青槻，乌嗥柘桑。张金好墨，过市数之蠡。开市豪笔备，郎写书。嗥角帻道，金案玉碗。宜勤供笔，更作多辞。”乃敛吾绢而归。[①]

上述契约是石崇买胡奴宜勤时所签订的。通过对其内容的研究我们可以发现，和其他契约相比，该券不具备典型人口买卖契约的特征。但在一定程度上表明，在人口买卖中，契文内容对被买卖者是完全具有约束力的，即买卖契约签订后买主对奴婢既有所有权，也有行使奴役的权利，这是奴婢买卖契约异于其他买卖契约的地方。

而现存的奴婢买卖文书，多是吐鲁番、敦煌出土的一些买卖券契，包括新疆出土的佉卢文人口买卖文书，吐鲁番出土的《前秦建元十三年七月廿五日赵伯龙买婢券》《阚氏高昌永康十二年闰月十四日张祖买奴券》等。例如，新疆少数民族地区尼雅出土的 4 世纪佉卢文文书《安归迦王十七年四月二十八日男

① （宋）李昉，等. 太平御览[M]. 北京：中华书局，1960：2694.

子僧凯卖妇女莱钵给罗没索蹉契》Kh.590 号文书中也有类似的内容：

> 兹于伟大国王、上天之子夷都伽·阿没笈伐迦陛下在位之 17 年 4 月 28 日，有一男人，名僧凯。彼愿将名莱钵之妇人一名卖给罗没索蹉。僧凯已收到罗没索蹉所出之该妇人莱钵之卖价……卖价共计为 98 穆立。双方在此公平之条件上达成协议。自今以后，司书罗没索蹉对该妇人有所有权，可以打她，弄瞎她之眼睛、出卖、作为礼物赠送他人，交换、抵押，为所欲为。[①]

如果说两晋时期史籍所载的买奴婢契约尚不够完整，不具备典型性，那么十六国时期以来出土的契约，则可反映出该时期奴隶买卖契约的全貌。例如，吐鲁番出土的《前秦建元十三年七月廿五日赵伯龙买婢券》，文转录于下[②]：

> 1　□元十三年七月廿五，赵伯龙从王念买小
> 2　幼婢一人，年八，愿贯中行赤毯七张，毯即
> 3　□（毕），婢即过，二主先相和可，乃为券书，
> 4　成券后，有人仍（认）名及反悔者，罚中
> 5　毯十四张，入不悔者。民有私约，约当
> 6　□□□，书券侯买奴，共知本约，沽半。

此券包括时间、买婢方姓名、卖方的姓名、所买奴婢的年龄、所出价物的品质与价格、反悔的条约、书券人等条款，内容较为完整，可将其视为 4 世纪十六国时期奴婢买卖契约的典型代表。

同汉代相比，十六国奴婢买卖契约内容有了很多变化。例如，强调了所订券契的性质为私约“民有私约，约当”[③]。当然，契约内容最大的变化无疑是增加了预防性与惩处性的条款，如“成券后，有人仍（认）名及反悔者，罚中

① 韩翔，王炳华，张临华. 尼雅考古资料[M]. 乌鲁木齐：新疆社会科学院，1988：254.

② 〔俄〕孟列夫，钱伯城. 俄藏敦煌文献 15[M]. 上海：上海古籍出版社，2000：212. 注：“□”内为笔者拟补文字，下此类同。

③ 〔俄〕孟列夫，钱伯城. 俄藏敦煌文献 15[M]. 上海：上海古籍出版社，2000：212.

毡十四张入不悔者”[①]。自此之后，在高昌国隋唐五代乃至后世的买卖契约中，预防性和惩处性内容逐步增多且渐趋具体化与实用化。

经过研究发现，三国两晋南北朝各个时期的奴婢买卖契约有所差异，但大体上很相似，其内容主要包括买奴（婢）时间、买奴（婢）方和卖奴（婢）方、价格、责任条款、反悔条款和书券人。

（三）其他买卖文书

上述所举契约只是三国两晋南北朝时期诸多买卖契约中的冰山一角，除了上述两种文书外，还有买棺约、卖驼券、买布券、买毯券等。例如，《西晋泰始九年高昌翟姜女买棺约》《前凉升平十一年高昌王念卖驼券》《前秦建元二十年仓曹属为买八稷布事》《高昌公元六世纪中期某人卖葡萄园券》。各种类型的契券内容在细节上有所差异，但总体而言，内容较为简单，主要包括立契日期、买卖双方身份、买卖的东西、价格、“旁人”（证人）。

二、借贷文书

借贷活动，在人类经济生活中长期存在，对人们彼此之间调剂资源余缺，促进资源流动和有效配置有重要的作用。借贷活动在春秋战国时期便已盛行，借贷文书在西周、春秋战国时期也已初具雏形，到三国两晋南北朝时期借贷文书大量涌现。由于敦煌吐鲁番气候干燥，大量文书保存至今，因此该时期大多数借贷文书出自吐鲁番文书。按照借贷主体的不同，该时期的借贷文书主要有民间借贷文书、寺院借贷文书和官府借贷文书。

（一）民间借贷文书

民间借贷有无息借贷、有息借贷和质押借贷。有学者将前两者称为信用借贷，顾名思义，信用借贷即以诚信为约束力来规范双方行为的一种借贷。而质押借贷，是一种用“物”作抵押而进行的借贷。在这一时期，以实物为质押的借贷契约数量甚微，绝大多数都是以诚信为约束力来规范双方行为的信用借贷契约。

---

① 〔俄〕孟列夫，钱伯城. 俄藏敦煌文献 15[M]. 上海：上海古籍出版社，2000：212.

民间关于钱、粮、绢、物等一般信用借贷，通常都要遵循定期归还和给付利息两大原则。为保证此原则的贯彻实施，通常借贷双方会事先签订具有法律效力的契约条款，以此来作为违约时进行惩罚的凭借。

通常而言，一般性的借贷都是要以生息立文契为前提的。北魏末，河南太守李元忠“家素富，多出贷求利，元忠悉焚券免责，乡人甚敬之”[①]。这里所焚之券，即借贷时双方所签订的契约，这种契约的签订往往意味着诚信关系的建立。据统计，这类不用实物作抵押的信用借贷是古代借贷关系中最普遍的形式之一。吐鲁番出土的《北凉承平五年道人法安弟阿奴举锦券》是当前所能见到该时期最早的纸质借贷文契实物。券文如下[②]：

1 承平五年岁次丙戌正月八日道人法安
弟阿奴
2 从翟丝远举高昌所作黄地丘慈中
3 锦一张，绵经绵纬，长九五寸，广四尺五寸。
4 要到前年二月卅日，偿锦一张半，
5 若过期不偿，月生行布三张，民有私
6 要，要行二主，各自署名为信。故（沽）各半，
7 共员马一匹，各□了。倩书道人知骏
8 时见　道智惠　永安

从上述契约内容我们可以知道，该券属于有息借贷，具有民间信用借贷券契的典型特征，且契文内容较为完整。具体包括双方订约时间、姓名、所借贷物品名、规格、生息时间和数额、违约受罚数额、信用保证、双方署名、见证人的酬劳、倩书、时见等在场见证人姓名。

根据券文内容，借锦一张，过了将近 14 个月后，还锦一张半，其年息不到 50%。若过期不偿，违约所罚是“月生行布三张”。由此可知，该时期的借贷利息和违约惩罚都较为严重。

---

① （宋）司马光. 资治通鉴[M]. 北京：中华书局，1956：4803.

② 国家文物局古文献研究室，新疆维吾尔自治区博物馆，武汉大学历史系. 吐鲁番出土文书（第一册）[M]. 北京：文物出版社，1981：181.

上述契文采取的是年号与十二地支相结合的纪年方法，与此有异曲同工之妙的还有《义熙五年道人弘度举锦券》《高昌和平元年某人举叠锦券》。《义熙五年道人弘度举锦券》录文如下[①]：

1 义熙五年甲午岁四月四日，道人弘度
2 从翟丝远举西向白地锦半张，长四尺，广
3 四尺。要到十月卅日还偿锦半张，即交
4 与锦生布八纵一匹，若过其（期）不偿，
5 一月生布壹丈，民有私要，要行二主，
6 各自署名为信。沽各半。倩书道护
7 若弘度身无，仰申智偿。
8 时见

从上述契约内容我们发现，翟丝远的借贷标的为半张，还贷标的亦是半张，这就说明上述行为是无偿借贷，其借贷契约属于无息借贷的范畴。但无偿借贷（无息借贷）并不意味着过期不偿不会受到任何惩罚，其借贷利率通常会出现在违限声明中。一旦违限，即“若过其（期）不偿”[②]，其借贷行为的性质就会转化为有偿借贷，即该契文中所述“一月生布壹丈”[③]。

之前几种借贷契约均有借贷期限条款、违约责任条款等，它无疑是保证契约行为能够顺利实行的关键条款。但是借贷契约中违约责任的相关条款并不是从一开始就有的，它是契约长期发展的产物。以《西凉建初十一年张仙入贷床文书》为例[④]：

① 国家文物局古文献研究室，新疆维吾尔自治区博物馆，武汉大学历史系. 吐鲁番出土文书（第一册）[M]. 北京：文物出版社，1981：189.

② 国家文物局古文献研究室，新疆维吾尔自治区博物馆，武汉大学历史系. 吐鲁番出土文书（第一册）[M]. 北京：文物出版社，1981：189.

③ 国家文物局古文献研究室，新疆维吾尔自治区博物馆，武汉大学历史系. 吐鲁番出土文书（第一册）[M]. 北京：文物出版社，1981：189.

④ 国家文物局古文献研究室，新疆维吾尔自治区博物馆，武汉大学历史系. 吐鲁番出土文书（第一册）[M]. 北京：文物出版社，1981：16.

1　建初十一年十二月廿四日，张仙入贷床六斛

2　强□言

这件文书内容极为简单，没有违约责任条款。由于违约责任存在多种可能性，这就意味着违约责任条款的发展是一个长期的经验积累的过程。

民间除上述信用借贷关系外，还有一种以物作抵押进行的借贷，即质押借贷。但目前而言，尚未发现该时期的民间质押借贷实物文契。

（二）寺院借贷文书

两晋时期寺院经济产生并发展，到南北朝时期，国内商业发展态势回升、对外贸易繁荣，寺院经济蓬勃发展，产生了专门管理寺院财产的机构——“寺库”。“寺库”的产生开创了后世典当业、拍卖业的先河。质押借贷和典当业在此背景下快速发展，用作借贷和典当的抵押物都是借贷者的个人财产，有不动产，如房舍、园田、土地；也有动产，如牲畜、农具等；甚至还有以人身为质进行的借贷。毫无疑问，质押借贷和典当行业的出现，对缓解借贷困难、遏制民间高利贷、促进资金商品流通等具有重要的作用。

通过对现有资料的考查我们可以知道，寺院借贷的形式有“质举”和“举贷”，而举贷是佛教寺院借贷的主要形式。借贷双方为了防止出现纠纷，保证借贷活动顺利开展，通常会签订违约惩罚条款。经研究，并未发现该时期关于质押借贷和典当的契约、凭证等实物，但从商业文书的相关记载中可以得知该时期寺院典当借贷业已经相当繁荣。

在南北朝时期的一些寺院中，设置了长生库，为平民办理质押贷款和典当业务。史籍上有关长生库经营较早的记录，见于南朝时期，如《南史·褚澄传》载：“彦回薨，澄以钱一万一千就招提寺赎高帝所赐彦回白貂坐褥，坏作裘及缨，又赎彦回介帻犀导及彦回常所乘黄牛。”[①]此记载记录了褚彦回死后，其弟褚澄多次用钱向招提寺库赎回他生前的质典物。这说明南朝时佛寺长生库就已存在，其经营规模不小，且其质典物多样，除生活用品外，还包括黄牛等牲畜。又如，《册府元龟》的记述也说明了该时期长生库就已存在：

① （唐）李延寿. 南史·褚裕之传[M]. 北京：中华书局，1975：756.

法崇孙彬。彬有行业，乡党称善。尝以一束苎就州长沙寺库质钱，后赎苎还，于苎束中得五两金，以手巾裹之，彬得，送还寺库。道人惊云："近有人以此金质钱，时有事不得举而失。檀越乃能见还，辄以金半仰酬。"往复十余，彬坚然不受。[①]

（三）官府借贷文书

官府借贷具体是指由朝廷、地方官府或官员的出贷，其形式多种多样。这一时期主要留存的有带施予性的赈济记录，通常赈济物以货币和粮食为主。这类借贷一般并不通过契约的形式出现，但它与借贷契约发展的历史有着密切的联系。带施予性的赈济多发生于自然灾害产生后对百姓的济施上，通常是无息的借贷。北魏政权面对地方灾荒，就曾多次进行了"开仓赈恤"，如《魏书·孝文帝本纪》载：延兴三年（473 年）"是岁，州镇十一水旱，丐民田租，开仓赈恤"[②]。再如，487 年，孝文帝下诏采取赈贷措施，诏曰：

去夏以岁旱民饥，须遣就食，旧籍杂乱，难可分简，故依局割民，阅户造籍，欲令去留得实，赈贷平均。然乃者以来，犹有饿死衢路，无人收识。良由本部不明，籍贯未实，廪恤不周，以至于此。朕猥居民上，闻用慨然。可重遣精检，勿令遗漏。[③]

除上述无息的借贷赈济外，国家借贷中还包括有息借贷的情况。西晋太康中，由于蜀地发生饥荒，官府就曾"开仓赈贷"。此外，地方名士也曾贷粮救饥，如《晋书》载地方名士王长文："长文居贫，贷多，后无以偿。郡县切责，送长文到州。刺史徐幹舍之，不谢而去。"[④]这是地方人士贷仓粮以救饥荒，无法还贷的一例。再如，《魏书·世宗纪》载："丙午，诏天下有粟之家，供年之外，悉贷饥民。"[⑤]北魏世宗在旱情严重、饥民众多的情况下，下诏令让天下有

① （唐）李延寿. 南史·甄法崇传[M]. 北京：中华书局，1975：1705.
② （北齐）魏收. 魏书·高祖纪第七上[M]. 北京：中华书局，1974：140.
③ （北齐）魏收. 魏书·高祖纪第七下[M]. 北京：中华书局，1974：162.
④ （唐）房玄龄，等. 晋书·王长文传[M]. 北京：中华书局，1974：2139.
⑤ （北齐）魏收. 魏书·世宗纪第八[M]. 北京：中华书局，1974：212.

粟之家，把除了供自家食用外的食粮以少量的利率贷给饥民。

1966 年在新疆吐鲁番阿斯塔那五九号墓出土的编号为 66TAM59∶4/6 的《北凉神玺三年仓曹贷粮文书》就属于官府借贷文书。录文如下[①]：

1][②]主者赵恭、孙殷：今贷□石[

2]拾斛，秋熟还等斛，督入本[

3]克给。明案奉行。

4 神玺三年五月七日起仓曹

5 □簿□ 录事朗 位白□

二旱

上述文书虽然有大量残缺，但其大体意思却较为清楚，属于高昌地区官方贷放粮食的文书。

综上所述，三国两晋南北朝的借贷契约的内容程式总体上较为固定，可以大致归结为立契时间；借贷双方；借贷品名称和规格；到期日和偿还数量及利息；违契条款；信用保证；书契人、证人名单；等等。在此后数百年借贷契约的发展中，基本上都延续此格式，只是更为细化和完善。

三、租赁文书

三国两晋南北朝是租赁文书形成的早期阶段，租赁契约的留存数量少，且大都不完善。又因房屋、车牛等租用与田地租佃有所不同，因此，本部分将租佃契约与其他租赁文书分别进行介绍。在民间，凡具有使用价值的物品，都可以进行租赁，而且常用租赁契约的方式，来保证租赁费用的支付。

（一）租佃契约

任何事物的发展都有一个过程，租佃契约的发展也不例外。可以说，租佃

① 国家文物局古文献研究室，新疆维吾尔自治区博物馆，武汉大学历史系. 吐鲁番出土文书（第一册）[M]. 北京：文物出版社，1981：32.

② 注："]"表示前缺，"["表示后缺，中间空格为原文所有，下此类同。

契约的发展历经了相当长的渐进过程。其发展过程可以简要概括为三个阶段：租佃制的推行—租佃契约的萌芽—租佃契约的出现与普及。

“从史载的‘租契’和简牍中的‘租额’等推测，两汉已有固定租额的租田券约的萌芽形态。”①但当前我们尚未发现两汉时期租佃契约的实物，因此，两汉时期可以看作租佃契约的萌芽时期，三国两晋南北朝则是租佃契约形成的早期阶段。

胡如雷在研究吐鲁番出土的《翟强辞为共治葡萄园事》——《翟强辞为共治葡萄园事一》与《翟强辞为共治葡萄园事二》的基础上，认为其为“翟强与积之间确实订有‘共分治’葡萄园的契约，而且这种契约关系在当时当地有‘大例’可循，已经比较通行”②。

在香港面市的《北凉建平四年十二月道人佛敬夏田券》《北凉建平五年正月道人佛敬夏葡萄园券》是迄今发现的时代最早的两件租佃契，它们提供了对中国租佃契约及租佃关系研究的新标本，具有举足轻重的史学价值和意义。正如关尾史郎所言：“是作成于吐鲁番的最古老的夏田契约文书，具有划时代的史料价值。”③为便于说明，将《北凉建平五年正月道人佛敬夏葡萄园券》（即《北凉建平五年高昌县张鄯善奴夏葡萄园券》）的内容载于下④：

1 建平五年正月十一日，道人佛敬以毯贰拾张□
2 张鄯善奴蒲陶一年。贾（价）即毕，蒲陶并绳
3 索即蹑畔相付。二主先相和可，不相逼强。
4 乃为券书。券成之后，各不得恢悔。悔者，
5 倍罚毯肆拾张，入不悔者。民有私要，律
6 所不断官租，酒仰敬：时人张奴子，
7 书券弘通，共言知要。沽各半。

① 乜小红．中国古代契约发展简史[M]．北京：中华书局，2017：174.

② 胡如雷．几件新疆出土文书中反映的十六国时期租佃契约关系[J]．文物，1978，(6)： 22-25.

③ 关尾史郎．トウルファン将来‘五胡’時代契約文書简介[M]．新潟：西北出土文献研究會，2004：81.

④ 张传玺．中国历代契约粹编（上）[M]．北京：北京大学出版社，2014：136.

三国两晋南北朝时期是中国书写史上由简牍书写转而为纸质书写的大变革时期。这给租佃契约内容的完善提供了宽广的空间和便利的条件。因此，该时期的租佃契约无论从内容上还是从形式上来说，较之两汉时期，都发生了很大的变化。就其形式而言，它改变了原来简牍两面书写的形制，变为纸质的单面书写。就其内容而言，首先，出租方与佃田方在券中称为“二主”，处于平等的地位。如券文“二主先相和可，不相逼强。乃为券书”。其次，租佃双方的权利和义务具体化了，如出租方的权利是获得具体数额的田租价“毯贰拾张”，义务是“蒲陶并绳，索即蹑畔相付”。再次，新增了违约受罚的条款：“各不得忮悔。悔者，倍罚毯肆拾张，入不悔者。”保证了契约的实行。最后，明确强调了其民间私约的性质，如券文言“民有私要”。[①]

（二）其他租赁文书

三国两晋南北朝时期中原地区人口的大量迁移，使吐鲁番的人口结构呈现以汉族为主，多民族杂居的特点。汉人的大量到来，不仅给吐鲁番带去了先进的文化，同时也将中原先进的生活和生产方式带到了吐鲁番。由于年代久远，在搜集该时期租赁契约资料的过程中，发现该时期留存的其他租赁契约的数量微乎其微。目前经整理和考释，今存较早的租赁契约是《西凉建初十四年严福愿赁蚕桑券》，录文如下[②]：

1 建初十四年二月廿八日，严福愿从阚

2 金得赁叁薄蚕桑，贾（价）交与毯

虽然上述赁蚕桑券有较多残缺，但从其内容我们可以得知，当时简单的生产工具（如上券中养蚕器具“薄”）的租赁尚且需要签订程式规范的契约，对其他物品的租赁活动势必也有较严格的规制。

房屋作为重要的生产资料，对于封建社会的生产、劳动者来说颇具价值。

① 张传玺. 中国历代契约粹编（上）[M]. 北京：北京大学出版社，2014：136.

② 国家文物局古文献研究室，新疆维吾尔自治区博物馆，武汉大学历史系. 吐鲁番出土文书（第一册）[M]. 北京：文物出版社，1981：17.

在搜集该时期租赁契约的过程中，就发现了一件北凉时期的房屋租赁文书。该文书是香港克利斯蒂拍卖行公开拍卖的三件颇有价值的吐鲁番出土的契券之一，即《北凉玄始十年高昌县康黄头母子出赁舍券》（即《北凉马雒赁舍券》）。王素最早对其录文进行了整理和修订，具体如下[①]：

口子

1 玄始十年五月四日，康黄头、受恩三[人]
与马雒赁参（叁）年，

2 以城东舍参（叁）内，交与贾（价）毯搭仟（伍）

3 张。贾即毕，舍即付。二主先和后可，

4 乃为券书。券成之后，各不得

5 返悔。悔者，罚毯卅张，入不悔者。

6 时人张光，书季芳，共知言要。

7 沽各半。

上述房屋租赁文书信息完整，具有重要的历史文献价值。在北凉乃至中国经济发展史上具有其特殊意义，填补了中国古代关于房屋租赁史等诸多领域的研究空白。

经济活动时间的长短，无疑可以反映出这种关系的稳定程度，此件文书的租赁时间为3年，属于中长期租赁，这就说明吐鲁番地区在高昌郡时代，就已经存在比较稳定的租赁活动。而且，此租赁活动以实物“毯”为支付方式，这也和该时期以实物为主要交换媒介的情况相契合。

另外，由于政权的变动和战争的进行，该时期人口大规模向南迁移，这为该时期马具、交通工具等租赁活动的盛行提供了契机，如《北齐书》记载：“高祖署勇丞相主簿。属山西霜俭，运山东乡租输，皆令载实，违者治罪，令勇典其事。琅邪公主虚僦千余车，勇绳劾之。公主诉于高祖，而勇守法不屈。”[②]文中反映了琅邪公主租借千余辆牛车用以运送租赋的情况。另外，该时期西北地区发

① 张传玺. 中国历代契约粹编（上）[M]. 北京：北京大学出版社，2014：135.

② （唐）李百药. 北齐书[M]. 北京：中华书局，1972：322.

现的《建□年按赀配生马帐》中的记载“次八月内买马并赁马都□赀□”[①]也反映了该时期的马具租赁活动。

四、雇佣文书

《广雅》云：“佣，役也。谓役力受直曰佣”[②]，即受雇于人。雇佣，是指雇主对受雇者劳动力的有偿租赁，是一种交易行为，受雇人提供劳力服务与雇主支付报酬构成对价关系。劳务报酬通常表现为钱财支付。雇主与被雇者双方协商同意，并将这种约定的交易关系用文字将其确定者，被称为雇佣契约或雇佣券契。这种雇佣活动是当时社会的普遍现象，史书中也多有记载。

雇佣文书在两汉时期已经普遍使用，在《居延汉简》中就发现有大量的雇佣文书。进入魏晋时期后，由于纸张的使用，雇佣文书的内容也更加丰富和全面。但是，并非所有的雇佣都要形成文字契约，如《北凉玄始十二年翟定辞为雇人耕床事》所反映的未立契的雇佣活动[③]：

1 玄始十二年□月廿二日，翟定辞：昨廿一日
2 顾（雇）王里安儿、坚强耕□到申时，得
3 大绢□匹，[　　]今为□与□安、坚二口[
4]等□可[
5]状如前。

从辞文的内容——翟定雇佣王里安儿、坚强耕作一日，支付报酬“大绢□匹”，我们可以知道，此呈辞是因为雇主翟定和雇工在劳动报酬上发生纠纷而产生的。从残存的辞文中，笔者并未见其提到立券或券文规定之类的内容。因此，笔者认为，正是由于此次雇佣没有事先签订契约，故发生纠纷后，只有向官府呈辞请求处理了。由此也说明，当时一些短期、临时性的雇佣，并不是都

① 国家文物局古文献研究室，新疆维吾尔自治区博物馆，武汉大学历史系. 吐鲁番出土文书（第一册）[M]. 北京：文物出版社，1981：156.

② （清）阮元，等. 经籍籑诂[M]. 北京：中华书局，1982：48.

③ 国家文物局古文献研究室，新疆维吾尔自治区博物馆，武汉大学历史系. 吐鲁番出土文书（第一册）[M]. 北京：文物出版社，1981：39.

签订契约的。通常，长时间的租赁会事先签订契约。

现存可见的最早纸质雇佣券契，即吐鲁番出土的《高昌午岁武城诸人雇赵沙弥放羊券》，录文于下[①]：

1]午岁十月廿五日赵沙弥为武城诸人放羊
2]中羊三口，与粟一斗。从未岁正月，到未岁十月卅日，羊五口，与钱[
3 □正月内偿放羊价钱使毕。羊朋大偿大，朋小偿小。若羊[
4 折骨，仰放羊儿。若[
5 卅日，羔子入郡（群），与大麦一斗。若羊经宿究（就）具死，放羊儿悉不知。[
6 □上有破坏处，仰大（打）放羊儿了。诸人和可后为卷（券）要，卷□□
7 □□□不得返悔，々者壹罚二入不悔者。民有私要，々行二主，各
8]放羊儿，放羊儿悉不知。
9 □□法贤

分析内容可知，该券属于雇主武城诸户与劳动者赵沙弥商量同意后所签订的承包放羊任务的契约。契约中对发生羊折骨、死损、破坏等各种状况时的归责做了明确规定，契文内容极为详细，具体包括雇佣时间、雇佣双方、报酬、劳动范围、保证条款等。此券比无契约的雇佣有了更多的权益保障，避免了雇佣活动中纠纷的发生，这是雇佣发展一个划阶段的进步。此外，该契约也强调了雇佣双方的平等地位，如“々行二主”。和前朝契约相比，可以发现，雇佣契约的发展趋势是契约条文逐渐细化，奴役型的雇佣契约越来越少。

五、记账文书

吐鲁番出土的《某人条呈为取縻及买毯事》《奴婢月廪麦帐》《阿成等麦酒帐》《北凉真兴六年出受麦帐》等均属于该时期的记账文书，由于其大多都存

① 国家文物局古文献研究室，新疆维吾尔自治区博物馆，武汉大学历史系. 吐鲁番出土文书（第五册）[M]. 北京：文物出版社，1983：155-156.

在残缺，在此就不再一一赘述。

“便物历”是与借贷契约共生的借贷账目，可以作为追还欠债的依据。经研究发现，“便物历”最早产生于北魏佛寺推行僧祇粟时期。乜小红认为：“从历史的发展源流看，北魏已经有了谷物‘出便历’的存在，只不过现在已经看不到北魏时期的‘出便历’实物而已。”[①]

另外，该时期西北地区发现的官府文书《建□年按赀配生马帐》也反映了该时期的商业活动。具体录文如下[②]：

1 建□[　　　　　　　　　　]到六月[

2 煎苏獦亡马鞍荐（鞯），至今不得。

3 □张有赀六斛，配生马。去年五月廿九日买马□

（中缺）

1 赀一斛，次八月内买马并赁马都□赀□

2 　二月，马谷草一皆不得。

3 赵士有赀六斛，配生马，去八月内买马贾（价）并

此记账文书虽有残缺，但其存留内容无疑反映了该时期的买卖和租赁马具等商业活动。又因文中多次提到“赀六斛，配生马”，故认为该时期实行了赀配养马制度。此外，笔者还发现，这一时期买卖和租赁活动已经扩散至吐鲁番等边疆地区。

六、走马楼三国吴简中的商业文书

1996年在长沙走马楼出土的吴简多达十余万枚，被学术界称为“世纪性大发现”。根据目前走马楼三国吴简已完成的整理释文工作，笔者发现其中涉及诸多关于商业文书的内容。

---

① 乜小红. 中国古代佛寺的借贷与“便物历”[J]. 中国史研究，2011，(3)：61-83.

② 国家文物局古文献研究室，新疆维吾尔自治区博物馆，武汉大学历史系. 吐鲁番出土文书（第一册）[M]. 北京：文物出版社，1981：156.

（一）《嘉禾吏民田家莂》

当前关于《嘉禾吏民田家莂》的性质，学术界看法尚未统一，高敏认为“这不仅具有土地租佃者租佃土地契约的性质，而且还明显具有收受输纳物的凭证或收据性质”①。李卿认为“《嘉禾吏民田家莂》简牍是官府的库吏或仓吏将当年佃户缴纳米布钱等租税的分散帐（账）目汇总后上交给田户曹史进行核校结算的总帐（账）目，即年度户别税钞总计，而不是经济契约合同文书”②。

为了便于探究说明，兹以保存较为完整的嘉禾四年（235 年）合丘男子烝某的一件牍文为例，援引如下：

> 合丘男子烝□，佃田廿处，合一顷一十五亩，其十二亩二年常限。其九亩旱，亩收布六寸六分。定收三亩，亩收米一斛二斗，合三斛六斗。亩收布二尺。其一顷三亩余力火种田。其廿五亩旱，亩收布六寸六分。定收七十八亩，亩收米四斗五升六合，斛加五升，合卅五斛三斗四升六合。凡为米卅八斛九斗四升六合。其三斛六斗税米，四年十二月五日付仓吏郑黑毕。其卅五斛三斗四升六合租米，四年十月十日付仓吏郑黑毕。凡为布四匹三丈三尺八寸，准入米九斛六斗九升，四年十月□日付仓吏郑黑毕。其旱田亩收钱卅七，其熟田亩收钱七十。凡为钱六千八百九十一钱，准入米四斛三斗，四年十一月九日付仓吏郑黑毕。嘉禾五年三月六日，主者史赵野、张惕、陈通校。③

不论其性质如何界定，《嘉禾吏民田家莂》在一定程度上都反映了该时期的租佃关系，并且记录了吏民佃田以及向官府缴纳米布钱等租税的内容。

---

① 高敏. 论《吏民田家莂》的契约与凭证二重性及其意义——读长沙走马楼简牍札记之二[J]. 郑州大学学报（社会科学版），2000，(4)：67-70.

② 李卿.《长沙走马楼三国吴简·嘉禾吏民田家莂》性质与内容分析[J]. 中国经济史研究，2001，(1)：122-131.

③ 走马楼简牍整理组. 长沙走马楼三国吴简·嘉禾吏民田家莂[M]. 北京：文物出版社，1999：99.

（二）买卖文书

牛羊自古就属贵重商品，在三国时期也不例外。该时期只有少数富有的地主和农民才能拥有牛羊，因而吴简中关于牛羊买卖的简牍甚少。但关于布匹买卖的记载远多于其他物品，关于牲口买卖的记载内容则相对较为详细，这在一定程度上防止了造假行为的出现，保证了牲口买卖的规范进行。此外，我们还发现，这一时期政府对民间牲口买卖的管理较为严格，要求牲口买卖必须缴纳交易税①：

都市史唐玉叩头死罪白被曹敕条列起嘉禾六年正月一日讫三月卅日吏民所

私卖买生（牲）□者收责估钱言案文书辄部会郭客料实今客辞男子

唐调雷逆（逆）郡吏张桥各私买生（牲）口合三人直钱十九万收中外估具钱一万九千谨

列言尽力部客收责送调等钱传送诣库复言玉诚惶诚恐叩头死罪死罪

诣 金 曹

四月七日白

（三）租赁文书

吴简中所记载的该时期的租赁物品包括稻米、布匹、麻、船只、酿酒工具等，其中关于稻米租赁的文书有很多，这与当时长江中游生产优质米有很大关系②：

入小武陵乡嘉禾二年粢租米六斛胄毕嘉禾二年七月廿五日。

值得注意的是当时东吴政权实行盐铁酒专卖，酿酒工具等租赁通常需要缴纳租赁费用，作为政府重要的收入之一。

① 走马楼简牍整理组. 长沙走马楼三国吴简·竹简（肆）[M]. 北京：文物出版社，2011：663.

② 走马楼简牍整理组. 长沙走马楼三国吴简·竹简（壹）[M]. 北京：文物出版社，2003：898.

（四）雇佣文书

“平出钱二百廿一万一千七百六十五钱雇元年所调布麻水牛皮并□。”[①]此为一段反映政府雇人运输布麻牛皮的简文。与上述简牍属于同一性质的文书数量较多，由此可知，吴国统治时期雇佣劳动力的现象较为普遍。究其原因，主要有两方面：一是这种现象的出现和三国时期常年战乱、社会动荡导致劳动力大量减少有很大关系。二是三国时期长江中下游地区商业较为发达，在农业上和在商业上都对劳动力有很大需求。不过，当时吴国除了雇佣大男作为劳动力外，还雇佣大女、牲口及新吏等以促进社会生产的发展和商业的恢复。雇佣的报酬与劳动力的强健程度、技能水平、身份地位等紧密相关。通常而言，劳动力健壮、身份地位较高且有特殊技能者的收入较高。

（五）会计账文书

吴简中含有大量会计账文书，具体涉及账簿、赋税征收、借贷和市场交易等账目内容。例如，赋税征收简文主要涉及征收税米和布匹等内容，如“其六千四百卅八斛八斗六升黄龙二年税米”。再如，“临湘谨列起四月一日讫六月卅日地僦钱□簿”。[②]经学者考释，简文中“簿”为账簿的名称，简文后有关于此账簿的具体明细，在此不再赘述。

除此之外，走马楼三国吴简中还包括借贷、市租、货币、盐铁酒专卖、市场管理规范、对外贸易往来等与商业活动有关的商业文书。走马楼三国吴简的发现意义重大，其中商业文书的内容可以集中地反映三国时期吴国的商业概貌，为研究吴国的社会商业问题和三国时期的社会经济关系、租调和赋税制度等提供了大量的历史资料。

七、其他商业文书

除上述买卖、借贷文书等直接反映商业贸易的文字记载外，在《三国志》《魏书》《晋书》《北史》《南史》等文献中还有较多关于该时期其他商业文书的

① 走马楼简牍整理组. 长沙走马楼三国吴简·竹简（壹）[M]. 北京：文物出版社，2003：917.

② 走马楼简牍整理组. 长沙走马楼三国吴简·竹简（壹）[M]. 北京：文物出版社，2003：940，985.

记载，如与商业活动有关的立法类商业文书、互市及对外贸易类商业文书等，都反映了该时期商贸的具体情况。

（一）立法类商业文书

经查阅，有关三国两晋南北朝立法类商业文书，有为数不少的记录。它们在反映该时期商贸实际情况的同时也对买卖、租赁等商业活动的原则做出了详细规定，使该时期商业活动有法可依。考虑到该类商业文书存在的广泛性，本部分主要将记录内容作为逻辑前提来阐述与商业活动紧密相关的法律规范类文书的内容。

1. 关于限制土地买卖的立法类商业

在封建社会“重农抑商”的大环境下，土地买卖在大多数情况下属于有限禁止的内容。土地属于不动产的范畴，与国家的赋税徭役增损直接紧密相关，故对其转换所有权的管理在历史上各个朝代都极其严格。西晋施行占田课田制，旨在恢复社会生产，允许土地买卖，此制一直延续到东晋南朝。故这一时期土地买卖流行，故而出土的田亩买卖券契数量也不在少数。但北方自北魏推行均田制以后，田土的买卖受到限制，《魏书·食货志》记载了北魏均田制的全部内容：

（太和）九年，下诏均给天下民田：

诸男夫十五以上，受露田四十亩，妇人二十亩，奴婢依良。丁牛一头受田三十亩，限四牛。所授之田率倍之，三易之田再倍之，以供耕作及还受之盈缩。

诸民年及课则受田，老免及身没则还田。奴婢、牛随有无以还受。

诸桑田不在还受之限，但通入倍田分。于分虽盈，没则还田，不得以充露田之数。不足者以露田充倍。

诸初受田者，男夫一人给田二十亩，课莳余，种桑五十树，枣五株，榆三根。非桑之土，夫给一亩，依法课莳榆、枣。奴各依良。限三年种毕，不毕，夺其不毕之地。于桑榆地分杂莳余果及多种桑榆者不禁。

诸应还之田，不得种桑榆枣果，种者以违令论，地入还分。

诸桑田皆为世业，身终不还，恒从见口。有盈者无受无还，不足者受种如法。盈者得卖其盈，不足者得买所不足。不得卖其分，亦不得买过所足。

诸麻布之土，男夫及课，别给麻田十亩，妇人五亩，奴婢依良。皆从还受之法。

……

诸宰民之官，各随地给公田，刺史十五顷，太守十顷，治中别驾各八顷，县令、郡丞六顷。更代相付。卖者坐如律。[①]

根据诏令可知，所受之露田不准买卖，年老身死，还田给官府；桑田可作为世业田，终身不还，可以世袭，但仅允许买卖其中一部分。原有桑田已超过应授田数，“无受无还”；达到应授额的，不准再受；超过应授额部分，可以出卖；不足应授额，可以买足；地方新旧任官吏相交接，不许出卖。

北魏田地在一定程度上可以通过买卖的手段进行调节，但都是在官府的严格控制下进行的，总体上依然是限制土地买卖行为的。自北齐、北周建立之后，虽继承了北魏均田制的传统，但均田制度尤其是土地的买卖已无限制的相关规定，甚至在《通典》中有言：“魏令，职分公田，不问贵贱，一人一顷，以供刍秣。自宣武出猎以来，始以永赐，得听卖买……露田虽复不听卖买，卖买亦无重责。”[②]因而这一时期买卖土地的现象日益猖獗。

值得注意的是，北朝买卖契约有一定的法定程序，北魏均田令：“诸远流配谪、无子孙、及户绝者，墟宅、桑榆尽为公田，以供授受。授受之次，给其所亲；未给之间，亦借其所亲。”[③]这就说明亲族有优先受田权及优先占有权。

2. 关于限制人口、食盐等买卖的立法类商业文书

北魏律规定：“掠人、掠卖人为奴婢者，皆死。”但是同时规定了例外情况，即对于亲属之间相卖的，“卖子有一岁刑；卖五服内亲属，在尊长者死，期亲及妾与子妇流”。[④]由此可以看出，贩卖者与被贩卖者之间的血缘关系的远近不同，对应的处罚也有所不同。对于出卖子孙的，只处以一年的徒刑；而对于出

① （北齐）魏收. 魏书·食货志[M]. 北京：中华书局，1974：2853-2855.

② （唐）杜佑. 通典·食货二·田制下[M]. 王文锦，王永兴，刘俊文，等点校. 北京：中华书局，1988：27-28.

③ （北齐）魏收. 魏书·食货志[M]. 北京：中华书局，1974：2855.

④ （北齐）魏收. 魏书·刑罚志[M]. 北京：中华书局，1974：2881.

卖五服内尊长的，处以死刑；出卖期亲及妾与子妇的，处以流刑。这就体现了当时的“服制制度”。当时最为著名的即费羊皮卖女葬母案。

另外，北魏律在盗律中还规定：“知人掠盗之物而故买者，以随从论。”①

三国时期，魏、蜀、吴在政治、军事和经济上斗争频繁，食盐几乎被视为国家的生命线，“夫盐，国之大宝也，自乱来散放，宜如旧置使者监卖，以其直益市犁牛”②。两晋以后，盐业专卖制度进一步加强，《晋令》载：“凡民不得私煮盐，犯者四岁刑，主吏二岁刑。”③

3. 关于大型买卖需订立契约的立法类商业文书

一方面，随着社会发展，人们的契约观念日渐增强；另一方面，纸张的进一步改进、普及等为契约的签订提供了现实条件。此外，为防止买卖双方发生纠纷，防止官吏作弊，保证政府的契税收入，这一时期关于大型买卖需订立契约的法律规范文书有所增加。

除田土外，对奴婢及马、牛、驼、骡、驴的买卖都要求立市券。至于马、牛、驼、骡、驴等大牲畜的买卖，也置于国家监控之下。因为大牲畜既是为农耕生产提供畜力的生产资料，也是国家用于军事、交通、运输的工具，民间买卖，即使立有私契，也须经官府批准给券，方为合法。永平四年（511 年）宣武帝的一则诏令云：

> 僧祇之粟，本期济施，俭年出贷，丰则收入。山林僧尼，随以给施；民有窘弊，亦即赈之。但主司冒利，规取赢息，及其征责，不计水旱，或偿利过本，或翻改券契，侵蠹贫下，莫知纪极……后有出贷，先尽贫穷，征债之科，一准旧格。富有之家，不听辄贷。脱仍冒滥，依法治罪。④

从此令知僧祇粟的济施分为两类：一是不用回收的赈施类，如“山林僧尼，随以给施”；或者“民有窘弊，亦即赈之”等。二是需要归还的“出贷”类，原则是“俭年出贷，丰则收入”，出贷对象为贫穷户，不许富户介入，从“偿

① （北齐）魏收. 魏书・刑罚志[M]. 北京：中华书局，1974：2881.
② （西晋）陈寿. 三国志・魏书[M]. 北京：中华书局，1959：610.
③ （宋）李昉，等. 太平御览・饮食部二十三[M]. 上海：上海古籍出版社，2008：606.
④ （北齐）魏收. 魏书・释老志[M]. 北京：中华书局，1974：3041-3042.

利过本”一语知出贷要适当收取一定利息，从“翻改券契”一语又透露出僧祇粟的出贷是要立下券契的。

4. 管理商品经营者的立法类商业文书

这一时期社会动荡不安，为保证生产的发展，政府严格实行“重农抑商”的政策。因而，在这一时期的法律规范中，包含大量管理商品经营者的法律规范类文书。

《太平御览》载：“《晋令》曰：‘士卒、百工履色无过绿青白，婢履色无过红青，市侩（古会切）卖者皆当着巾帖，额题所侩卖者及姓名，一足着黑履，一足着白履。’”[①]前秦苻坚在位时，曾下令：“非命士已上，不得乘车马于都城百里之内。金银锦绣，工商、皂隶、妇女不得服之，犯者弃市。”[②]

《梁书·吕僧珍传》载：“（吕）僧珍旧宅在市北，前有督邮廨，乡人咸劝徙廨以益其宅。僧珍怒曰：‘督邮官廨也，置立以来，便在此地，岂可徙之益吾私宅！’姊适于氏，住在市西，小屋临路，与列肆杂处，僧珍常导从卤簿到其宅，不以为耻。”[③]

从这些关于商品经营者的相关规定里我们足以窥见“重农抑商”政策和思想的影子，以及这一时期对商品经营者管理的规范性和细致性。

5. 关于市场管理和维护市场秩序的立法类商业文书

首先，城内市场是由官府设立的，政府为促进市场活动的有序性和规范化，设置了专门的机构和品秩不同、名称不同的市官，如市令、市丞、牧佐、录事、市魁等对市场加以管理。

《通典·食货·杂税》载：“自东晋至陈，都西有石头津，东有方山津，各置津主一人，贼曹一人，直水五人，以检察禁物及亡叛者。”[④]

《南齐书》载：“（东昏侯）又于苑中立市，太官每旦进酒肉杂肴，使宫人屠酤，潘氏为市令，帝为市魁，执罚，争者就潘氏决判。”[⑤]

其次，城内市场的内部组织形式与过去历代的城市一样，仍沿袭了古代的

---

① （宋）李昉，等. 太平御览七[M]. 上海：上海古籍出版社，2008：299.

② （唐）房玄龄，等. 晋书·苻坚载记[M]. 北京：中华书局，1974：2889.

③ （唐）姚思廉. 梁书·吕僧珍传[M]. 北京：中华书局，1973：213.

④ （唐）杜佑. 通典·食货十一[M]. 王文锦，王永兴，刘俊文，等点校. 北京：中华书局，1988：250.

⑤ （南朝梁）萧子显. 南齐书·东昏侯本纪[M]. 北京：中华书局，1972：104.

列肆制度，即货物以类相从，同一物品在同一肆发售，如《整市敕》载："古人同市朝者，岂不以众之所归，宜必去行物。近检校山阴市，多不如法，或店肆错乱，或商估没漏，假冒豪强之名，拥护贸易之利，凌践平弱之人，专固要害之处，属城承宽，亦皆如之。"①

另外，这些市均为定时市，朝开夕闭，启闭有一定时间限制，到了交易时间才打开市门，交易时间一过即罢市，如《晋书》载："南州人征市日闻祜丧，莫不号恸，罢市。"②

值得注意的是，这一时期依然承袭汉代之市制遗规，市里分开，商业区与居住区有严格区分，如《太平御览》载："《晋令》曰：'坐卢使者，皆不得宿肆上。'"③

6. 加强对度量衡及货币管理的立法类商业文书

这一时期度量衡总体上呈现变化多、增幅大的特点，如《魏书·高祖纪第七下》载："戊午，诏改长尺大斗，依《周礼》制度，班之天下。"④《周书·武帝纪下》载："（建德六年）八月壬寅，议定权衡度量，颁于天下。其不依新式者，悉追停。"⑤

这一时期的货币制度总体上较为紊乱，通货膨胀和通货紧缩时有发生，甚至有官铸钱币减重等情况出现，可以说，币制的紊乱是阻碍这一时期商业发展的重要因素之一。详见《魏书·食货志》记载：

> 迁邺之后，轻滥尤多。武定初，齐文襄王奏革其弊。于是诏遣使人诣诸州镇，收铜及钱，悉更改铸，其文仍旧。然奸侥之徒，越法趋利，未几之间，渐复细薄。六年，文襄王以钱文五铢，名须称实，宜称钱一文重五铢者，听入市用。计百钱重一斤四两二十铢，自余皆准此为数。其京邑二市、天下州镇郡县之市，各置二称，悬于市门，私民所用之称，皆准市称以定轻重。凡有私铸，悉不禁断，但重五铢，然后听用。若入市之钱，重

① （清）严可均. 全上古三代秦汉三国六朝文（第三册）[M]. 上海：上海古籍出版社，2009：154.
② （唐）房玄龄，等. 晋书·羊祜传[M]. 北京：中华书局，1974：1021.
③ （宋）李昉，等. 太平御览·资产部八[M]. 上海：上海古籍出版社，2008：375.
④ （北齐）魏收. 魏书·高祖纪第七下[M]. 北京：中华书局，1974：178.
⑤ （唐）令狐德棻，等. 周书·武帝纪下[M]. 北京：中华书局，1971：103.

不五铢，或虽重五铢而多杂铅鑞，并不听用。若有辄以小薄杂钱入市，有人纠获，其钱悉入告者。其小薄之钱，若即禁断，恐人交乏绝。畿内五十日，外州百日为限。群官参议，咸以时谷颇贵，请待有年。上从之而止。①

7. **关于缴纳商税的立法类商业文书**

这一时期政府为了加强管理，扩充财政的收入。在市场设置市门以供出入，称作“阛”。进入市场交易者，须缴纳门税。例如，《隋书·食货志》谓：“闵帝元年，初除市门税。及宣帝即位，复兴入市之税。”②

三国两晋南北朝时期的商税，包括市税、商品交易税，以及与商品流通相关的关津、航埭税等。市税，又称市租或市调。市税大约始于东晋。据《晋书·杜夷传》载：

杜夷字行齐，庐江灊人也。世以儒学称，为郡著姓……惠帝时三察孝廉，州命别驾，永嘉初，公车征拜博士，太傅、东海王越辟，并不就……镇东将军周馥倾心礼接，引为参军，夷辞之以疾……刺史刘陶告庐江郡曰……征士杜君德懋行洁，高尚其志……今遣吏宣慰，郡可遣一吏，县五吏，恒营恤之，常以市租供给家人粮廪，勿令阙乏。③

商品交易税又称估税，分输估、散估两种。这是当时商税收入之大宗。据《隋书·食货志》载：

晋自过江，凡货卖奴婢马牛田宅，有文券，率钱一万，输估四百入官……无文券者，随物所堪，亦百分收四，名为散估。历宋齐梁陈，如此以为常。④

① （北齐）魏收. 魏书·食货志[M]. 北京：中华书局，1974：2866.
② （唐）魏徵，等. 隋书·食货志[M]. 北京：中华书局，1973：680.
③ （唐）房玄龄，等. 晋书·杜夷传[M]. 北京：中华书局，1974：2353-2354.
④ （唐）魏徵，等. 隋书·食货志[M]. 北京：中华书局，1973：689.

关津、航埭税，是一种商品过境税。据《三国志·文帝纪》注引《魏书》载：

> 庚戌令曰："关津所以通商旅，池苑所以御灾荒，设禁重税，非所以便民；其除池御之禁，轻关津之税，皆复什一。"[①]

另据《隋书·食货志》载：

> 晋自过江……又都西有石头津，东有方山津，各置津主一人，贼曹一人，直水五人，以检察禁物及亡叛者。其荻炭鱼薪之类过津者，并十分税一以入官。[②]

这些逐渐加重的商税，大大增加了人们负担，使人们的生活受到了严重的影响。

法律规范类文书涉及内容广泛，除上述所述外，还包括惩治私人擅自进行外贸活动，限制出口商品的种类等内容的文书。它们在反映该时期商贸实际情况的同时，对商业活动的原则等做出了详细规定，使该时期商业活动有法可依。

（二）互市文书

该时期总体上南方商业稳定发展，北方商业呈现曲折、断续发展态势，经济重心从北方开始向南方转移。该时期互市及其对外贸易的发展较为繁荣，《三国志》《魏书》《北史》《南史》等都有关于互市和朝贡等对外贸易的记载，包括北朝官府曾在南境立互市，与南朝进行商业贸易。例如，《北齐书·苏琼传》中载北齐："旧制以淮禁不听商贩辄度。淮南岁俭，启听淮北取籴。后淮北人饥，复请通籴淮南，遂得商估往还，彼此兼济，水陆之利，通于河北。"[③]再如，《梁书·诸夷传》记载了南朝与大秦国的贸易。"孙权黄武五年，有大秦贾人字秦论来到交趾，交趾太守吴邈遣送诣权，权问方土谣俗，论具以事对。"[④]

---

① （西晋）陈寿. 三国志·魏书·文帝纪[M]. 北京：中华书局，1959：58.
② （唐）魏徵，等. 隋书·食货志[M]. 北京：中华书局，1973：689.
③ （唐）李百药. 北齐书·苏琼传[M]. 北京：中华书局，1972：645.
④ （唐）姚思廉. 梁书·诸夷传[M]. 北京：中华书局，1973：798.

此外，除了长沙走马楼出土的三国吴简外，郴州市苏仙桥出土的吴简和西晋简中也有关于商业文书的内容，但因残简和碎片数量众多，当前尚未全面系统整理和考释，无法明确其中所含商业文书的具体数量和种类。不过根据吴简初步整理的内容，我们可以确定其中有关于商业文书的记录，如简 40（正面）有关于钱米牲畜价值的记录等内容。

第三节　小　　结

三国两晋南北朝战乱频仍，目前出土的商业文书数量有限，仍有待挖掘和研究。但总体说来，这一时期的商业文书在内容和种类方面已经渐趋全面和完善，在整个古代商业文书中，承上启下，发挥着举足轻重的作用，为后世商业文书的进一步丰富与发展奠定了良好基础。具体可以表现在以下几方面。

第一，该时期的商业文书在形成的种类方面已相对完善。法律规范类文书和买卖、租赁、雇佣、借贷、记账文书等多种兼具，以契约类文书数量最盛，后世延续这些商业文书的种类并加以丰富。

第二，该时期商业文书判书式、单契式、合同式兼而有之，但合同式是主流。合同式契约在产生乃至鉴别上过程完整规范，便于防伪，对现代合同的发展产生了重要影响。

第三，从出土的商业文书可以看出，该时期商业文书的内容较前朝有所丰富，如增加了预防性与惩处性的条款，为隋唐乃至后代商业、商业文书的发展奠定了基础。此外，值得注意的是，纸张成为官方使用的主流载体是该时期的一个重要事件，对该时期乃至后世商业文书的发展都产生了重要影响。

第四章　隋唐五代时期的商业文书

581年，隋文帝杨坚建隋代周，结束了自汉末以来的南北分裂局面，隋朝虽昙花一现般地只存在了37年，却是一个承前启后的朝代。它不仅将分裂割据的局面重新化为一统，且在短短十几年内重建了政治经济格局，为唐朝的繁荣发展奠定了基础。中华民族在历经了几个世纪的战乱和动荡之后，即将迎来农业、手工业、商业全面振兴的盛世。

618年，李渊建唐，社会各方面都在稳定的环境中迅速走向繁荣。统一的唐王朝国势昌盛，国威远扬，迎来中国封建社会的黄金时代。出现了“贞观之治”“开元盛世”等中国封建社会前所未有的盛世现象。国家的经济、政治、文化等多方面都在这一时期达到了顶峰。唐中前期开明的政治、繁荣的经济、强大的国力，促进了商业的全面繁荣。商业的发展被推向继汉代以后的新高潮。

安史之乱后，唐朝盛极而衰，907年，朱温灭唐自立，历史进入了五代十国时期。其间，中原地区接连出现五个朝代，即后梁、后唐、后晋、后汉、后周，合称五代；中原地区之外，存在十个割据政权，合称十国。商业前进的步伐被打乱，先前的一些限制政策也被随之打破，这从侧面为商业的新发展提供了机会。从581年隋文帝一统江山，到907年唐朝灭亡，320余年的隋唐王朝，被认为是中国历史上最辉煌的时代之一。直到960年，北宋王朝建立，国家由“五代十国”的分裂重新走向统一。

第一节 概　　述

隋唐两代是中国封建社会最鼎盛的时期之一，国家统一、社会安定为商业的繁荣提供了根本保障。繁荣的城市商业、严格的市场管理、发达的民族贸易等商业环境对商业文书的发展产生了十分深远的影响。五代十国时期社会状况虽然动荡，但是先前一些刻板的商业限制政策也随之被打破，这从侧面为商业的新发展提供了机会。隋唐五代时期的商业文书也因此而获得了巨大的进步和发展。

一、隋唐五代时期商业背景与商业文书

商业的繁荣发展为封建王朝带来了丰富的经济资源，为了规范和保障商业的良性发展，中央政府陆续制定了一系列政策和法律，产生了一系列立法类商业文书。例如，唐代实行均田制，对土地交易进行严格管理，限制土地兼并。《通典·食货典》《隋书·食货志》《唐律疏议》中有多处立法类商业文书的记载。

唐代积极发展官营商业，对盐、酒、茶等主要商品进行集中经营管理或实行专卖，也就是“榷卖制度”。盐酒的专卖成为封建王朝财政收入的重要来源之一。隋唐时期，官、私举放债务在城乡之间广泛开展，唐代的公廨本钱制即官府经营的高利贷形式的货币贸易。为了方便管理，唐代在各州县普遍设置了管理商业活动的市令，这些专管市场的机构和官员在日常管理活动中产生了众多商业公文文书，它们既是唐代政府对商业管理的必要工具，也是官营商业活动中的必然产物。

签订契约是隋唐五代商业活动中的必要一环。“契约是具体载录缔约双方依法订立的有关权利、义务的协议的文件。这种文件的内容款式有一个由简单到复杂、由不完善到完善的过程。”[①]隋唐时期的商业契约均为纸质，具体类型包括买卖、借贷、典当、租佃、雇佣等，内容涉及广泛。在政府对商业的制度

① 张传玺. 契约史买地券研究[M]. 北京：中华书局，2008：61.

化管理下，作为商业活动的衍生品，商业文书的形制也趋于统一和规范，尤其是契约文书。从目前的出土资料来看，唐代民间的商业契约文书中有“契”（或契书）、“券”（或券书）和“帖”三种常见的称谓。其中“契”“券”二者能够相互通用。唐代的商业契约一般称作“契”或“券”，且其有着固定的格式及书写契约的专门俗语，包括立契的时间、交易的性质、契约当事人及中人的签字画押等基本内容。

隋唐时期海外贸易空前兴盛。在丰富的官民间对外贸易中，大量的商业文书应运而生。此外，伴随城市商业和市场的日益繁荣，唐代长安城内还出现了为商业服务的新行业，如客舍、邸店、车坊、质库、飞钱汇兑等。官办或私办的柜坊经营钱物存付，常用凭书帖或信物支付、凭文券取钱等交易方式。这些商业文书的出现，为商业活动提供了巨大便利。

中国古代的历史漫长悠久，商业文书的发展也因时代的变化而呈现不同的特点。载体方面，在隋唐五代时期的生产力发展条件下，纸张的使用早已普及，因此隋唐时期的商业文书大多为纸本。隋唐时期是一个商业全面繁荣的时期，这一时期的商业文书具有类型复杂多样、主题广泛的特点。本章主要根据敦煌吐鲁番出土文献，来分析隋唐五代时期的商业文书。首先介绍政府出台的关于商业的法律政策法规。其次，依据出土文献摘录一些具有代表性的商业文书，其中大部分为契券，包括土地、宅舍、大型畜产、奴婢等买卖契券，土地租佃契券，以及货币、粮草等借贷契券。最后，分析少量商业申请审批文书，以及市场价格管理等文书材料。

二、隋唐五代时期商业文书的基本构成

隋唐五代时期商业文书种类繁多，按其法律职能可分为立法类商业文书和执法类商业文书；按其记录内容可分为买卖文书、借贷文书、租佃文书、雇佣文书、记账文书、法律规范类文书和互市与对外贸易类文书。该时期出土的商业文书数量众多，可见，总体而言在隋唐五代时期的生产力发展条件下，纸张的使用早已普及。其中，以商业契约文书数量最多，且最具代表性。据笔者调研，隋唐五代时期汉文商业契约文书的出土数量、收录等基本构成情况，如表 4-1 所示。

表 4-1 隋唐五代时期汉文商业契约文书的基本构成情况

类别		数量	构成	来源
买卖文书	动产买卖文书	约 32 件	卖牛契、买车具契、买马契、买奴契等	《吐鲁番出土文书》（录文本全十册）、《吐鲁番出土文书》（图录本全四册）、《大古文书集成》、《敦煌社会经济文献真迹释录》、《敦煌契约文书辑校》、《新获吐鲁番出土文献》、《斯坦因所获吐鲁番文书研究》、《新出吐鲁番文书及其研究》、《敦煌吐鲁番文书论文集》、《英藏敦煌文献》、《俄藏敦煌文献》
	不动产买卖文书	约 43 件	卖地契、卖宅舍地基契、卖田契	
借贷文书		约 163 件	贷银钱、贷粮食、贷布匹等。文书中多以“××举钱契”“××便麦契”等形式出现，都为借贷契约	
租佃文书		约 103 件	庄园、土地租佃等。文书中多以“××夏田券”“××佃田契”“××租田契”等形式出现，皆是租赁、租佃的意思	
雇佣文书		约 93 件	雇牛、雇驼、雇车、雇工等	
其他		约 103 件	大多为混合型契约，如《唐开元廿四年二月左小礼租田借麦契》等	

总体而言，这一时期商业文书研究的资料来源包括史籍文献和出土文献。其中，史籍文献方面，有《隋书》《旧唐书》《新唐书》《唐六典》《唐大诏令集》《唐律疏议》《册府元龟》《旧五代史》《新五代史》等；出土文献方面，资料主要来源于“敦煌文书”和“吐鲁番文书”等文书资料，如国家文物局古文献研究室等编《吐鲁番出土文书》全十册；唐耕耦、陆宏基的《敦煌社会经济文献真迹释录》等。这些史籍文献和出土文献的汇编为隋唐五代时期的商业文书研究提供了较为完整的原始资料。

第二节 隋唐五代时期商业文书种类与内容

在中国西部地区，因当地特殊的地理气候条件，保留下了一批自魏晋到唐后期的古文书，也就是著名的“吐鲁番文书”和“敦煌文书”。其中包含大量隋唐五代时期的商业文书。在当时的生产力发展条件下，纸张的使用早已普及，因此这一时期的商业文书大多为纸本。这些文书记录的商业活动的形式可分为买、卖、佃（土地、房屋）、贷（钱、粮）、雇（车、牛、人力）等；从契约所涉及的商业活动对象角度可分土地、房屋等不动产和牲畜、人口等动产。下面，笔者将从买卖文书、借贷文书、租佃文书、雇佣文书、商业立法文书、外贸文书、商业公文文书和其他商业文书八大类进行阐述。

一、买卖文书

隋唐时期是中国封建社会最鼎盛的时期之一，国家统一、社会安定为商业繁荣提供了坚实的物质基础。为了规范和保障商业的良性发展，在日常商业活动中产生了众多的买卖文书，它们既可以作为政府对商业管理的必要工具，同时也是对民间个体商业行为的约束，是商业活动中的必然产物。在封建王权对商业的制度化管理下，商业契约文书的形制也趋于统一和规范。

1. 动产买卖文书

动产买卖文书是指可移动的生产资料，如生活用品、牲畜、人口等买卖契约文书。在当时的生产力条件下，这些商品具有一定的重要性，且容易毁损和消亡，因此需要订立契约，明确双方当事人的权利义务，以避免纠纷。

该时期动产买卖文书现存数量众多，且交易物种类多样，但其基本形制有很多相似之处。以《未年尼僧明相卖牛契》为例[①]：

壹、《未年尼僧明相卖牛契》[②]
1 黑牸牛一头，三岁，并无印记。
2 未年润十月廿五日，尼明相为无粮食及
3 有债负，今将前件牛出卖与张抱玉。准
4 作汉斗麦壹拾贰硕、粟贰硕。其牛及麦，
5 即日交相分付了。如后有人称是寒道（盗）
6 识认者，一仰本主卖（买）上好牛充替。立契后
7 有人先悔者，罚麦三石入不诲人。恐人无
8 信，故立此契为记。

---

① 唐耕耦，陆宏基. 敦煌社会经济文献真迹释录（二）[M]. 北京：全国图书馆文献缩微复制中心，1990：33.
② 注：引文中的大写数字为原文献所有，表示文献的序号，下此类同。

9 麦主
10 牛主尼僧明相年五十五
11 保人尼僧净情? 年十八
12 保人僧寅照
13 保人王忠敬年廿六
14 见人尼明兼?

这件动产买卖契约的交易物为牛。首先，文书写明了出卖的原因、买卖双方的身份、交易物的价格、交易的方式等信息；其次，文书还对买卖双方的权利义务进行了规定，以避免日后产生纠纷。隋唐五代时期的买卖契约是一种财产所有权转移的证明，具有法律约束力，常被用作处理纠纷的依据。

另外，在这一时期，买卖契约的责任人数量及称谓等也较之前发生了变化，如《唐总章元年左憧憙买草契》[①]：

贰、《唐总章元年左憧憙买草契》
1 总章元年六月三日，崇化乡人左憧憙交用银
2 钱肆拾，顺义乡张潘塠边取草玖拾韦。如到
3 高昌之日不得草玖韦者，还银钱陆拾文。
4 如身东西不到高昌者，仰收后者别还。若
5 草好恶之中，任为左意。如身东西不
6 在者，一仰妻儿及保人知（支）当。两和
7 立契，获指为信。如草□高昌□。
8 钱主左
9 取草人丨张丨潘丨塠
10 保人竹丨阿丨阇丨利丨
11 保人樊丨曾丨□丨
12 同伴人和广护

① 国家文物局古文献研究室，新疆维吾尔自治区博物馆，武汉大学历史系. 吐鲁番出土文书（第六册）[M]. 北京：文物出版社，1985：424-425.

唐代以前，买卖契约中有作为见证人的“中人”。唐代之后，出现了承担保证责任的“保人”，并且在一些契约中，责任人不仅为本人，还扩大到“妻儿”和“保人”。第三方的参与促成了契约主体结构的变迁，是传统契约在这一时期产生的一次重要变化。

古代奴婢被当作一种可以转让、出卖的商品，但奴婢交易在订立契约的基础上，还要有官府立的市券才算合法，而契约文书既是对奴婢身份的证明，又是奴婢占有权的凭证，如《唐开元二十年薛十五娘买婢市券》[①]：

叁、《唐开元二十年薛十五娘买婢市券》

1 开元贰拾年捌月□日，得田元瑜牒称，今将胡婢绿珠年拾叁岁，
2 于西州市出卖与女妇薛十五娘，得大练肆拾匹。今保见集，
3 谨连元券如前，请改给买人市券者。准状勘责状同，问
4 口承贱不虚。又责得保人陈希演等伍人款，保上件人婢不
5 是寒良詃诱等色，如后虚妄，主、保当罪。勘责既同，依给
6 买人市券。　　练主
7 用州印　　婢主田元瑜
8 　　胡婢绿珠年十三
9 　　保人瀚海军别奏上柱国陈希演年卌三
10 　　保人行客赵九思年卅八
11 　　保人行客许文简年卌二
12 　　保人王义温年廿五
13 同元　　保人行客张义贞年卌六
14 　　史
15 丞上柱国玄亮　　券
16 　　史康登

此处见到的是官府归档中的抄件，无朱印和当事人签押，也就是所谓的“录白案记”。“如果删去这两件‘市券白’上的两处注文，再盖上西州都督府之印

① 国家文物局古文献研究室，新疆维吾尔自治区博物馆，武汉大学历史系. 吐鲁番出土文书（第九册）[M]. 北京：文物出版社，1990：29-30.

的印鉴，即是当时官给正式市券。”[①]

随着雇佣关系的发展，奴婢买卖的制度到了宋代已经瓦解。从此角度看，唐代的奴婢买卖市券，已是古代奴婢买卖契约中较为定型化的形态，也可以说是中国奴婢买卖契券发展中的一种终极形态。

另外，马、牛等大牲畜的买卖也有类似的市券。官给市券是对民间买卖交易的一种限制措施，目的是保证政府的契税收入。

2. 不动产买卖文书

隋唐五代时期的不动产主要是指土地、宅舍、庄园等。由于土地等属于重要财产，所以其买卖契约与动产相比相对复杂。隋及唐前期推行均田制，土地交易被严格限制。以刑事惩罚的方式明令禁止永业田、口分田等私有土地买卖。但在买卖缘由合法的条件下，经申请也可以进行交易。“从唐律的规定，使我们更多地看到其规定的两重性，禁止买卖田地与准令买卖田地之间，区别仅在于卖出时是否有正当的理由。”[②]

唐代实行均田制，在均田制之下，农民所受田主要有永业田、口分田及园宅地等，大宗财产的出让转卖，需要签订契约，如《未年安环清卖地契》[③]：

壹、《未年安环清卖地契》

1 宜秋十里西支地壹段，共柒畦拾亩，东道，西渠，南索晟，北武再再。

2 未年十月三日上部落百姓安环清为

3 突田债负，不办输纳，今将前件地

4 出买（卖）与同部落人武国子。其地亩别

5 断作斛斗汉斗壹硕陆斗，都计麦壹拾

6 伍硕，粟壹硕，并汉斗。一卖已后，一任武

7 国子修营佃种。如后有人干忏吝识认，

8 一仰安环清割上地佃种与国子。其地

9 及麦，当日交相分付，一无悬欠。一卖□

10 如若先翻悔，罚麦伍硕，入不悔人。

---

① 吴震．吴震敦煌吐鲁番文书研究论集[M]．上海：上海古籍出版社，2009：413.

② 李祝环．中国传统民事契约成立的要件[J]．政法论坛（中国政法大学学报），1997，(6)：116-122.

③ 中国科学院历史研究所资料室．敦煌资料（第一辑）[M]．北京：中华书局，1961：293-294.

11 已后若敕，安清罚金伍两纳入

12 官，官有政法，人从私契，两共平章，书指为记。

13　　　　　　　　地主安环清年廿一

14　　　母安年五十二　师叔正灯（押）

15　　　见人张良友　　姊夫安恒子

这件土地买卖契约沿用秦汉以来惯例，仍写明四至及将土地出卖的原因。这件契约文书反映了隋唐时期土地买卖文书的两个特点：一是出现了“官有政法，人从私契”的惯语，类似语句在当时的土地买卖契约文书中非常常见，几乎成了套用格式；二是中国古代契约中比较特殊的恩敕担保制度出现，保人称谓、数量等也较前代有很大不同，责任划分意识更强。

不动产买卖契约的内容相对复杂。将三件不同时期的不动产买卖契约做比较分析，可更加清晰地反映出隋唐五代时期的土地买卖特征。这三件契约分别是《汉长乐里乐奴卖田券》、《高昌延寿五年赵善众买舍地券》（图 4-1）和《后周显德四年敦煌乡百姓吴盈顺卖地契》。

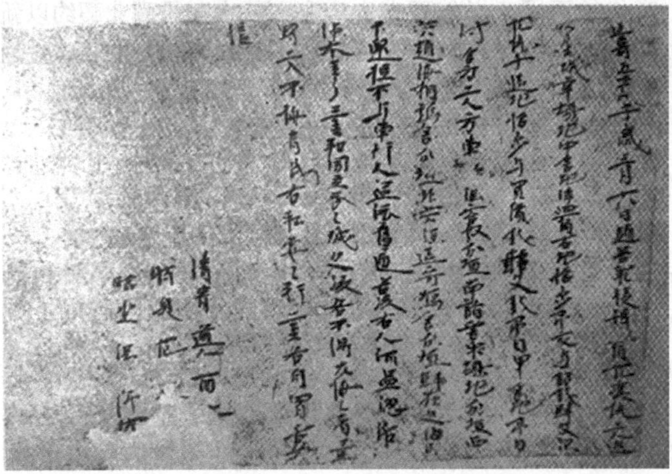

图 4-1　《高昌延寿五年赵善众买舍地券》

这三件买卖契约中的相似内容如买卖交易时间，买卖双方姓名，出卖田数额、价格，交易时在旁的证人等，但其差异性更为明显。现对比如下（表 4-2）。

表 4-2 《汉长乐里乐奴卖田券》《高昌延寿五年赵善众买舍地券》《后周显德四年敦煌乡百姓吴盈顺卖地契》比较

项目	《汉长乐里乐奴卖田券》	《高昌延寿五年赵善众买舍地券》	《后周显德四年敦煌乡百姓吴盈顺卖地契》
文书形成时间	公元元年前后	7 世纪时期	10 世纪时期
对所卖田的地点、位置及地亩四至情况	没有	有，且具体	有，且具体
卖田的原因	没有	没有	有
对卖后预防追夺的条款	没有	没有	有
预防政府特殊干预的条款	没有	没有	有
悔约受罚的条款	没有	有	有
强调立契作用的条款	没有	有	有
见证人称谓	“旁人”“临知者”	“倩书”“时见”“临坐”	“保人”

由表 4-2 可见，由于买卖交易关系的变化，买卖券契经历了一个从形式和内容的由简单到复杂、由低级到高级的逐步完善过程。经过 1000 多年的发展，无论从券契的内容上还是形式上，唐五代的买卖契约均已远远突破了汉代的那种券契格式。时代的不同，必然要在内容和形式上赋予商业契约以新的面貌。通过对以上买卖券契的考察，可以这样认为：到了唐五代时期，买卖契约已经成熟化、定型化。

二、借贷文书

借贷行为在中国古代民事关系中占据重要地位，因而借贷契约也是中国古代社会最重要的契约种类之一。

民间的一般信用借贷有钱、粮、绢、物之分，但不论哪一种，都是有条件的，一是要定期归还，二是要付给利息，这可以说是民间信用借贷的基本原则。而贯彻这些原则，靠的是双方当事人以诚信所订立的契约，即具有法律效力的合意契约——借贷契。在隋唐以前，这类契约多被称为“券”或“约”，到了唐代，依据“诸公私以财物出举者，任依私契，官不为理”[①]的令文规定就通称为“契”了。

① （宋）窦仪，等. 邢统·卷二十六[M]. 北京：文物出版社，1982. 注：原文无页码。

（一）贷货币

壹、《高昌延昌三十三年郭天护举钱券》

1 延昌卅三年（？）癸[丑]……

2 护，从王思仁边举[银]钱拾贰文。要[其]

3 钱九月内……贰拾四文。若身

4 无，仰妻儿上（偿）。若……还，听曳家才（财）□

5 □。二主先相和同立[券，券成之后，不得返]

6 [悔]。悔者一罚二，入不悔者。民有私要，要行

7 [二主，各自署名为信。]故（沽）各半。

8 [举钱]郭天护　倩书　杨众僧[1]

贰、《唐显庆五年天山县张利富举钱契》

1 显庆五年三月十八日，天山县南平

2 乡人张利富于高昌县崇化

3 乡人左憧憙边举取银钱拾文，

4 月别生利钱壹文。到左还须

5 钱之日，张即须子本俱还。若身

6 东西不在，一仰妻儿及保人等

7 代。若延引（引）不还，听掣家资

8 杂物，平为钱直。两和立契，

9 画指为信。

10　　　　　　钱主

11　　　　　　举钱人张|利|富

12　　　　　　保人　康|善|获

13　　　　　知见人[2]

叁、《唐建中三年七月健儿马令庄举钱契》

1 建中三年七月十二日，健儿马令疟（庄）为急

2 要钱用，交无得处，遂于护国寺僧虔

① 张传玺. 中国历代契约会编考释（上）[M]. 北京：北京大学出版社，1995：168-169.

② 张传玺. 中国历代契约会编考释（上）[M]. 北京：北京大学出版社，1995：333-334.

3 英边举钱壹阡文，其钱每月头分生利

4 佰文。如虔英自要钱用，即仰马令疰（庄）家

5 利并还。如不得，一任虔英牵掣令疰（庄）家

6 资牛畜，将充钱直，有剩不追，恐人无（信），故

7 立私契，两共平章，画指为记。

8 钱主

9 举钱人马令疰（庄）年廿

10 同取人母范二娘年五十

11 同取人妹马二娘年十二①

“举钱”也就是借贷钱款的意思，以上三件借贷契需要关注的有三个方面：一是自唐中后期，契约中“契”字已经正式取代了“券”字成为契约的通称。自此之后直至明清，立“契”成为契约的常用语。二是“画指为信”也正式取代了“署名为信”，成为吐鲁番出土契约的一个特征。三是在《唐显庆五年天山县张利富举钱契》中，出现了“保人”及有关保人的叙述“若身东西不在，一仰妻儿及保人等代”。这个叙述十分明确地说出了保人责任的连带性，是中人主体第一次承担如此重任，开创了中人责任的新形态。这些都表明借贷契在信用约束和书写规范上，相较南北朝时期有了进一步的加强，这意味着借贷契约文书的成熟和完善。

（二）贷实物

壹、《高昌延昌二十二年康长受从道人孟忠边岁出券》（图 4-2）

1 延昌廿二年壬寅岁二月廿二日，康长受

2 从道人孟忠边岁出，到十一月卅日还

3 入正作。岁出价，要得床、麦伍拾酙（斛）：麦

4 贰拾仵（五），床贰拾伍，平斗中取，使净好。

5 若过其（期）不偿，听曳家财，平为麦直。

6 若长受身东西毛，仰妇儿上（偿）。二主先和

7 后卷（券）。券成之后，各不得返悔。悔者一倍（赔）二，

① 陈国灿. 斯坦因所获吐鲁番文书研究[M]. 武汉：武汉大学出版社，1995：546-547.

8 入不悔者。民有私要，各自署名为信。

9 时见　　倩书道人法慈

10　　　　侯三安[①]

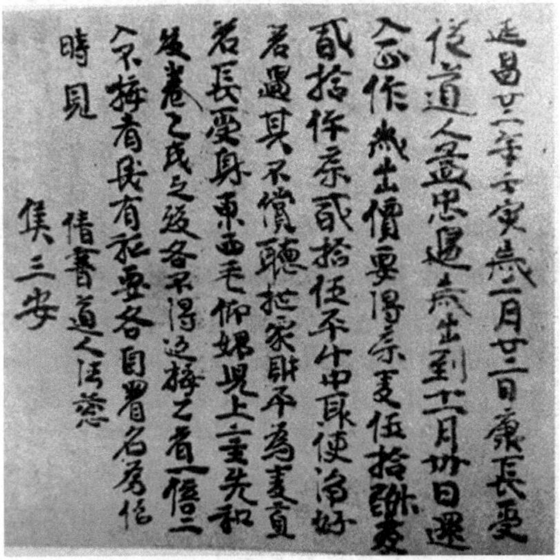

图 4-2　《高昌延昌二十二年康长受从道人孟忠边岁出券》

贰、《未年四月五日张国清便麦契》

1 未年四月五日，张国清遂于　　处便麦

2 叁蕃驮。其麦并限至秋八月末还。如违不

3 还，其麦请陪（倍）仍掣专家资如中间身不在

4 一仰保人代还。恐人无信，故立私契。两共

5 平章，画指为记。

6　　　　　　麦主

7　　　　　　便麦人张国清年四十三

8　　　　　　保人罗抱玉年五十五

9　　　　　　见人李胜

10　　　　　　见人高子丰

① 国家文物局古文献研究室，新疆维吾尔自治区博物馆，武汉大学历史系. 吐鲁番出土文书（第一册）[M]. 北京：文物出版社，1981：191-192.

11　　　　　　　　见人画允振

12　　　　　　　　报恩寄内分付，四月五日记。[①]

以上两件为实物借贷契，它与当时的借贷欠款的契券几乎采用了一致的立契格式。

除“券”“契”外，还有一些借贷文书被称为“帖”。例如：

叁、《酉年下部落百姓曹茂晟便豆种帖》

1 酉年三月一日，下部落百姓曹茂晟，为无种子，遂

2 于僧海清处便豆壹硕捌斗。其豆自限至秋八月

3 三十日已前送纳。如违不纳，其豆请陪，一任掣夺家

4 资杂物，用充豆直。如身东西，一仰保人代

5 还。中间或有　恩赦，不在免限。恐人无

6 信，故立此帖。两共平章，书指为记。

7　　　　　豆主

8　　　　　便豆人曹茂晟年五十

9　　　　　保人男砂弥法珪年十八

10　　　　　见人

11　　　　　见人僧慈灯[②]

三、租佃文书

租佃契约是出租人将田产交付承租人使用，并向承租人收取租金的协议，是双方当事人对田产的有偿使用的约定。敦煌、吐鲁番地区出土的唐朝初中期的夏田券是中国保留较早的租佃契约文书实物。例如：

壹、《高昌延昌二十八年王幼谦夏麦田券》

1 [延]昌廿八年戊申岁十二月廿二日，王幼谦从主簿孟俊边

① 唐耕耦，陆宏基. 敦煌社会经济文献真迹释录（二）[M]. 北京：全国图书馆文献缩微复制中心，1990：79.

② 唐耕耦，陆宏基. 敦煌社会经济文献真迹释录（二）[M]. 北京：全国图书馆文献缩微复制中心，1990：83.

2［夏］镇家细中部麦田贰［拾伍］亩，亩与夏价麦贰斛柒

3 斗。租在夏价中。……

4 贼破水旱，随大……

5 主先和后卷（券）。卷（券）成之［后，各不得］……

6［民］有私要，要行二主，各自署名为信。

7［时］见张忠苟　　　　倩书张顺和[①]

“夏，假也，宽假万物，使生长也。”[②]夏田契就是租田契。该契保持了这时期租佃契的一般书写格式，写有“二主先和后券，券成之后，各不得反悔，悔者一罚二入不悔人，民有私要，要行二主，各自署名为信”一类的券文，这是对民间契券格式的套用。

贰、《唐贞观十六年某人夏田券》

1 □观十六年▭

2 边夏大渠王▭要迳（经）壹年，到□□

3 □亩与夏价大▭内，亩与粟贰□

4 伍兜，田官索▭寺九（斛）斗中。租殊（输）佰□

5 □田主了；渠破水▭同立卷（券），卷成之后□

6 □得返悔，悔者一罚二▭行二主，各自署名□

7 □　　▭　　僧□

8 　　▭　丨　丨　丨

9 　　▭　丨　丨　□

10 　吴海仁　丨　丨　□

11 　知见人高师　　道□

12 　临坐苻洛仁[③]

① 张传玺. 中国历代契约会编考释（上）[M]. 北京：北京大学出版社，1995：140.

② （清）王先谦. 释名疏证补[M]. 上海：上海古籍出版社，1984：29.

③ 国家文物局古文献研究室，新疆维吾尔自治区博物馆，武汉大学历史系. 吐鲁番出土文书（第五册）[M]. 北京：文物出版社，1983：248-249.

从敦煌和吐鲁番出土的租佃契约来看，唐代租佃制采用契约形式已相当普遍，租佃契约不仅类型多，而且内容很完备，有立契年月日、立契者、租佃原因、田地坐落、土地种类、土地面积、土地租价、地租形式、纳租契期限、田主、佃人、知见人、请书人、署名画押等。对于租佃过程中可能发生的纠纷，如随田课税、河渠修理、用水责任、天灾歉收租价减否、田地上原有树木及设备之保护，以及佃户不如期交租、交纳的粮食不干净、田主不如约交付田地、重复出租、任意收回租地等违约，悔约处罚和担保，都规定得很明确具体[①]：

叁、《唐显庆四年高昌张君行租田契》

1 田柒亩，要逕显庆伍年佃食。亩别与

2 夏价小麦汉㪷中陆㪷半。到陆月

3 内，偿麦使毕。若过期月不毕，壹

4 月壹硏（斛）上生麦壹㪷（斗）。取麦之日，使麦

5 净好。若不净好，听向风[扬]取。田中租殊（输）

6 伯[百]役，一仰田主了。渠破水讁，一仰租田人了。

7 风破水旱，随大匕例。两和立契，获

8 指为信。先悔者，罚　　　田主阴丑子丨丨

9 麦伍硕，入不悔人。（押）　　　租田人队正张君行

10 　　　保人孟友丨住丨　丨

11 　　　知见人队偪竹[师奴]

在这份契约中，契约尾“合同”二字为一合体字。由此得知该契为“合同”契。一式两份，田主、租田人各执一份。又该契后部田主与租田人均署名，但只有田主画指，租田人不画指，因此得知，这件契约为租田人的收执。根据以上情况，租佃类契约由于属于合契，因此采用可以合券验契的“合同”契形式。这是传世第一份佃田人自称“租田人”的契约，这种契约语汇方面的发展，表现了租佃关系得到广泛的认同。

---

① 张传玺．中国历代契约会编考释（上）[M]．北京：北京大学出版社，1995：288-289.

唐代租佃契约类型多样、内容齐全。其立契的时间、缘由、土地的面积、价格、地租缴纳期限、署名画押等都很完备，对于租佃过程中可能发生的违约处罚和担保情况，都有具体规定。

四、雇佣文书

早在春秋战国时期，雇佣劳动在我国就已经出现。“在唐代的农业、手工业、商业、家内劳动以及其他一些部门中都广泛地使用了雇佣劳动者，涉及领域之广是前代不可相比的”[①]。我们能见到的最早的雇佣契约是20世纪出土的汉简：

壹、《汉陆浑县成更雇工契约》

张掖居延库卒弘农郡陆浑河阳里大夫成更廿四，庸同县阳里大夫赵勋年廿九，贾二万九千。[②]

这件文书只交代了雇佣双方的姓名、身份、年龄和雇价。相比之下，隋唐时期的雇佣契约要完善得多。隋唐时期的雇佣契约的内容包括雇人务农、雇人放牧、雇人建造房屋，乃至雇人代役。除此之外，还有雇牛、雇驼等，涉及的范围非常广泛（表4-3至表4-8）。

表4-3　隋唐五代时期雇佣契约文书基本情况

时期	数量		资料来源
麴氏高昌国时期	7件		《吐鲁番出土文书》《新获吐鲁番出土文献》《鄯善新发现的一批唐代文书》《斯坦因所获吐鲁番文书研究》《大古文书集成》《敦煌古藏文文献探索集》《敦煌社会经济文献真迹释录》《敦煌契约文书辑校》《俄藏敦煌契约文书研究》
唐西州时期	30件		
吐蕃时期	7件		
归义军时期	雇牛、驴、驼	10件	
	农业及其他领域	38件	

详情如下：

① 杜文玉. 论唐代雇佣劳动[J]. 渭南师专学报（综合版），1986，(1)：40-45.

② 张传玺. 中国历代契约会编考释（上）[M]. 北京：北京大学出版社，1995：70.

表 4-4　麴氏高昌国时期雇佣契约文书名称及出处

编号	文书名称	出处
1	60TAM320：01/6，01/7《高昌巳岁王庆祐等三人取银钱作孤易券》	《吐鲁番出土文书》(第六册）三，第 40-41 页
2	72TAM151：104《高昌延和十二年某人从张相憙等三人边雇人岁作券》	《吐鲁番出土文书》(第六册）四，第 156-157 页
3	67TAM80：12《高昌延寿元年张寺主明真雇人放羊券》	《吐鲁番出土文书》(第六册）三，第 207 页
4	60TAM326：01/9《高昌午岁武城诸人雇赵沙弥放羊契》	《吐鲁番出土文书》(第六册）五，第 155-156 页
5	72TAM155：51、52、53《高昌延寿八年张憙儿雇人耕作券》	《吐鲁番出土文书》(第六册）三，第 281 页
6	69TAM140：18/2《高昌延寿九年范阿僚举钱作酱券》	《吐鲁番出土文书》(第六册）五，第 56 页
7	64TAM15：29/1《高昌康保谦雇刘祀海券》	《吐鲁番出土文书》(第六册）四，第 39 页

资料来源：徐秀玲. 中古时期雇佣契约研究——以敦煌吐鲁番出土雇佣文书为中心[D]. 南京：南京师范大学，2011

表 4-5　唐西州时期雇佣契约文书名称及出处

编号	文书名称	文书出处
1	《唐某年二月十四日西州高昌县宁大乡何善慈雇人契》	《新获吐鲁番出土文献》，第 327 页
2	59TAM301：14/2-1（a）《唐西州高昌县赵某雇人契》	《吐鲁番出土文书》(第六册）四，第 147 页
3	67TAM78：40《唐西州交河县严某受雇上烽契》	《吐鲁番出土文书》(第六册）四，第 120 页
4	69TAM140：17/1《唐张隆伯雇董悦海上烽契》	《吐鲁番出土文书》(第六册）五，第 57-58 页
5	69TAM140：17/4，17/5-2《唐张隆伯雇范住落上烽契》	《吐鲁番出土文书》(第六册）五，第 59-60 页
6	69TAM140：17/2《唐张隆伯雇人上烽契》	《吐鲁番出土文书》(第六册）五，第 61 页
7	69TAM140：17/3《唐张信受雇上烽契永徽》	《吐鲁番出土文书》(第六册）五，第 62 页
8	64TAM10：43、50《唐永徽六年匡某雇人上烽契》	《吐鲁番出土文书》(第六册）五，第 84 页

续表

编号	文书名称	文书出处
9	60TAM337：11/2《唐徽七年西州高昌县宁昌乡令狐相口受雇上烽契》	《吐鲁番出土文书》(第六册) 五，第111-112页
10	60TAM338：32/4-1，32/4-2《唐显庆三年西州范欢进雇人上烽契》	《吐鲁番出土文书》(第六册) 五，第142页
11	60TAM326：10/1，01/2《唐西州高昌县武城乡张玉埴雇人上烽契》	《吐鲁番出土文书》(第六册) 五，第164-165页
12	69TAM139：2/3《唐牛定武雇人上烽契》	《吐鲁番出土文书》(第六册) 九，第226页
13	69TAM139：2/2，2/4，2/5《唐牛某雇人残契》	《吐鲁番出土文书》(第六册) 九，第267-268页
14	69TAM139：2/1《唐辛某残契》	《吐鲁番出土文书》(第六册) 九，第229页
15	60TAM317：30/8《唐莱人人送练契》	《吐鲁番出土文书》(第六册) 六，第182页
16	60TAM317：30/2，30/3《唐张某等雇赵申君送练契》	《吐鲁番出土文书》(第六册) 六，第183页
17	60TAM338：32/2《唐龙朔四年西州高昌县武城乡运海等六人赁车牛契》	《吐鲁番出土文书》(第六册) 五，第147-148页
18	《唐咸亨元年五月二十二日西州高昌县宁大乡白欢信雇人契》	《新获吐鲁番出土文献》，第63页
19	65TAM40：39《唐杜定欢人放马契》	《吐鲁番出土文书》(第六册) 六，第590页
20	67TAM93：25《唐西州高昌县严某雇人上烽契》	《吐鲁番出土文书》(第六册) 七，第270页
21	67TAM93：24《唐西州高昌县阳某雇人上烽契》	《吐鲁番出土文书》(第六册) 七，第271页
22	67TAM93：27（a）28（a）《唐西州赵某雇人上烽契》	《吐鲁番出土文书》(第六册) 七，第272页
23	67TAM93：29.3《唐侯某雇人上烽契》	《吐鲁番出土文书》(第六册) 七，第273页
24	TSYMX《武周长安三年三月酒泉城人雇车往方亭戍契》	《新获吐鲁番出土文献》，第367页
25	《武周雇高昌县人康黑奴替番上契》	《新获吐鲁番出土文献》，第368页
26	TSYMX11：3-11《唐雇口黑奴上烽契残片》	《鄯善新发现的一批唐代文书》第12-13页
27	Ast. 005 Ma 315《唐雇契残片》	《斯坦因所获吐鲁番文书研究》，第397页
28	《唐景龙二年宋悉感取钱作物契》	《吐鲁番出土文书》(第六册) 七，第504页
29	D. VII. 3. c Cha. 8. S. 6972《唐贞元四年雇驴契残片》	《斯坦因所获吐鲁番文书研究》，第550页
30	大古文书 5444（A）《唐代某人雇白苏大契》	《大古文书集成》三，第175页

资料来源：徐秀玲. 中古时期雇佣契约研究——以敦煌吐鲁番出土雇佣文书为中心[D]. 南京：南京师范大学，2011

表 4-6 吐蕃时期雇佣契约文书名称及出处

编号	文书名称	出处
1	P. T. 1297（4）《收割青稞雇工契》	《敦煌古藏文文献探索集》，第 272 页
2	P. T. 1098 号《于田贡使岁赋事》	《敦煌古藏文文献探索集》，第 284 页
3	S. 6829 号背《卯年张和和预支麦价承造㮰䕡契》	《敦煌社会经济文献真迹释录》第二辑，第 82 页
4	北图 59：500 背即咸字 59 号《寅年氾英振承造佛堂契》	《敦煌社会经济文献真迹释录》第二辑，第 54 页
5	P. 2964 号《巳年二月十日令狐善奴便刈麦价契稿》	《敦煌社会经济文献真迹释录》第二辑，第 94 页
6	S. 5998 号《年代不详悉宁宗部落百姓王晟子预取麦契（习字）》	《敦煌契约文书辑校》，第 246 页
7	S. 5998 号背《年代不详悉宁宗部落百姓贺胡子预取刈价契（习字）》	《敦煌契约文书辑校》，第 244-245 页

资料来源：徐秀玲．中古时期雇佣契约研究——以敦煌吐鲁番出土雇佣文书为中心[D]．南京：南京师范大学，2011

表 4-7 归义军时期雇牛驴驼等契约文书名称及出处

编号	文书名称	出处
1	P. 2825 号背《唐乾宁三年二月冯文达雇驼契（稿）》	《敦煌社会经济文献真迹释录》第二辑，第 36 页
2	上图 174（6）《丁丑年赤心乡百姓郭安定雇驴契》	《敦煌契约文书辑校》，第 304-306 页
3	津博 4402 号背《壬午年苏永进雇父驼契》	《敦煌契约文书辑校》，第 307 页
4	北图殷字 41 号《癸未年四月十五日张修造雇父驼契》	《敦煌社会经济文献真迹释录》第二辑，第 38 页
5	北图殷字 41 号《癸未年七月十五日张修造雇父驼契》	《敦煌社会经济文献真迹释录》第二辑，第 38 页
6	P. 3448 号背《辛卯年董善通张善保雇驼契》	《敦煌社会经济文献真迹释录》第二辑，第 39 页
7	S. 6341 号《壬辰年雇牛契（样式）》	《敦煌社会经济文献真迹释录》第二辑，第 40 页
8	P. 2652 号《丙午年宋某驼契（样式）》	《敦煌社会经济文献真迹释录》第二辑，第 41 页
9	S. 1403 号《某年十二月程住儿雇驴契》	《敦煌社会经济文献真迹释录》第二辑，第 42 页
10	S. 10619 号《年代不详白兆唑雇驴契》	《敦煌契约文书辑校》，第 318 页

资料来源：徐秀玲．中古时期雇佣契约研究——以敦煌吐鲁番出土雇佣文书为中心[D]．南京：南京师范大学，2011

表 4-8　归义军时期农业及其他领域雇佣契约文书名称及出处

编号	文书名称	文书出处
1	S. 3877 号 4V《戊戌年令狐安定雇工契（抄）》	《敦煌社会经济文献真迹释录》第二辑，第 55 页
2	S. 3877 号《甲寅年五月二十八日张纳鸡工契（抄）》	《敦煌社会经济文献真迹释录》第二辑，第 56 页
3	S. 1921 号 1V《唐乾宁二年二月雇工契残片》	《敦煌社会经济文献真迹释录》第二辑，第 56 页
4	S. 3011 号 7V《辛酉年李继昌雇工契（抄）》	《敦煌社会经济文献真迹释录》第二辑，第 57 页
5	S. 1478 号背《丙子年赤心乡百姓安富通雇工契（习字）》	《敦煌契约文书辑校》，第 253 页
6	S. 6614 号背《庚辰年洪池乡百姓唐丑丑等雇工契（习字）》	《敦煌契约文书辑校》，第 254-255 页
7	Д x 1409 号《后梁贞明六年押衙康富子雇工契》	《敦煌契约文书辑校》，第 256-257 页
8	P. 2249 号背《壬午年康保住雇工契》	《敦煌社会经济文献真迹释录》第二辑，第 71 页
9	北殷 41 号《癸未年龙勒乡口文德雇工契（习字）》	《敦煌契约文书辑校》，第 260 页
10	S. 6452 号 1V《癸未年樊再升雇工契（抄）》	《敦煌社会经济文献真迹释录》第二辑，第 58 页
11	S. 1897 号《龙德四年雇工契（样式）》	《敦煌社会经济文献真迹释录》第二辑，第 59 页
12	P. 2451 号《乙酉年二月十二日乾元寺僧宝香雇百姓邓仵子契》	《敦煌社会经济文献真迹释录》第二辑，第 70 页
13	S. 5509 号 1V《甲申年苏流奴雇工契（抄）》	《敦煌社会经济文献真迹释录》第二辑，第 60 页
14	P. 5008 号《戊子年梁户史泛三雇工契》	《敦煌社会经济文献真迹释录》第二辑，第 60 页
15	P. 3946 号背《后唐清泰二年雇工契（抄）》	《敦煌社会经济文献真迹释录》第二辑，第 61 页
16	Д x 12012 号《丙申年正月赤心乡百姓宋多胡雇工契》	《俄藏敦煌契约文书研究》，第 188 页
17	S. 2710 号《清泰四年雇工残契》	《敦煌社会经济文献真迹释录》第二辑，第 61 页
18	天津艺博 0735 号背《后晋天福四年文清雇工（抄）》	《敦煌社会经济文献真迹释录》第二辑，第 62 页
19	S. 1485 号背《乙亥年安定昌座工契（抄）》	《敦煌社会经济文献真迹释录》第二辑，第 67 页
20	S. 10564 号《庚子年洪润乡百姓阴富晟雇工契（习字）》	《敦煌契约文书辑校》，第 268 页
21	P. 3706 号背《丙午年莫高乡张再通雇工契（习字）》	《敦煌契约文书辑校》，第 270 页
22	S. 5578 号《戊申年李员昌雇工契（抄）》	《敦煌社会经济文献真迹释录》第二辑，第 63 页
23	S. 5583 号《某年雇工契（抄）》	《敦煌社会经济文献真迹释录》第二辑，第 64 页

续表

编号	文书名称	文书出处
24	P. 2877 号背《乙卯年正月一日孟再定雇工契》	《敦煌社会经济文献真迹释录》第二辑，第 67 页
25	P. 3649 号背《丁巳年贺保定雇工契（抄）》	《敦煌社会经济文献真迹释录》第二辑，第 65 页
26	P. 3908 号《丙寅年慈惠乡百姓张通子雇工契（习字）》	《敦煌契约文书辑校》，第 279 页
27	北图 309：8374，即生 25 号《甲戌年窦破蹄雇工契（抄）》	《敦煌社会经济文献真迹释录》第二辑，第 69 页
28	S. 766 号背《壬午年七月贷生绢契（抄）后面雇工契》	《敦煌社会经济文献真迹释录》第二辑，第 130 页
29	S.0766 号背《壬午年平康乡百姓雇工契（习字）》	《敦煌契约文书辑校》，第 282 页
30	S. 6946 号 2V《太平兴国九年契（抄）》	《敦煌社会经济文献真迹释录》第二辑，第 75 页
31	P. 3826 号《丁亥年邓憨多雇工契（抄）》	《敦煌社会经济文献真迹释录》第二辑，第 68 页
32	Дx1323-5942 号《年代不详押衙刘某雇牧羊人契》	《敦煌契约文书辑校》，第 292-293 页
33	P. 3441 号背《康富子雇工契（样式）》	《敦煌社会经济文献真迹释录》第二辑，第 66 页
34	P. 3094 号背《某某雇工契》	《敦煌社会经济文献真迹释录》第二辑，第 73 页
35	P. 2869 号《工残契》	《敦煌社会经济文献真迹释录》第二辑，第 74 页
36	P. 3875 号《雇工契残片》	《敦煌社会经济文献真迹释录》第二辑，第 75 页
37	P. 3875A《年代不详兵马使曹庆庆雇工契》	《敦煌契约文书辑校》，第 287-288 页
38	S. 10625 号《年代不详残雇契》	《敦煌契约文书辑校》，第 295 页

资料来源：徐秀玲. 中古时期雇佣契约研究——以敦煌吐鲁番出土雇佣文书为中心[D]. 南京：南京师范大学，2011

下以《巳年二月十日令狐善奴便刈麦价契稿》为例，它是一件关于刈麦的短期雇佣契约：

贰、

1 巳年二月十日，康悉杓家令狐善奴为粮用，今于龙

2 （莫寺）处便刈价麦壹硕陆斗，限至秋七

3 月内刈麦壹拾亩。如主人麦熟吉报，依时请收刈，

4 如法策穙了。不得为（违）时限。如若依时吉报不收，

5 或欠收刈不了，其所将斛斗请陪（倍）罚叁硕贰斗，
6 当日便须佃（填）纳。如违，一任掣夺家资杂物牛畜等，
7 用充麦直。其麦亦一任别雇人收刈。如身东西不在，
8 一仰保人代还。恐人无信，故立此契，两共平
9 章，书指为凭。
10　马明　　便刈价人令狐善奴年卅一
11　　保人孙愿奴卅五
12　　保人
13　　见人解善
14　　见人
15　　见人
16　　见人[①]

这件雇佣契约的内容主要包括签约时间，签约原因，双方籍贯、身份，受雇人的入作日期，劳作内容，毁约处罚，担保，以及契尾受雇人、保人、见证人等。其受雇人和保人还注明了年龄，契约内容详细而且相对完善。

五、商业立法文书

为了维持市场交易的公平顺利，隋唐时期统治者对商业贸易进行了严格的立法，其中包括交易范围、交易程序等。要在要素齐全的前提下，交易才能顺利进行。

（一）限制土地买卖

在古代，土地是农业生产中最重要的因素，土地制度对封建政治、经济和文化起着举足轻重的作用。唐代杜佑在《通典·食货一·田制》中说："谷者，人之司命也；地者，谷之所生也；人者，君之所治也。有其谷，则国用备；辨

① 唐耕耦，陆宏基. 敦煌社会经济文献真迹释录（二）[M]. 北京：全国图书馆文献缩微复制中心，1990：94.

其地，则人食足；察其人，则徭役均。知此三者，谓之治政。”[①]封建经济都是在土地制度的基础上产生的。因此，历代统治者对于土地买卖的管理都十分严格。隋建立后在土地制度方面继续推行北魏以来的均田制。《隋书·食货志》中记载：“自诸王已下，至于都督，皆给永业田，各有差。多者至一百顷，少者至四十亩。其丁男、中男永业露田，皆遵后齐之制。并课树以桑榆及枣。其园宅，率三口给一亩，奴婢则五口给一亩。”[②]

而《唐律疏议》中也对土地制度进行了明确的规定，目的是让流亡的农民重新回到土地上来，发展生产，以保证赋税、徭役和兵源。《唐律疏议》土地制度包括限制土地买卖、惩处占田过限，禁止盗耕、盗卖公私田等方面内容。例如《唐律疏议》中记载：“诸妄认公私田若盗贸卖者，一亩以下笞五十，五亩加一等，过杖一百，十亩加一等，罪止徒二年。”[③]

唐代所授之田有永业田和口分田之分。这样的划分目的在于限制土地买卖。口分田不许买卖，永业田可以有限制地买卖。《户婚律》规定：“卖口分田者，一亩笞十，二十亩加一等，罪止杖一百，地还本主，财没不追。即应合卖者，不用此律。”这里允许出卖的土地，据《唐律疏议》解释：“谓永业田家贫卖供葬及田分田卖充宅及碾硙、邸店之类。狭乡乐迁就宽者，准令并许卖之。其赐田欲卖者，亦不在禁限。其五品以上若勋官，永业地亦并听卖。”[④]

对于买卖土地，《田令》又规定：“凡卖买皆须经所部官司申牒，年终彼此除附，若无文牒辄卖买，财没不追，地还本主。”[⑤]

通过以上措施，限制土地兼并买卖，维护均田制，使国家不失去土地，确保每年有田赋征收，同时维护和巩固封建统治。

（二）商业行为监督

唐代封建经济空前繁荣，其商业也相当发达。与此适应，唐代的商事立法

① 曾贻芬. 通典食货典校笺[M]. 成都：巴蜀书社，2013：1.
② （唐）魏徵，等. 隋书[M]. 北京：中华书局，1973：680.
③ （唐）长孙无忌，等. 唐律疏议[M]. 刘俊文点校. 北京：中华书局，1983：245.
④ （唐）长孙无忌，等. 唐律疏议[M]. 刘俊文点校. 北京：中华书局，1983：242.
⑤ 曾贻芬. 通典食货典校笺[M]. 成都：巴蜀书社，2013：33.

也十分周密，刑律对商业及市场度量衡制的管理都有监督。

1. 规定买卖大商品要及时立契约

在唐代文书残卷中，可以见到不少买卖、借贷、雇佣的契券。契约这种具有法律效力的文书，能够维护买卖双方利益的均平，减少纠纷，稳定商业市场，同时也是政府收税的凭证。因此，《杂律》（总 422 条）规定进行买奴婢、马牛等大笔交易时要立市券，违者要受笞杖之刑。具体条文如下："诸买奴婢、马、牛、驼、骡、驴，已过价，不立市券，过三日，笞三十；卖者，减一等……即卖买已讫，而市司不时过券者，一日笞三十，一日加一等，罪止杖一百。"①

2. 禁止在市场垄断投机

在市场买卖中，唐代也遵循平等、等价、有偿的原则，不允许使用强暴或威胁手段，严禁垄断投机。《杂律》（总 421 条）规定："诸卖买不和而较固取者；（较，谓专略其利。固，谓障固其市）及更出开闭，共限一价；（谓卖物以贱为贵，买物以贵为贱）……若参市（谓人有所卖买，在傍高下其价，以相惑乱）而规自入者：杖八十。已得赃重者，计利，准盗论。"②

《唐律疏议》解释说，当买卖双方没能达成协定，即一方发出要约，并未获得承诺时，如果强买强卖，便要受上述规定的惩罚。而如果商贩串通一气，哄抬卖价或压低买价以获非法所得，也要按此规定惩处。

3. 追究市场管理者的罪责

在市场上，买卖货物的价格由负责管理市场物价的官员评议。官员必须本着公平合理的原则进行评议，不得有所偏颇，如果故意出入，便要受到法律制裁。《杂律》（总 419 条）规定："诸市司评物价不平者，计所贵贱，坐赃论；入已者，以盗论。其为罪人评赃不实，致罪有出入者，以出入人罪论。"③因为罪人的"赃"也要公平评估，否则会引起判刑的出入，所以"以出入人罪论"。

4. 监督商品质量

唐政府非常重视监督市场商品的质量，法律明文要求市场上的商品必须符合质量规格。《杂律》（总 418 条）规定："诸造器用之物及绢布之属，有行滥、

① （唐）长孙无忌，等. 唐律疏议[M]. 刘俊文点校. 北京：中华书局，1983：500.

② （唐）长孙无忌，等. 唐律疏议[M]. 刘俊文点校. 北京：中华书局，1983：500.

③ （唐）长孙无忌，等. 唐律疏议[M]. 刘俊文点校. 北京：中华书局，1983：498.

短狭而卖者，各杖六十；（不牢谓之行，不真谓之滥。即造横刀及箭镞用柔铁者，亦为滥。）[疏议曰]：凡造器用之物，谓供公私用及绢、布、绫、绮之属。'行滥'，谓器用之物不牢、不真：'短狭'谓绢匹不充四十尺，布端不满五十尺，幅阔不充一尺八寸之属而卖，各杖六十。故《礼》云：'物勒工名，以考其诚。功有不当，必行其罪。'其行滥之物没官，短狭之物还主。"[①]

此条还规定："得利赃重者，计利，准盗论。贩卖者，亦如之。市及州、县官司知情，各与同罪，不觉者，减二等。"[②]商品质量低劣，无论是过误者还是失察者都要受到处罚。

5. 管理对外贸易

唐代经济空前繁荣，对外交流也日益频繁。唐政府规定对外贸易必须由国家控制。

首先，惩治私人擅自进行外贸活动。《卫禁律》（总 88 条）规定，凡越渡边关"共化外人私相交易，若取与者，一尺徒二年半，三匹加一等；十五匹加役流"。据《唐律疏议》，"共化外蕃人私相交易，谓市买博易，或取蕃人之物及将物与蕃人"[③]等行为。也就是说，不但禁止擅自越境与外国人买卖，赠予交换也不得擅自进行。

其次，限制出口商品种类。例如，禁止兵器出口。《卫禁律》（总 87 条）规定："诸赍禁物私度（渡）关者，坐赃论。"《唐律疏议》解释说，禁物是指兵器及其他禁品。《卫禁律》（总 88 条）规定："私与禁兵器者，绞。"兵器对国防有着至关重要的作用，因此严禁买卖。[④]

最后，惩治私家之物非法渡关。唐代《关市令》规定："锦、绫、罗、縠、绸、绵、绢、丝、布、牦牛尾、真（珍）珠、金、银、铁，并不得度西边、北边诸关及至缘边诸州兴易。"当时绵、绫诸物虽允许私家备有，但不准非法渡关及在边境地区贸易。对此《卫禁律》（总 87 条）规定："若私家之物，禁约不合度（渡）关而私度者（坐赃论）减三等。"[⑤]

---

① （唐）长孙无忌，等. 唐律疏议[M]. 刘俊文点校. 北京：中华书局，1983：497-498.
② （唐）长孙无忌，等. 唐律疏议[M]. 刘俊文点校. 北京：中华书局，1983：498.
③ （唐）长孙无忌，等. 唐律疏议[M]. 刘俊文点校. 北京：中华书局，1983：177.
④ （唐）长孙无忌，等. 唐律疏议[M]. 刘俊文点校. 北京：中华书局，1983：176-177.
⑤ （唐）长孙无忌，等. 唐律疏议[M]. 刘俊文点校. 北京：中华书局，1983：176-177.

6. 监督市场计量管理

唐代市场的计量制度，都由政府制订。《关市令》规定每年八月，“诣太府寺平校，不在京者，诣所在州县官校并印署，然后听用”。其计量制度，根据《杂令》：“量以北方秬黍中者，容一千二百为龠，十龠为合，十合为升，十升为斗，三斗为大斗一斗，十斗为斛。秤权衡以秬黍中者，百黍之重为铢，二十四铢为两，三两为大两一两，十六两为斤。度以秬黍中者，一黍之广为分，十分为寸，十寸为尺，一尺二寸为大尺一尺，十尺为丈。”在市场交易中，必须严格根据上述规定校准。《杂律》（总 417 条）规定：“诸校斛斗秤度不平，杖七十。监校者不觉，减一等；知情，与同罪。”《杂律》（总 420 条）又规定：“诸私作斛斗秤度不平，而在市执用者，笞五十；因有增减者，计所增减，准盗论。”[①]

可见，其法律规范类文书涉及内容广泛，有关于限制土地买卖、管理商品经营、交易规则等内容的文书。它们在反映该时期商贸实际情况的同时，对商业活动的原则等做出了详细规定，使该时期的商业活动有法可依。

六、外贸文书

“古代中国对外发生关系的途径，不外乎是经过陆上和海上通道，也就是一般所称的陆上和海上丝绸之路。”[②]隋唐是中国对外贸易的繁荣时期。唐代的丝织品是当时世界上最高水平的，其冶金、造船、陶瓷等手工业的发展，在当时世界上也是首屈一指。唐代有 7 条国际海陆通道，其中有 5 条陆道，2 条海道。陆道主要是以汉“丝绸之路”为基本框架发展而来的，并且有了一定的拓展，外贸对象主要是中亚、西亚及欧洲有关国家。而广州是当时最大的海上贸易港口，除此之外，扬州、泉州等地也发展成为当时重要的贸易集散地，波斯、阿拉伯、新罗等商人穿梭往来，海外贸易空前兴盛。

唐代的外贸活动主要是通过官方的形式，有朝贡贸易、互市贸易等，也有少量的民间输出，散见于唐代互市、绢马贸易中。这些活动所产生的商业文书，是隋唐时期商业文书中重要的组成部分。

---

① （唐）长孙无忌，等. 唐律疏议[M]. 刘俊文点校. 北京：中华书局，1983：497-499.

② 卢苇. 中外关系史[M]. 兰州：兰州大学出版社，1996：2.

（一）朝贡贸易文书

唐朝以其雄厚的政治、经济实力在对外关系中拥有强大的影响力。当时世界其他各国到唐的使节均要贡献方物，唐也依情况进行赏赐和回赠。玄宗开元五年（717 年）康国、安国等使者“贡献多是珍异”，帝曰：“今之进献，未识朕怀。宜收其情，百中留一，计价酬答，务从优厚，余并却还。”①这一时期的通贡贸易关系，不仅从经济价值的角度考虑，而且还包括经济、政治、文化等各个方面的交换往来，实际上这就是以国际礼仪的形式进行的官营易货贸易。也就是说，唐朝时期的朝贡贸易是其他国家围绕和臣服于唐中央政权的各种活动。“朝贡的根本特征，在于它是以商业贸易行为进行的活动。”②

这一时期的朝贡贸易关系与现代意义上的贸易概念有所区别，不能仅从经济价值的角度来探讨，还包括经济、政治、文化等各个方面的交换往来。朝贡体系可以包含所有古代中国与外国交往的情况，而朝贡贸易，主要着重于双方的交换，最主要的形式就是贡物和回赐。虽是以物易物的交换方式，但具有浓厚的政治和礼仪色彩，对贡封双方的物质利益微不足道。朝贡贸易的主体是朝贡使臣在朝贡过程中所进行的贸易活动，有边境贸易和京师贸易两种形式。③总的说来，朝贡可以说是经济贸易的一种政治表现形式。④

唐代时期的律法中有关于朝贡事务的组织与管理的规定。《新唐书》卷 48“典客署”条曰：“（典客署）四夷归化在藩者，朝贡、宴享、送迎皆预焉。酋渠首领朝见者，给禀食；病，则遣医给汤药；丧，则给以所须；还蕃赐物，则佐其受领，教拜谢之节。”⑤

来朝贡的外族使者根据其与唐关系的亲疏划分不同的“等位”。海外来朝贡的使者，所献之物由鸿胪寺统一分配，能估价的给予估价统计，不能估价的

① （宋）王钦若，等. 册府元龟（校订本）• 却贡献[M]. 周勋初等校订. 南京：凤凰出版社，2006：1868.

② 〔日〕滨下武志. 近代中国的国际契机——朝贡贸易体系与近代亚洲经济圈[M]. 朱荫贵，欧阳菲译. 北京：中国社会科学出版社，1999：38.

③ 李云泉. 朝贡制度的理论渊源与时代特征[J]. 中国边疆史地研究，2006，16（3）：37-42，148.

④ 周伟洲. 唐朝与南海诸国的通贡关系研究[J]. 中国史研究，2002，（3）：59-73.

⑤ （宋）欧阳修，等. 新唐书[M]. 北京：中华书局，1975：1258.

也会根据一定标准给予酬答。但其具体如何估价酬答则由于材料所限，无从考证。只有《册府元龟》卷168中有记载，玄宗开元五年（717年），康国、安国等使者“贡献多是珍异”，帝曰：“今之进献，未识朕怀。宜收其情，百中留一，计价酬答，务从优厚，余并却还。”①

在唐时，统治者常会下诏“罢贡异物”，以此来提倡节俭。因而，令“诸有此献，悉宜停断”。②唐高宗时下“停进珠玉诏”“禁献鹰犬诏”③。唐中宗下“禁进献奇巧制”④。但是，这些只是一些表面的现象而已，我们仍然可以从文献中看到，许多这样的奇珍异宝被作为贡物进献给唐朝的统治者。

一般情况下，周边民族和海外政权进献给唐王朝的多为本土的一些特产，所以不同地区的国家所贡的物品也呈现不同的特点。根据两唐书、《册府元龟》、《唐会要》的记载，我们发现，渤海、契丹等北方政权所献多为貂鼠皮等，而突厥、回纥等所贡主要是大量的羊、马、牛、驼等。而南方如真腊、林邑等则贡象、犀、珍珠为主。而印度、吐火罗等则献胡药为多（表4-9、表4-10）。⑤

表4-9　林邑国（一作环王国）朝贡表

朝贡时间	贡品	回赐物品	备注
武德六年二月	遣使朝贡		《册府元龟》卷九七〇;《新唐书》卷二二二
武德八年四月	遣使朝贡	高祖设九部乐以宴之，赐王锦彩	《新唐书》卷二二二;《册府元龟》卷九七四
贞观二年	遣使朝贡，贡驯犀		《册府元龟》卷九七〇
贞观四年五月	王头黎献驯象、镠锁、五色带、朝霞布、火珠	林邑使出言不恭，群臣请治罪，太宗赦不问	《册府元龟》卷九七〇记作贞观五年，误，应为四年五月，见《唐会要》卷九八

① （宋）王钦若，等. 册府元龟[M]. 北京：中华书局，1960：2025.

② （宋）宋敏求. 唐大诏令集[M]. 洪丕谟，张伯元，沈敖大点校. 上海：学林出版社，1992：414.

③ （清）董诰，等. 全唐文[M]. 北京：中华书局，1983：142，144.

④ （清）董诰，等. 全唐文[M]. 北京：中华书局，1983：196.

⑤ 参见两唐书、《唐会要》的“蕃夷传”，及《册府元龟》的《外臣部》“朝贡”部分。

续表

朝贡时间	贡品	回赐物品	备注
贞观五年	献五色鹦鹉、白鹦鹉		《册府元龟》卷九七〇
贞观十四年	献通天犀十枚，诸宝称是		《唐会要》卷九八
贞观十六年五月	遣使献方物		《册府元龟》卷九七〇
永徽四年四月	诸葛地自立为王，遣使贡方物、驯象		《册府元龟》卷九七〇
永徽五年	献驯象		《册府元龟》卷九七〇
显庆二年二月	遣使朝贡		《册府元龟》卷九七〇
总章二年八月	王钵伽舍跋摩遣使朝贡		《册府元龟》卷九七〇
总章三年	遣使朝贡		《册府元龟》卷九七〇
武周垂拱二年三月	献驯象		《册府元龟》卷九七〇
天授二年十月	献驯象		《册府元龟》卷九七〇
证圣元年正月、四月两次	贡战象		《册府元龟》卷九七〇
圣历二年六月	献驯象		《册府元龟》卷九七〇
长安二年十二月	遣使朝献		《册府元龟》卷九七〇，原文“三年”为二年之误，因后又有三年正月朝贡事
长安三年正月、十月两次	遣使朝贡		《册府元龟》卷九七〇
神龙二年七月	遣使朝献		《册府元龟》卷九七〇
神龙三年八月	遣使献驯象		《册府元龟》卷九七〇
景龙三年十一月	献白象及方物	授其使右领军卫员外将军，放还蕃	《册府元龟》卷九七四
景云二年十一月	遣使献方物		《册府元龟》卷九七四
太极元年四月	遣使献方物		《册府元龟》卷九七四
开元元年十二月	王建多达摩遣使献象五头	玄宗降书慰之，赐其王马两匹	《册府元龟》卷九七一
开元二年六月	遣使来朝		《册府元龟》卷九七一
开元十九年十月	献象四头		《册府元龟》卷九七一
开元二十二年六月	献沉香		《册府元龟》卷九七一

续表

朝贡时间	贡品	回赐物品	备注
开元二十三年八月、十二月两次	献驯象、白象		《册府元龟》卷九七一
天宝七载六月	献象牙、花？遣使献珍珠一百条、黑沉香三十斤、白？二十双		《册府元龟》卷九七一
天宝九载三月	献象牙、真珍、白花？		《册府元龟》卷九七一，原文作“北邑国”当为“林邑国”之误
贞元七年十月	环王国献犀牛	帝令见于太庙	《册府元龟》卷九七二

资料来源：周伟洲. 唐朝与南海诸国的通贡关系研究[J]. 中国史研究，2002，(3)：59-73

林邑国，在今越南中部，北与唐安南都护府接界（大致在今越南广治北至越南潘郎、古笪南一带）。东汉永和二年（137年）汉象林县功曹子区怜据象林（治今越南广南），至初平之乱，区怜（又作区连）乃自号为王，建林邑国。其国自称为“占婆”（Champa）。[①]

唐以前中国史籍称其国为“林邑”；唐中期后又称为“环王”国，或曰占不劳、占婆、摩诃赡波、占波。[②]宋代又称为“占城”等。[③]

表 4-10　真腊国[④]（包括水、陆真腊及其属国）朝贡表

朝贡时间	贡品	回赐物品	备注
武德六年十月	真腊国遣使贡方物		《唐会要》卷九八；《册府元龟》卷九七〇
武德八年九月	真腊国、参朱（半）国遣使朝贡		《册府元龟》卷九七〇

① 〔法〕马司帛洛. 占婆史[M]. 冯承钧译. 北京：中华书局，1956：2-4.

② （宋）欧阳修，等. 新唐书·环王传[M]. 北京：中华书局，1975.

③ 关于林邑国在唐以前的情况，参见周伟洲：《公元三至六世纪的南海诸国及其与中国南方诸政权之关系》（《燕京学报》第10期；北京大学出版社2001年版）。

④ 真腊，原为扶南国（今柬埔寨、老挝等地）北部属国，大约在6世纪下半叶，兼并扶南而有之，成为南海的大国之一。其又称吉蔑，国人自称为甘孛智、澉浦只，应即柬埔寨语Kamboja之音译。据中国史籍载，真腊国在唐朝神龙后分为两部分，即水真腊（在南部）和陆真腊（在北部）。陆真腊又号文单国，其地大致相当于今老挝，国都文单城，即今老挝之万象。大约到9世纪，水、陆真腊再次统一。其属国有参半国和道明国，在文单之西北。

续表

朝贡时间	贡品	回赐物品	备注
贞观二年十月	真腊、参半并遣使朝贡		《册府元龟》卷九七〇
贞观九年四月	真腊贡方物		《册府元龟》卷九七〇
贞观十六年正月	参半国遣使献方物		《册府元龟》卷九七〇
永徽二年十月	真腊献驯象		《册府元龟》卷九七〇；《唐会要》卷九八
永淳元年五月	真腊遣使献方物		《册府元龟》卷九七〇
圣历元年正月	真腊遣使朝贡		《册府元龟》卷九七〇
神龙三年	真腊遣使献方物		《册府元龟》卷九七〇
景龙四年正月	真腊遣使来朝		《册府元龟》卷九七〇
开元五年五月	真腊、文单（陆真腊）并遣使献方物	六月、使者还蕃、降玺书及帛五百匹赐国王	《册府元龟》卷九七一、卷九七四
天宝九载六月	真腊献犀牛		《册府元龟》卷九七一
天宝十二载九月	文单国王子率其属二十六人来朝	拜王子为果毅都尉	《册府元龟》卷九七一；《新唐书》卷二二二
贞元十四年	文单国使李头及来朝贡	封李头及为中郎将，放还蕃	《册府元龟》卷九七六
元和八年十二月	真腊遣使李摩那来朝		《册府元龟》卷九七二
元和九年九月	真腊遣使朝贡		《册府元龟》卷九七二

资料来源：周伟洲. 唐朝与南海诸国的通贡关系研究[J]. 中国史研究，2002，(3)：59-73

除了各种动植物、奇珍异宝外，还有文化艺术方面的交换，如文章、书籍、佛像、地图、音乐、舞蹈等。唐王朝从别国所进最多的是乐器、乐工等，如骠国乐、新罗的乐器等。而日本、新罗等国则常仰慕唐朝发达的文化，所换的大多为书籍等。甚至在开元初，日本使者来朝，将“所得锡赉，尽市文籍，泛海而还”①。垂拱二年（686年），“政明遣使来朝，因上表请《唐礼》一部并杂文章，则天令所司写《吉凶要礼》，并于《文馆词林》采其词涉规诫者，

① （后晋）刘昫，等. 旧唐书[M]. 北京：中华书局，1975：5341.

勒成五十卷以赐之”[①]。

（二）互市贸易文书

朝贡贸易有其固定的时间和固定的贸易对象，一般一次赐予的物品仅仅只能供部分人或者部分部落消费，不能满足民间的大量需求。于是一种更为直接、便捷、高效的贸易方式“互市”贸易应运而生。“互市”往往是中原地区和少数民族政权之间的一种由官方指定的贸易形式，又被称为“边境互市”“榷场”“榷场贸易”等。此外，周边民族或外国以朝贡为名，携带大批商人、商团，在中国沿途进行贸易。[②]南海诸国也不例外，其由海道而来的使臣也带有大批商人（包括印度和大食等地商人）乘船舶来唐朝贸易。更有许多南海诸国城主、富商大贾借朝贡之名，来中国贸易。

隋初，突厥即与中原王朝进行“交市”贸易。《隋书》记载：“突厥部落大人相率遣使贡马万匹，羊二万口，驼、牛各五百头。寻遣使请缘边置市，与中国贸易，诏许之。”[③]隋先后开辟了诸如太原、幽州等边境榷场，便于贸易。中原地区往往以大宗丝织品、布帛和农产品与少数民族地区的马匹及其他牲畜、皮毛等进行交换。

通过互市，中原的粮食、丝绸织品，突厥的马、羊及皮毛，得以相互交易，互通有无。唐朝初年，与突厥仍继续保持过去的互市关系，唐朝以锦绢等丝织品换取突厥的马、羊等畜牧业产品，解决了唐初因战乱耕畜不足的困难。唐玄宗开元九年（721年），唐朝在西受降城（今内蒙古巴彦淖尔市五原县境内）开辟互市区，每年用缯帛几十万匹换取突厥的马，既补充了军骑，又改良了汉地的马种，互市成果颇丰，这种贸易常被称作“绢马互市”（或称“绢马交易”）。历史证明，互市贸易不仅给双方都带来了极大的利益，而且增进了边境人民和内地人民的相互了解、互相学习和相互交流，推动了人类文明与社会的向前发展。

① （后晋）刘昫，等. 旧唐书[M]. 北京：中华书局，1975：5336.

② 这种事例，如西魏废帝二年（553年），吐谷浑向北齐朝贡使团返回时，在凉州（治今甘肃武威）西赤泉为西魏凉州刺史史宁截获，其使团内就有“商胡二百四十人，驼骡六百头，杂彩丝绢（北齐回赐或贸易所得）以万计”参见（唐）令狐德棻，等. 周书·吐谷浑[M]. 北京：中华书局，1971：913.

③ （唐）魏徵，等. 隋书[M]. 北京：中华书局，1973：1871.

TAM48 墓出土有八件麹氏高昌延昌二十七年（587 年）兵部条列买马用钱头数奏行文书，记录了买马的时间、参与者、价钱，节录部分如下[①]：

壹、

1 子传：高伯亮边买赤马一匹，用钱

2 边买瓜（騧）马一匹，用钱卅七文；次阿浮利沙

3 钱卌五文。有（右）马三匹，付匡安受。

4 都 合□□叁匹，用钱壹伯（佰）壹拾捌文。

贰、

1 起六月八日，侍郎僧子传：翟呼典畔陀边买赤马一匹，用钱卌五文。

2 都合买马壹匹，用银钱肆拾伍文，付匡安受。

叁、

1 □□□四日阿都瓠

2 用钱卅七文，

3 马一匹，紫马四匹，

4 □边买赤马七匹，紫马四匹，瓜（騧）

5 瓜（騧）留（骝）马二匹，赤余（騟）马一匹，驳马一匹，

6 都合买马肆拾捌匹，用银钱壹

7 谨案条列买马用钱头数，列别如右，记识□□□ □

8 □ □ □ 郎 麹 患

9 通 事 令 史 杨 友

10 麹 庆儒

11 延昌廿七年丁未岁六月廿九日兵部 奏

12 中军将军高昌令尹麹 伯雅

13 右卫将军绾曹郎中麹 □□

马匹属于军用物资，而这些文书中的买马者阿浮利沙、翟呼典畔陀、阿都瓠均为少数民族，故兵部买马必须通过翻译（通事令史），且须其长官签署。

① 国家文物局古文献研究室，新疆维吾尔自治区博物馆，武汉大学历史系. 吐鲁番出土文书（第三册）[M]. 北京：文物出版社，1981：73-78.

有学者认为，文书反映了高昌从铁勒、突厥处购买马匹的情况，双方之间存在钱马贸易。[①]但从其他几件买马文书来看，卖马者还有高伯亮、曹呼口、氾保谦、康秋儿、康称但等名，其中既有汉族姓名，也有粟特人的姓名。因此，高昌国的马匹贸易并不仅限于和突厥之间，还应包括汉商、粟特胡商在内，只要有马者皆可交易。

隋唐时期互市贸易还建立了监管制度。例如，隋朝沿边都设有互市监，具体负责双边的商品贸易。《隋书》卷 36 记载："突厥尝与中国交市，有明珠一箧，价值八百万，幽州总管阴寿白后市之。"[②]《隋书·食货志》也记载"又以西域多诸宝物，令裴矩往张掖，监诸商胡互市"[③]。这种互市受到政府的严密控制，不能随便进行交易。

七、商业公文文书

唐代实行三省六部制度，公文是帝王和官吏用以处理政务的工具。隋唐时期，封建王朝对公文的作用更加重视，促进了公文的发展。因而，公文制度、立法制度愈趋完善。按照公文流转的方向，有上行公文和下行公文之分。分类如表 4-11 所示。

表 4-11　唐代公文分类表

项目	下行文书	上行文书
公文类型	制（慰劳制书）、敕（发敕、敕旨、论事敕旨、敕牒）、册、诏、令（太子）、德音、批答（批）、口宣、宣头	奏、表、状、笺、启、牒、议、疏、钞、榜子（录子）、熟状、辞
	教、符、帖（堂帖）、判（堂判）、告敕	状（状上、保状）、牒、笺、启、咨（咨报）

注：牒、钞还可作为凭证

载体方面，唐朝对于公文用纸有严格的规定，行政文书用白麻纸，军事文书用黄麻纸，朝廷致各少数民族地区高级官员文书用五色麻纸，诏书、敕旨等

① 王新民. 麴氏高昌与铁勒突厥的商业贸易[J]. 新疆大学学报（哲学社会科学版），1993，(3)：58-61.
② （唐）魏徵，等. 隋书[M]. 北京：中华书局，1973：1108.
③ （唐）魏徵，等. 隋书[M]. 北京：中华书局，1973：687.

用白、青、黄各色藤纸，将相告身及少数民族首领文书用金花五色棱纸。《唐六典》卷9“中书令职掌”条注：

> 今册书用简，制书、慰劳制书、发日敕用黄麻纸，敕旨、论事敕及敕牒用黄藤纸，其赦书颁下诸州用绢。[①]

朝廷用纸主要来自杂贡，地方官府用纸则主要通过市场购买。在西北出土的文书中，也有买纸的记录。日本有邻馆藏 37 号《唐开元十六年末庭州轮台县钱帛计会稿》[②]：

> 壹、
> 1 陆匹纳马价五匹纸价
> 2 壹伯陆拾匹大练 匹别肆伯文 计陆拾肆贯
> 3 叁拾叁匹马价 壹拾肆匹请得突厥纳马及牛价
> 4 贰拾匹小练换得拾匹 □纸价 捌拾叁匹纳进马价

在隋唐时期的公文中，有很多涉及商业活动，其中包括君王诏敕、行政公文等，包括的内容众多，在这里根据其行文方向集中分为商业下行文书和商业上行文书两类阐述。

（一）商业下行文书

1. 诏

诏令文书或称君命文书，是古代帝王向臣民发布的各种下行文书的统称。在君王意志高于一切的专制宗法时代，这些文书不仅具有行政效力，还具有法律效力，其中的许多文件，都对中国历史产生过重要影响。与一般只有行政效力的官府下行文书不同，诏令文书在古代公文中自成一类。以下两则诏令分别为唐高祖武德元年（618 年）置社仓、唐宪宗元和三年（808 年）铸铜币事宜，均对当时商业发展产生重要影响。两则诏令详如下：

---

① （唐）李林甫，等. 唐六典[M]. 陈仲夫点校. 北京：中华书局，1992：274.

② 〔日〕池田温. 中国古代籍帐研究[M]. 东京：东京大学东洋文化研究所，1979：355.

壹、

武德元年九月四日，置社仓。其月二十二日诏曰："特建农圃，用督耕耘，思俾齐民，既庶且富。钟庾之量，冀同水火。宜置常平监官，以均天下之货。市肆腾踊，则减价而出；田啬丰羡，则增价而收。庶使公私俱济，家给人足，抑止兼并，宣通拥滞。"至五年十二月，废常平监官。①

贰、

（元和三年）其年六月，诏曰："泉货之法，义在通流。若钱有所壅，货当益贱，故藏钱者得乘人之急，居货者必损己之资。今欲著钱令以出滞藏，加鼓铸以资流布，使商旅知禁，农桑获安，义切救时，情非欲利。若革之无渐，恐人或相惊。应天下商贾先蓄见钱者，委所在长吏，令收市货物，官中不得辄有程限，逼迫商人，任其货易，以求便利。计周岁之后，此法遍行，朕当别立新规，设蓄钱之禁。所以先有告示，许其方圆，意在他时，行法不贷。又天下有银之山，必有铜矿。铜者可资于鼓铸，银者无益于生民，权其重轻，使务专一。天下自五岭以北，见采银坑，并宜禁断。恐所在坑户，不免失业，各委本州府长吏劝课，令其采铜，助官中铸作。仍委盐铁使作法条流闻奏。②

上述第一则诏令主要记载了唐王朝在州县设置社仓以及常平监官的情况，主要目的是"以均天下之货"，即调剂天下的物资，平衡市场价格，防止物价波动过大对百姓生活造成冲击。第二则为唐元和三年（808 年）六月发布的诏令，涉及货币流通、商业贸易、金属矿产开采与利用等方面。封建统治者试图通过鼓励货币流通、增加铸币数量以及调整金属矿产的开采政策来稳定经济。除此之外，唐朝时期政府为了应对长途运输成本高昂的问题，还采取了"各道和籴"措施，力图消除和籴中的积弊。例如，唐代宗大历九年（774 年）五月乙丑诏命各道和籴：

叁、

恐路远往来增费，各委本道每年取当使诸色杂钱及回易利润、赃赎钱等，每人计二十贯。每道据合配防秋人数多少，都计钱数，市轻货送纳上

① （宋）王溥. 唐会要・仓及常平仓[M]. 上海：上海古籍出版社，2006：1911.

② （宋）王溥. 唐会要・泉货[M]. 上海：上海古籍出版社，2006：1932-1933.

都，以备和籴，仍以秋收送毕。[①]

开元年间，统治者仍然不断发布禁令，一再申明不允许买卖土地。开元二十三年（735 年）的诏令载：

肆、

天下百姓口分永业田，频有处分，不许买卖典贴。如闻尚未能断，贫人失业，豪富兼并。宜更申明处分，切令禁止。若有违犯，科违敕罪。[②]

《全唐文》卷三二《禁赁店干利诏》禁止官员租赁店铺与商贾争利，并规定最高租金，诏令内容详如下：

伍、

南北卫百官等，如闻昭应县两市及近场处，广造店铺，出赁与人，干利商贾，莫甚于此。自今已后，其所赁店铺，每间月估不得过五百文。其清资官准法不可置者，容其出卖。[③]

2. 敕

敕即敕书，始于汉代，一直沿用到清朝，是皇帝对臣下训诫、任官封爵的文书。“诏”自秦代被定为君命文书后，以后历代都是帝王处理政务的主流文体，直到隋朝。唐朝武则天时，为避讳“诏”改为“制”。自此，唐代虽也间有诏书使用，但已经不像前代是主流文体了。唐代君命文书中，替代诏书功能的主要有敕等，“敕”分为四类：发敕、敕旨、敕书、敕牒。“敕书”又被作为“敕”系列文书的统称。与商业有较大关联的敕书举例如下：

壹、

开元二年闰三月敕：“诸锦、绫、罗、縠、绣、织成绸、绢、丝、牦

---

① （后晋）刘昫，等. 旧唐书[M]. 北京：中华书局，1975：305.

② （宋）王钦若，等. 册府元龟[M]. 北京：中华书局，1985：5927.

③ （清）董诰，等. 全唐文[M]. 北京：中华书局，1983：363.

牛尾、真（珍）珠、金、铁，并不得与诸蕃互市，及将入蕃；金铁之物，亦不得将度西北诸关。”①

贰、

（开元）二十一年二月敕文：“应缘宫市并出正文帖，依时价买卖，不得侵扰百姓。”②

叁、

开元二十二年三月二十一日敕：“布帛不可以尺寸为交易，菽粟不可以秒忽贸有无。古之为钱，以通货币，岂无变通？往者汉文之时，已有放铸之令，虽见非于贾谊，亦无费于贤君。古往今来，时移事异，亦欲不禁私铸，其理如何？公卿百寮（僚）详议可否。”③

肆、

（高宗）显庆六年二月十六日敕：“南中有诸国舶，宜令所司，每年四月以前，预支应须市物。委本道长史，舶到十日内，依数交付价值。市了，任百姓交易。其官市物，送少府监简择进内。”④

伍、

（冬藏菜需通过和市购买）大和七年八月九日敕：“司农寺每年供宫内及诸厨各（冬）藏菜，并委本寺自供。其菜价，委京兆府约每年时价支付，更不得配京兆府和市，太仓出给纳。”⑤

第一例敕书主要规定了禁止与诸蕃贸易商品种类，“金铁之物”不得过西北诸关。第二例“应缘宫市并出正文帖”要求与宫市相关的采购活动，必须出具正式的文书（即“正文帖”），禁止官员在宫市采购过程中侵扰百姓。第三例敕令是开元年间统治者要求百官对货币制度中私铸问题的发表意见。第四例唐高宗显庆六年敕令，对南海诸国舶来贸易进行明确规定，包括时间、采购流程、交易规则等。第五例唐大和七年（833 年）敕令，涉及司农寺供应宫内及诸厨

① （宋）王溥. 唐会要·市[M]. 上海：上海古籍出版社，2006：1874.
② （宋）王溥. 唐会要·市[M]. 上海：上海古籍出版社，2006：1875.
③ （宋）王溥. 唐会要·泉货[M]. 上海：上海古籍出版社，2006：1928.
④ （宋）王溥. 唐会要·少府监[M]. 上海：上海古籍出版社，2006：1366.
⑤ （宋）王溥. 唐会要·木炭使[M]. 上海：上海古籍出版社，2006：1363.

冬藏菜的采购和支付规定。由此可见，唐代颁布与商业相关敕令包括商业政策、市场规定、货币制度及舶来贸易等多方面，对商业市场发展有重要的作用。

3. 制

唐初沿袭前代制度，发布重要政令主要使用诏书。武后天授元年（690 年）改国号为周，因诏字与武后之名曌字同音，为避讳而废之，重要政令一律改用制书发布，武则天当政时期，制书一度替代诏书成为处理庶政的主要文体之一，使用相当频繁。唐中宗复位后于神龙元年（705 年）恢复使用诏书，但制书的使用依然十分广泛。与商业有较大关联制书举例如下：

壹、

（元和）六年二月制："如闻京畿之内，旧谷已尽，宿麦未登，宜以常平、义仓粟二十四万石贷借百姓。诸道州府有乏少粮种处，亦委所在官长，用常平、义仓米借贷。淮南、浙西、宣歙等道，准元和二年四月赈贷，并宜停征，容至丰年，然后征纳。"①

贰、

（元和）六年二月制："公私交易十贯钱已上，即须兼用匹段。委度支、盐铁使及京兆尹即具作分数，条流闻奏。茶商等公私使换见钱，并须禁断。"②

叁、

开元八年二月，制曰："顷者以庸调无凭，好恶须准，故遣作样，以颁诸州，令其好不得过精，恶不得至滥。任土作贡，防源斯在。……阔尺八寸，长四丈，同文共轨，其事久行。"③

上述元和六年（811 年）二月第一道制书记载，因粮食短缺，官府采取从常平仓和义仓中借贷粮食给百姓的赈贷措施。第二道制书是关于公私交易中货币与实物并用的规定，以及对茶商等公私兑换现钱行为的禁止。开元八年这道制书则是对庸调的规范和统一标准。统一尺寸标准有助于各地根据自身的特色和实际情况来发展经济，促进了商品交流和经济的发展。

---

① （宋）王溥. 唐会要·仓及常平仓[M]. 上海：上海古籍出版社，2006：1916.
② （宋）王溥. 唐会要·泉货[M]. 上海：上海古籍出版社，2006：1933-1934.
③ （唐）杜佑. 通典·食货[M]. 上海：上海图书集成局，1901：61.

（二）商业上行文书

古代上行文种类很多，按受文对象可分为三类：第一类是臣民上达天子或以帝王名义行使职权的中央机构的公文，称作“奏议”或“奏疏”；第二类是下级官署或官员向上级官署、官员汇报的公文，我们称之为“官府上行文”；第三类是没有官职的百姓向皇帝或官府陈情达意的公文，我们称之为“民众上行文”。在商业活动中，这类由下级呈报上级、属官上报长官、民众上达官府的公文都作为上行文书集中讨论。

1. 奏

奏是中国封建社会臣僚上于皇帝，陈述政事的重要上行文种，是古代少有的几种从秦沿用至清的上奏文体之一。以下举唐文宗和唐代宗时期两则征税相关的奏文进行说明：

> 壹、
>
> 开成二年十二月，武宁军节度使薛元赏奏：“泗口税场，应是经过衣冠商客，金银、羊马、斛㪷、见钱、茶盐、绫绢等，一物已上并税。今商量，其杂税物请停绝。”敕旨。[①]
>
> 贰、（代宗）大历十四年八月，虞部奏：“准式……望令关内州府审勘顷亩，先均给贫下百姓，据厚薄节给轻税五分之一。征纳讫，市轻货送上都。”[②]

上述薛元赏在奏章中提到，泗口税场对过往的衣冠商客征收的税种繁多，包括金银、羊马、斛斗（量器，亦指粮食）、现钱、茶盐、绫绢等商品，每一种都要征税。这种繁重的税收给商客带来了沉重的负担，也影响了商业的繁荣。因此，薛元赏建议停止征收这些杂税。对于薛元赏的上奏，朝廷给予了积极的回应。敕旨中表达了对于薛元赏建议的认可，并决定停止泗口税场的杂税征收。这一决定旨在减轻商客的税收负担，促进商业的繁荣和发展。第二份奏书上奏的内容除关于土地和税收的政策建议外，还建议百姓缴纳完税款后，可以将剩

---

① （宋）王溥. 唐会要·杂税[M]. 上海：上海古籍出版社，2006：1832.

② （宋）王溥. 唐会要·虞部员外郎[M]. 上海：上海古籍出版社，2006：1222.

余的农产品等轻货卖给政府，由政府统一收购并运输。

2. 辞

在唐代以前，“辞”是一种诉讼类的司法文种。在唐代，辞又可作为上行文书，据《新唐书·百官志》记载，当时上行文有六种，即表、状、笺、启、辞、牒，“庶人言曰辞”，只要是平民百姓向官府有所申陈要求，都可称为“辞”，不仅限于诉讼文字。其使用范围较前代扩大。

土地买卖在唐代是需要办理一定手续的，由于史籍上没有明确的记载，有关这方面的研究至今也很少见到，现只能根据一些零星的材料加以描述，土地要实现交易首先要向官府申请，说明买卖土地的原因及亩数等内容，以期有关部门批准。官府经过审阅后认为符合规定，然后批准下牒。一旦批准，双方就可以进行土地交易，协商如何签订契约，交割土地。立约后，由官府发给公验，以示合法。

土地买卖前向官府申报是必经的手续，如不办理，则买主对土地的所有权就得不到保护。下文以唐初边远地区的田产买卖申请文书为例①，进行说明。

壹、《高昌延昌六年吕阿子求买桑葡萄园辞》

1 延昌六年丙戌□□□八日，吕阿□

2 辞：子以人微产□甚少，见康□

3 有桑蒲桃（葡萄）一园，□求买取，伏愿

4 殿下照兹所请，谨辞。

5 中兵参军张智寿传

6 令听买取

上例成契时间是唐建国前鞠氏高昌王国时期。这件请买田辞首先交代了请买田的时间，然后写明因产甚少而买田的理由，接着说明谁买的哪种田，最后请求官府依照所请批准。买（卖）土地者是要向官府提出申请的，上述即是买

① 国家文物局古文献研究室，新疆维吾尔自治区博物馆，武汉大学历史系. 吐鲁番出土文书（第四册）[M]. 北京：文物出版社，1983：247.

方所申请的辞状。

向政府递交申请也是唐代土地买卖交易的第一程序，买（卖）土地人向官府送上请买（卖）田辞，官府批准后要向申请人发放文牒，通知买卖土地者可以进行交易。这是唐代土地买卖程序中的常规步骤，不仅是在土地交易中，其他贸易中也遵循此规定。《唐律疏议》卷 13 载：“田无文牒，辄卖买者财没不追，苗子及买地之财并入地主。”[①]

3. 牒

“牒”的本义是竹木制成的短简，春秋时把写在这种短简上的文书称为“牒”。牒文在汉代就已经出现，后代的牒有很多分支，既可以用作上行文，也可以用作平行文和下行文。唐朝时，“牒”除了作为行政上行公文使用之外，还多用作凭证性文件。现举一例在历史文献中可以看到的唐代官府发放的土地买卖文牒，内容大致如下[②]：

壹、《唐大中五年敕内庄宅使牒》

1 敕内庄宅使牒

2 万年县浐川乡陈村安国寺金经 □壹所，计估价钱

3 壹伯叁拾捌贯伍伯壹 □文。

4 舍叁拾玖间，杂树其肆拾玖根，地壹□亩玖分。

5 庄居东道并菜园，西李叔和，南龙道，北至道。

6 牒：前件庄准 敕出卖。勘案内 □正词状，请买价钱，

7 准数纳讫。其庄□ 巡交割分付。仍怙买人知，任便

8 为主。□要有回改，一任货卖者奉 使判 □者。

9 准判牒知，任为凭据者。故牒。

10 判官内仆局丞彭 □

11 副使内府局令赐绯[鱼袋]刘行宣

12 使兼鸿胪礼宾等使特进知□□田绍宗

13 其价钱并人门悉是僧正言衣□ 出，并不忏同学门

① （唐）长孙无忌，等. 唐律疏议[M]. 刘俊文点校. 北京：中华书局，1983：246.

② 张传玺. 中国历代契约会编考释（上）[M]. 北京：北京大学出版社，1995：217-218.

14 徒亲情等事。其正词即 □俗名。从大中三年四月
15 一日创造堂内 □德壹拾叁事，并彩画两壁及砖
16 座 □彩赤白兼，上安鸱尾，修赎经藏等， □陆
17 伯贯文。内壹伯贯文外施，余并□ 自出。又修塔及
18 碑堂、北院砖阶、隔□ 等，计当钱贰伯贯文，并是僧
19 正言□
20 又院内祖婆父并同学等 □壹所
21 大中五年正月十五日承袭 记
22 同学净真 同学常益 正信
23 俗弟子李自迁 高行 方

这是一件以皇帝的名义发放给内庄宅使的牒文，内容是内庄宅使上辞请卖安国寺田庄，皇帝恩准，“前件庄准敕出卖”，令其进行交割手续。这类牒文的内容大致可以分为三部分：第一部分是批准其买卖的意见，及被买卖土地数量、四至、价钱等主要内容；第二部分是主管官员的依次签名划讫；最后部分是对庄内设施的登记及买卖当事人及证人的署名。

初唐和盛唐时期的土地买卖程序文书格式一直为后世沿袭。只是到了中晚唐时期，随着均田制的瓦解，土地买卖也不再受到国家的控制和干涉，土地买卖渐渐变为“人从私契”，听民买卖了。[①]下文以长庆元年（821 年）龙兴寺等寺户请贷表牒为例：

贰、《辛丑年二月龙兴寺等寺户请贷麦牒及处分》
1 龙兴寺户团头李庭秀、段君子、曹昌晟、张金刚等状上。
2 右庭秀等并头下人户。家无着积，种莳当
3 时。春无下子之功，秋乃凭何依讬。今人户等各请
4 贷便，用济时艰。伏望 商量，免失年计。每头请
5 种子伍拾驮，至秋输纳，不敢违迟，乞请处分。
6 牒件状如前，谨牒。

① 唐耕耦，陆宏基. 敦煌社会经济文献真迹释录（二）[M]. 北京：全国图书馆文献缩微复印中心，1990：97.

7　　　　辛丑年二月　日团头李庭秀等牒（手印）

8　　　　　　　团头段君子

9　　　　　　　团头曹　晟　（手印）

10　　　　　　团头张金刚　（手印）

11　准状支给，至秋征纳，十

12　三日，　　正勤。

13　依上处分，付仓所由

14　付

4. 钞[1]

文记或称文钞，是唐代官厅会计核算中经常使用的一类原始凭证。《唐律疏议》卷15《厩库律》“监主贷官物”条对文记的内涵有这样的解释：

> 诸监临主守，以官物私自贷，若贷人及贷之者，无文记，以盗论；有文记，准盗论；文记，谓取抄署之类。立判案减二等。[疏议曰]：……文记，谓取抄署之类，谓虽无文案，或有名簿，或取抄及署领之类，皆同。[2]

根据《唐律疏议》所释，文记是有别于文案的某一类文书的统称。举凡名簿、取抄、署领等均可归入文记。文记的运用较为广泛，唐《仓库令》复原第2条略云：“诸受租，随讫给钞总申。”[3]官仓受纳租物时，要向缴送者出示抄文，以作为其完纳租税的原始凭证。这类取抄实物在吐鲁番文书中俯拾皆是。例如[4]：

壹、大谷5802《唐乾元三年四月、西州高昌县周义敏纳和市䌷布贴钱抄》

1　周义敏纳和市䌷布贴钱叁伯

① 即文钞，简称“钞”，或作“抄”。

② （唐）长孙无忌，等. 唐律疏议[M]. 刘俊文点校. 北京：中华书局，1983：290.

③ 天一阁博物馆，中国社会科学院历史研究所天圣令整理课题组. 天一阁藏明钞本天圣令校证——附唐令复原研究[M]. 北京：中华书局，2006：493.

④ 〔日〕小田义久. 大谷文书集成（第三卷）[M]. 京都：法藏馆，1984：199.

2 文。乾元三年四月十一日。王质抄

贰、 5803 号文书《西州高昌县周义敏纳布抄》:

1 周义敏纳和市緤布壹段陆尺。典

2 刘让抄

唐代官民间的其他经济交易活动中也有使用取抄的情形，如[①]：

叁、《唐蒋玄其等领钱练抄》

1 大练贰伯叁拾伍匹贰丈肆

2 尺充药直。十月十二日行人药

3 主蒋其玄领。　　玄

4 　　　　见人王无感

这是开元十九年（731 年）西州从行人蒋玄其处买药，买药费用为大练 235 匹 2 丈 4 尺。以上两件文书内容中包含交易当事人、交易时间、交易物金额数量等，对交易信息的记载十分详细。

神龙二年（706 年），张感德从某官府机构购买了长运死驴一头、皮一张，同时获得“抄”文一份，作为交易成立和合法有效的证明。但张感德之后不慎遗失原抄，于是他向发文机构申请补领。承办官典经过核查有关“纳历”中的双方交易记录，确认交易真实发生过，所以向其重新出具了上述抄文并申明旧抄作废。

肆、《武周如意元年里正李黑收领史玄政长行马价抄》

1 史玄政付长行马价银钱贰文，准铜

2 钱陆拾肆文。如意元季（年）八囯（月）十六日里击（正）

3 李黑抄。其钱是户内众备马价。李黑记。[②]

① 国家文物局古文献研究室，新疆维吾尔自治区博物馆，武汉大学历史系. 吐鲁番出土文书（第十册）[M]. 北京：文物出版社，1991：29.

② 国家文物局古文献研究室，新疆维吾尔自治区博物馆，武汉大学历史系. 吐鲁番出土文书（第七册）[M]. 北京：文物出版社，1986：441.

伍、《唐景龙二年补张感德神龙二年买长运死驴抄》

1 张感德先去神龙二年十月内买长运死驴

2 壹头，皮壹张，给抄讫。今称失却，更给抄。

3 旧抄在，不在□用[限]。景龙二年四月

4 廿日，胡基抄。会纳历同。典□。①

此案中，张感德遗失交易抄文后还不厌其烦地主动向官方申请补领，说明具有法律证明和经济凭证双重属性的取抄在当时经济生活中发挥着重要作用。

5. 状

"状"是最早出现于汉代的上行文体，既可以施诸君主，也可用于上级官府。《唐六典》规定："凡下之所以达上，其制亦有六，曰：表、状、笺、启、牒、辞。"②"状"既可用于近臣上达天子，称作"奏状"；百官于其长亦为之，为与其他状体文相别，称作"状上"。

唐代实行税草制度，唐长安、洛阳两都所需草料，由两地五百里内税草供给。但从吐鲁番出土文书来看，西州进马坊为中央政府所购马匹准备的饲料中有很大一部分是从市场购买的。下文选取两则购买马匹饲料的状文进行说明：

壹、《唐开元十九年虞候镇副杨礼宪请预付马料麸价状》

1 进马坊　　状上

2 　供进[马]□价大练叁拾匹杨宪领

3 　　右□□令于诸步硙[坊]料麸贮纳，待赵内侍

4 　　□□马者。其马今见欲到，其麸并不送价直。

5 　　[若]不预付，即恐临时阙饲。请处分，谨状。

6 牒 件 状 如 前，□[牒]

7 　　　　　　　　开元十九年六月　日虞候镇副杨礼宪牒

---

① 国家文物局古文献研究室，新疆维吾尔自治区博物馆，武汉大学历史系. 吐鲁番出土文书（第八册）[M]. 北京：文物出版社，1987：260.

② （唐）李林甫，等. 唐六典[M]. 陈仲夫点校. 北京：中华书局，1992：11.

8　　虞 候 府 家

9　　取 卅 匹 练， 分 付

10　诸 碓 家， 即 收 麸

11　纳。 业 十二日[①]

贰、《论度支令京兆府折税市草事状》

每年蓄聚刍稿，所司素有恒规，计料税草不充，即便开场和市，既优价直，复及农收，人皆乐输，事不劳扰。……岂如官自置场，要便收市，欲少市则平其估以节费，欲多市则优其价以招人，买卖既和，贫富俱便。有余者趋加饶易售之利，不足者免转求贵赁之资，比之抑征，固不同等。……其所和市，并随要便，官自置场，每场贮钱，旋付价直。时估之外，仍稍优饶，交易往来，一依市利。[②]

第一则文书记载了唐代开元年间，虞候镇副杨礼宪因担心马匹饲料不足而请求预付马料麸价的情况。是向上级或相关部门提交的一份申请状。“状上”二字，表明这是正式呈送的文件。结尾部分提到“牒件状如前，□牒”，这是唐代公文的一种格式，表示前面的内容已经陈述完毕，并附上正式的公文牒文。第二则文书主要记载了收购草料的市场交易制度和其带来的好处。除上述内容外，还有许多关于该时期的商业公文，在此就不一一列举了。

八、其他商业文书

（一）经营簿账

隋唐时期中国封建经济发展到了前所未有的高度。这时，民间手工业和商业都取得了巨大的进步，民间商业呈现繁荣的景象。唐代出现了一定规模的手工业工场和作坊，并且有了中国早期的金融机构——柜坊。此外，商业中不仅有了批发行业与零售行业的分工，而且对外贸易也有了初步的发展。这些都促使私营手工业及经济关系的渐趋复杂化，这种变化客观上不仅要

① 国家文物局古文献研究室，新疆维吾尔自治区博物馆，武汉大学历史系. 吐鲁番出土文书（第十册）[M]. 北京：文物出版社，1991：19-20.

② （唐）陆贽. 陆贽集・论度支令京兆府折税市草事状[M]. 北京：中华书局，2006：655-657.

求有较高的会计核算水平，而且也有利于该时期民间会计核算水平的提高。

商人的经营范围遍布天下。姚合在《庄居野行》诗中写道：“借问屋中人，尽去作商贾。”[①]张籍在《贾客乐》中这样写道：“金多众中为上客，夜夜算缗眠独迟。”[②]经济往来关系的频繁，自然需要将经营收支进行记录，以便日后核算。商人“日考月课”“夜夜算缗”，他们对资财核算的具体方法虽无法详考，然而从商业文书的角度讲，在唐代经济史料中存在的不少痕迹，可供我们进行初步研究。

唐代登记会计事项的簿册多用“帐”称（现代汉语称“账”，本书除了引文外使用“账”）。根据现有史料考察，“帐”字的内在含义引申到对社会经济的核算方面，乃起源于南北朝时期。[③]到了唐代“帐”字同“簿”字结合在一起成为记录和反映各项经济业务的簿籍文书（或簿书）的代称。“簿账”大体上分为两类：一是指唐代官厅中登记赋税征收、财政支出、仓储保管等会计事项的簿册，这种簿册与商业文书联系较远，本文不予论述；二是指民间商业活动中记载收入与开支核算的商业簿账，属商业文书范畴。

唐代官厅把民间所设置的会计簿账称为“私簿”。《旧唐书·食货志》中“验其私簿”“无私簿者”指的就是民间簿账。当时民间簿账的主要形式有两种，一种叫作“序时流水帐”，顾名思义，也就是按时间顺序记录收支的即时账目，唐代簿账还尚未装订成册，因此通常“一帐”即为“一卷”。“唐时的序时流水帐有的按收入、支出分为两卷，有的则合为一卷。”[④]另一种是在流水账的基础上简单归类整理的簿账（后来也叫作清账）。除此之外，还有一些辅助性质的簿账形式。从总体而言，簿账这类商业文书无论在寺院的庄田还是邸店、柜坊、质库等都得到了广泛的应用。

郡仓每日收支牒案，是月终造簿历的基础。例如，伯 2803 号背《唐天宝九载敦煌郡仓纳谷簿十六件》第三件[⑤]：

① 全唐诗（第八册）[M]. 北京：中华书局，1960：5661.
② 全唐诗（第六册）[M]. 北京：中华书局，1960：4287.
③ 郭道扬. 中国会计史稿（上册）[M]. 北京：中国财政经济出版社，1982：298.
④ 郭道扬. 中国会计史稿（上册）[M]. 北京：中国财政经济出版社，1982：340.
⑤ 唐耕耦，陆宏基. 敦煌社会经济文献真迹释录（一）[M]. 北京：书目文献出版社，1986：447-448.

壹、

1 郡仓

2 肆日，纳百姓宋希盛等和籴粟壹阡柒拾陆硕，入东行从南第一眼，空。

3 　　右纳得上件粟，其户人名，别状通上。

4 牒件状如前，谨牒。

5 　　　　　　　　　天宝九载九月四日，史索秀玉　牒。

6 　　　　　　　　　　　仓督张假。

7 　　　　　　　　　　主簿摄司仓　苏汪。

8 　　　　　　　　　司　　马吕随仙。

9 　　　　　　　　长　　史姚光庭。

10 　　肆　　日　　谦。

这是对敦煌郡仓天宝九载（750年）九月四日收支情况的记录。该文书由府吏起草，司仓参军、司马、长史同署，差官录事参军检勘，记载了九月四日的输纳收支情况。

唐时的邸店与近代的“货栈”“栈行”相似，一方面设有商客住所，为贾客堆积货物提供方便；另一方面还代客成交买卖，另外收取手续费。由此可知，当时邸店的收入是多方面的，从数额上讲也是相当可观的，店主每日既要逐笔登记各项收入账，又需逐项登记邸店中日间发生的各项支出，收入与支出逐笔登记，到月末以收抵支，结算出利润。

柜坊是唐代私人开设代人存放钱财的铺子，当时把存放钱财到柜坊称为“鏁”钱（“鏁”为“锁”之意）。柜坊与后来的钱庄、银行不同，柜坊主不能自由地运用客户的存款，柜坊只起到为他人保管存款的作用。此外，柜坊主不但不付利息给存户，而且还从中收取保管费。存款人需要取款时，可不必亲自到柜，只要写一取帖就可以了。每日与客户的往来，由柜坊主晚间分别在往来簿账及钱款出入流水账中进行登记：客户存款系根据日间营业时暂记的草账（即后来的底账）一笔一笔地过录流水账中；客户取款可根据取帖或草账登记。柜坊主向存款户收取保管费时，根据往来账中存款数额，按比例核算得出。

继西晋时期的“寺库”以后，隋唐时期典当业进一步发展。唐代经营典当业的机构名为“质库”，当时民间典当业务已经比较盛行，不过那时质库一般附设于柜坊之中，其簿账设置与柜坊基本相同。

隋唐时期佛教的盛行带来了寺院经济的迅速发展。从南北朝起，佛教寺院开始占有大量土地田产，经济力量十分雄厚。寺院利用人力物力耕种土地，从事商贸、典当、租佃甚至信贷等商业活动。寺院经济萌芽于北魏时期，一度繁荣的寺院经济是隋唐时期商业的特点之一。

敦煌的寺院商业文书有入历、破历、诸色入破历、便物历、算会牒、唱卖历、斋衬历和各种凭证等，均属于财务记录。入历与破历分别指收入账和支出账。有逐日记载支出或收入的序时流水账，以及根据这两种日常收支簿账汇总的分类明细账目，即诸色入破历。算会牒是在分类汇总的收入账（诸色入历）和支出账（诸色破历）两种日常簿账的基础上做成的，是一种总结性的收支决算报告文书。隋唐时期寺院的收入是多方面的，除了交易收入、粮课收入、放债收入外，还有庄田收入及散施收入等。另外，支出也比较广泛和复杂。寺院商业簿账一般都是序时流水性质的，如唐朝开元年间于阗某寺院的支出簿，就是一种比较典型的序时流水簿账：

贰、唐[开元九年]于阗某寺支出簿

1 廿六日出钱肆伯文，为求福患行军设斋，雇李□

2 伍㪷半面胡饼脚八十文买果子二百卅五文，沽酒□

3 奏傔等用。出钱壹伯伍拾文，付匠阎□□门，充缝皮裘手功价。出钱参伯文，买胶

4 贰斤，别一百五十文，供杂用。直岁僧“法空”都维那僧“名圆”寺主僧“日清”上座僧“法衆”

5 廿九日出钱壹伯贰拾沽酒参㪷，为厨库园子□□□得满等，掏井寒冻辛苦吃。出钱

6 壹阡壹伯贰拾文，付子傔杨景升，准作车口捌拾篁，别一十四文，就蘱。出钱壹伯武拾文，

7 沽酒参㪷，撫与众堂工匠汜琎等辛苦吃。直岁僧“法空”都维那僧“名圆”

8 寺主僧“日清”　　上座僧“法衆”

9 同日 出钱贰阡伍伯文，籴僧惠澄干蒲萄两硕，斗别五十文，小麦伍硕，斗列卅文。其麦纳外库，

10 付典座僧“惠光”。直岁僧“法空”都维那僧“名圆”寺主僧“日清”上座僧“法粜”

11 同日 出钱柒伯陆拾文，付求福，充还先雇匠贵财助造官毡手功价。出钱壹阡柒

12 伯参拾文，付市城政声坊叱半勃曜诺，充还家人悉末止税并草两络子价。出钱贰伯

13 文，付同坊叱半可你娑，充还家人盆仁挽税并草两络子价。直岁僧“法空”都维那僧“名圆”

14 寺主僧“日清” 上座僧“法粜”

15 十三日出钱参阡玖伯壹拾文，价彩帛贰拾参匹，别一百七十文。官科送王骠骑料，结衣举一，并

16 结孝车绞床等用。出钱陆拾文，买纸壹帖，供文历用。出钱壹阡文，付孔家，充还先

17 沽甜浆一瓮价。出钱参伯柒拾文，付瓦匠莽宜，充造巩器手功价。直岁僧“法空”

18 都维那僧“名圆” 寺主僧“日清” 上座僧“法粜”①

由上可知，这件商业支出簿系统地记载了开支缘由、所购商品的数量、单价及总价等。这种支出簿起到了一种现金日记簿账的作用。此外，消费开支和放贷、收租收入等是寺院的商业活动，唐代寺院的庄田规模相当大，寺院把庄田租给附近的农民耕种，而后又把收获的粮食贷给农民。但在此时，租佃还不是唐代寺院田产经管的主要方式。不过租佃制逐渐普遍，土地租佃越来越多。对于田产的收入，寺院有清楚的收支报告，敦煌古写本《佛法东流传》后面所附的“贷粮帐”便是一件典型的序时流水式收入簿账。

“贷粮帐”是反映寺院把粮食放贷给农民的簿账。账中序时记载贷粮人姓名及所贷数量、贷粮日期及贷给方式。账中所谓“判贷”“牒贷”是两种不同

① 〔日〕池田温．中国古代籍帐研究[M]．龚泽铣译．北京：中华书局，1984：348．

的贷粮方式。“牒贷”大约是有贷粮凭证的放贷。可参下[①]：

叁、《高昌五塔等寺计亩入斛斗簿》

1 五月十四日，七𣲚（斛）五斗

2 半，自入。次三𣲚（斛）振忠入。

3 寺五半六十步，三月十六日，入八𣲚（斛）四斗。次四月四日，入八𣲚（斛）

4 寺六，□月十二日，入十三𣲚（斛），次五𣲚（斛）。

5 十一月七日，六𣲚（斛）七斗半，付阿胡。

6 十步。五月卅日入廿𣲚（斛）二斗半

7 月廿八日，入二𣲚（斛）二斗十五𣲚（斛）□斗，付仏（沸）奴。

8 步。十一月十日，入卅九𣲚（斛）一斗

9 月十三日，入九𣲚（斛）二斗。次十二月

该件文书为残件，现存有四段，且每行内容都不完整。这里仅摘录一段。原件每行行首应列有寺名、田亩、丈量数据等，而后记有时间、入斛斗数。行末或记某人入，或记付某人。该件性质为典型的收入账。

此外，除了这种日常的流水簿账外，还有在日常簿账基础上加以简单整理的簿账，在唐代商业活动中，这种文书也十分常见。可参下[②]：

肆、《高昌乙酉丙戌岁某寺条列月用斛斗帐历》[③]

29 起二月一日至月竟，僧陆人沙弥□□，□麦五斛（斛）贰兜（斗）肆昇（升），床粟拾斛（斛）捌兜（斗）麦

① 国家文物局古文献研究室，新疆维吾尔自治区博物馆，武汉大学历史系. 吐鲁番出土文书（第二册）[M]. 北京：文物出版社，1981：369-370.

② 国家文物局古文献研究室，新疆维吾尔自治区博物馆，武汉大学历史系. 吐鲁番出土文书（第三册）[M]. 北京：文物出版社，1981：227-231.

③ 注：本件记有干支乙酉丙戌。高昌纪年中，属乙酉、丙戌者，有延昌五年、六年（565 年、566 年）及延寿二年、三年（625 年、626 年），今姑从后。参见国家文物局古文献研究室，新疆维吾尔自治区博物馆，武汉大学历史系. 吐鲁番出土文书（第三册）[M]. 北京：文物出版社，1981：225.

30 昇（升）□祀天。床粟拾硕（斛）伍兜（斗），供作䴴　　　贰拾肆硕（斛）作田种。粟肆硕（斛）贰兜（斗），供雇外

31 □□□人用种麦。粟陆硕（斛），用　　　　麦贰硕（斛）作牛䴴。粟肆硕（斛）捌兜（斗），用买苏贰车。

32 □□□□渠。麦贰硕（斛），用买　　　　东渠田。帝万枣贰硕（斛），供作使甫（脯）时食。粟

33 □□用买老壹洛舆参。麦壹兜（斗）□□□□□合麦参拾参硕（斛）肆兜（斗）肆昇（升），床粟□

34 究（九）硕（斛）参兜（斗），枣贰硕（斛）。谨案条列硕（斛）兜（斗）如右，请僧记识施。

35 僧上坐　　中坐　　下坐

……

56 起七月一日至月竟。僧陸人沙弥

57 贰硕（斛）捌兜（斗），小食粟贰硕（斛）参兜（斗），使

58 祀天。麦贰硕（斛）柒兜（斗），得钱参文。麦壹硕（斛）伍兜（斗），作面。麦□兜（斗）买落。粟伍兜（斗），作饭。床

59 参兜（斗），作羹尽，供七月七日食。麦贰硕（斛）捌兜（斗），床粟肆兜（斗），供雇小儿拾人用蒿床，并食粮。

60 大麦贰硕（斛）伍兜（斗），用贸小麦贰硕（斛）。麦伍兜（斗），用买油，用作佛饼。麦壹兜（斗）半，供水家饼，麦伍兜（斗）。

61 买騾（驴）调（条）索两具。麦参硕（斛），作麨。麦壹硕（斛）伍兜（斗），作牛酢。都合麦贰拾柒硕（斛）壹兜（斗）床粟

62 □硕（斛）陸兜（斗）肆昇（升）。谨案调（条）列九（斛）斗如右，请记识施行。

63 □□坐

文书中所记录的支出不仅包括购买僧众生活用品、供佛物品等方面的开支，还有雇外人耕种、收割，赁牛、购肥等商业活动的开支，可见该寺经营一定规模的农业、商业及其他服务性行业。从文书中可以看出，这座寺院主要经营农业（包括自佃与出租土地），每年除能满足该寺僧众生活需求之外，还有

足够的资源用于支付雇佣劳动力的开支，以及为往来商贾提供食物等。这对高昌社会手工业的发展和丝绸之路的繁盛无疑具有积极意义。

（二）市估案

长安的商业活动集中在东西两市，商肆和作坊多设在市内。东西市长宽各约 1050 米，市内有东西、南北各两条大街，呈“井”字相交，街宽 30 米。东西市中央部分呈长方形，东西长 295 米，南北宽 330 米，为市署和平准局所在地。市肆和店铺大都在市内临街布置。长安市场实行坊市分离制度和定时开闭的街鼓制，每日日中击鼓 200 响开市，日落前击鼓 300 响散市，且入市交易者须由市门出入。

与前代相比，唐代对市场物价的评估与管理更加规范和严格。例如，汉代的“月平”，虽然在唐代仍能看到些许痕迹，但已完全被“旬估”所取代，即每隔十天对市场物价评估一次。换言之，每月的上旬、中旬和下旬，唐代官府（市司）都要定期对市场上的物品进行评估，并按照质量好坏定为上、中、下三种价格。这样做显然是为了更好地协调供求关系，更加准确、及时地反映市场物价的变化。

这些在出土文书中有所反映，如《唐沙州某市时价簿口马行时沽》，它是研究唐代西北地区社会经济和阶级状况的重要历史资料。残纸以最大长度计，长 29 厘米，宽 21.5 厘米，楷字墨书，颇具畤书风格。原文三列书写，残存不足 7 行，共 116 字。录文如下[①]：

壹、
1 上家生中婢壹□
2 上番丁奴壹口　　直（值）钱肆拾
3 上番中奴壹口　　直（值）叁拾伍阡文　次叁阡文
4 上番丁婢壹口　　直（值）钱叁拾阡文　次贰拾伍阡文　下贰拾阡文
5 上番中婢壹口　　直（值）钱贰拾柒阡文　次贰拾伍阡文
6 上家生细敦父马壹匹　直（值）柒拾阡文　次陆拾伍阡文

① 朱雷. 朱雷敦煌吐鲁番文书论丛[M]. 上海：上海古籍出版社，2012：230.

7 上家生□敦父马壹匹　直（值）贰拾叁□□　次贰拾壹阡□

唐代奴婢社会地位极其卑贱，没有人身自由，可以被当代财产买卖。唐代沙州市场中从事奴婢和马匹交易的行业为口马行。从上述例证可以看出，该市场上汇聚的奴婢和马匹是按照上、次、下三种等级来定价的。这在《唐天宝二年交河郡市估案》（以下简称《市估案》）中有更明确的体现。

《市估案》所见的货物非常广泛，计有绢帛、布匹、衣物、米面、器物、香料、药物、牲畜、果实等类，大体以行为单位，依次对行内物品按其等级标出上、次和下三种价目。《大谷文书集成》3786《西州用练牛簿》第 9 行："已上壹拾壹头，上等，都督判，头别减壹匹取印。"第 24 行："已上壹拾壹头，下等，都督注，准前减取印。"[①]这里"上等""下等"即"上等牛""下等牛"，它们的价格依例应有明显差别。

又据《大谷文书集成》载[②]：

贰、

1 次绵紬壹尺，上直钱肆拾贰文，次肆拾文，下叁拾捌文。

2 粗绵紬壹尺，上直钱参拾柒文，次叁拾伍文，下叁拾文。

3 细绁壹尺，上直钱肆拾伍文，次肆拾肆文，下肆拾叁文

4 次绁壹尺，上直钱叁拾文，次贰拾伍文，下贰拾文

5 粗绁壹尺，上直钱拾壹文，次壹拾文，下

可见，唐代西州市场中，绵紬和绁就其质量而言有细、次、粗三等，每等又有上、次、下三种价格，因而对于同类物品绵紬和绁而言事实上形成了三等九价。由此看来，唐代在评定物价时，通常将所估物品区分为三等，并制定出相应的三种价格。但对于一些特殊商品，划分为三等还远远不够，似乎还要兼顾其产地、原料、色泽等信息，并据此定出九种价格。唐代这种"三贾均市"中出现的三等九价，不仅在西州市场上广泛推行，而且在中原内地的市场交易中可能亦有使用。

① 〔日〕小田义久. 大谷文书集成（第二卷）[M]. 京都：法藏馆，1990：153-154.

② 〔日〕小田义久. 大谷文书集成（第三卷）[M]. 京都：法藏馆，1984：12-13，18.

第三节　小　　结

从商业文书形式上分析，唐代商业文书包括买卖契、借贷契和租佃契。这些契约相较前朝都出现了一些新变化。

首先，契约的名称，过去称为“券”者，现改称为“契”。这种变化与官方的律令规定有关，据《隋书·食货志》载：

> 晋自过江，凡货卖奴婢马牛田宅，有文券，率钱一万，输估四百入官，卖者三百，买者一百。无文券者，随物所堪，亦百分收四，名为散估。历宋齐梁陈，如此以为常。①

其实，在晋以前，各类经济交往所书之文书，均称为券，那时官府对立券是不纳“输沽”税的。只是晋代以后，为了增加官府收入，规定买卖立文券要输沽。隋唐统一全国后，废除了这种“利在侵削”的文券“输沽”税，同时也将“券”改称为“契”，并载入朝廷颁布的律令中，如唐贞观年间颁行的《唐律疏议》中就明确规定：

> 诸负债违契不偿，一匹以上违二十日，笞二十……
> 诸负债不告官司，而强牵财物过本契者，坐赃论。②

因此，在吐鲁番出土的唐代契约，大体上在贞观至永徽间，都被称为“契”。起先契尾双方及见证人由各参与者在其下亲自署名，也就是“署名为信”，但后来为防止参与者不识字，无法签名，则以画本人中指指节来代替，并写有“……指节为明”字样。在唐代的契约文书上，在契尾画指节的方式已普遍采用，这是由“署名为信”向“获指为信”的过渡。

其次，将“田主”“佃田人”并列于契尾，是唐代才开始有的。到了唐开

① （唐）魏徵，等. 隋书·食货志[M]. 北京：中华书局，1973：689.
② （唐）长孙无忌，等. 唐律疏议·杂律[M]. 刘俊文点校. 北京：中华书局，1983：485.

元、天宝间，租佃契尾的“知见人”，又改为了“保人”，这是对契约双方以外的第三方责任的进一步明确。这种改变在买卖契、借贷契中发生得相对较早，已见于唐高宗朝的许多买卖契、借贷契中有类似“如身东西不在，一仰妻儿及收后者偿了”的说法。此“收后者”，就是指契文后部收尾所列的人，即知见人或保人。也就是说，如果当事人找不到，就由其妻儿和知见人代为偿付。从保证连带责任这一含义考虑，将“知见人”改称为“保人”，更加切合实际。

商业文书发展到唐代，从内容到形式，已经臻于完善。明确的数额、交付时间和质量的保证、双方权利和义务的责任、违约受罚的规定、保人对契约内容的担保等，都具体写进了契文，形成中国古代商业契约的一种契约格式。

隋唐五代时期繁荣的封建经济环境，使得商业文书从内容到形式有突飞猛进的发展，逐渐形成了一套商业文书规则，以及较完善的商业文书格式。一些固定的格式和内容虽然已经形成，然而从文本内容、构成要件等细节来看，它与明清时期高度同构的商业文书仍然存在些许差距。

隋唐时期商业主体和商业行为的广泛性，特别是隋唐时期发达的多民族交往，使得这一时期的商业文书因社会、地理等因素影响，呈现复杂性、多样性的特点。这一时期的商业文书实际上正处于中国古代商业文书历史发展的中间阶段，它承上——继承、总结了三国两晋南北朝时期商业文书出现以来的格式及内容，集其大成；启下——作为宋元明清时期文书发展的范本，对之后的商业文书发展起到了举足轻重的借鉴作用。即使它的先进程度远不及现代商业文书，但隋唐五代时期的商业立法、行政等文书中的许多规则、理念、方法，仍然对我们今天的经济建设和立法工作有借鉴意义。

第五章　两宋时期的商业文书

宋代分为北宋和南宋两个时期。宋代在中国历史上是一个商业、文化和科技都繁荣发展的时代。其中商业方面，产生了世界上最早的纸币；海外贸易兴盛，尤其是城市手工业、商业发展迅速，一批著名商业市镇兴起。商品经济空前繁荣，使原本封闭的坊市界限被打破，促进了行会的产生和发展，对后代的经济发展产生了重大影响，也对宋代商业文书的发展产生了巨大的影响。

第一节　概　　述

中国古代商业文书经过了西周时期的萌芽，秦汉时期的初步发展，三国两晋南北朝时期的进一步发展和隋唐时期的高度发展，到了两宋时期已经进入成熟阶段。在商品经济繁荣的社会背景之下，两宋产生了大量的商业文书。其中既有各种契约，也有政府为了加强商业管制和确保税收的法律文书。简言之，两宋时期的商业文书，种类丰富且形式多样。

一、两宋时期历史发展与商业文书

陈桥兵变后，宋太祖于960年建立宋朝。由于皇权乃是从后周夺取，为防同样事件再次发生，开国之后宋太祖“杯酒释兵权”，夺去高级将领的兵权。之后宋太祖实行重文轻武的用人策略，重视科举考试，使社会稳定，人民得以安定生活，社会经济得到发展。正是在这样的政治背景下，宋代的农业手工业得到充分发展，商品经济的发展由此获得了重要的物质基础。

两宋时期，经济政策较前朝宽松许多。宋太祖实行“恤商政策”，下令按照政府规定收取赋税，不可以多收乱收：“榜商税则例于务门，无得擅改增损及创收。”[①]太宗淳化五年（994 年）也下诏令规定，对“自今除商旅货币外，其贩夫贩妇细碎交易，并不得收其算”[②]。可以说，宋代是中国古代历史上极少数没有长期“抑商”的朝代。宋王朝统治者在商业上显示出与以往朝代不同的眼界与气魄。以往在“重农抑商”思想影响下社会地位很低的商人在宋代得到相对平等的待遇，商人的后代得以参加科举考试来谋取前途，商人得以和贵族通婚。

宋朝统治者鼓励商人经商，也体现在坊市制被打破。坊市制就是将居民住宅区和商业交易区分开，交易需在特定地点和时间进行，由官府管制，不得随意交易。这种制度在中国古代延续的时间达千年之久。统治者维护坊市制的主要目的是维护统治，但是这种方式阻碍了手工业和商业的发展。宋代统治者放松对于商品交易的管制，随处可见开设的店铺，交易的时间也从原来的只能日中交易变成早市、日市、夜市都可以交易。商品交易的繁荣给宋代官民带来了热闹的生活，随处可见现代生活的影子。例如，有茶坊一条街、服装一条街等商业一条街，许多著名小吃开起了连锁店；晚间夜市十分热闹：“夜市直至三更尽，才五更又复开张。如要闹去处，通晓不绝。”[③]在政策的支持下，宋代商人数量大大增多，甚至有“全民皆商”的说法。

宋代的商业城市一直在增加。据马端临的《文献通考》记载，1077 年以前，全国诸州商税额，40 万贯以上的有东京、兴元、成都 3 处，20 万贯以上 40 万贯以下的有蜀、彭、永康、梓、遂 5 处，10 万贯以上 20 万贯以下的有 19 处，5 万贯以上 10 万贯以下的有 30 处，3 万贯以上 5 万贯以下的有 51 处，1 万贯以上 3 万贯以下的有 95 处，1 万贯以下的 105 处，共 308 处，这反映出北宋时期商业城市在 300 个以上。[④]

宋王朝曾遭过多个少数民族的入侵，如契丹、党项、女真、蒙古等，因此宋代常年处于对外战争状态。然而社会经济并没有受到太大的影响。这与宋代

① 王孝通.中国商业史[M].北京：团结出版社，2007：123.

② 陈振. 宋史[M]. 上海：上海人民出版社，2016：113.

③ （宋）孟元老，等. 东京梦华录[M]. 上海：古典文学出版社，1956：21.

④ （元）马端临. 文献通考・征榷考一・征商关市[M]. 杭州：浙江古籍出版社，1988：145-146.

统治者的治国策略有关，他们强调“国家右文而略武备”，面对外族入侵多采取和谈的方式进行解决，甚至与边疆各少数民族进行互市，通过经济手段对少数民族进行控制，同时边境贸易促进了资金流通。

宋朝初期，税收主要依靠农业税。然而，随着商品经济的繁荣发展，越来越多的人通过从事商业获取可观的利润，商业税在财政收入中所占的比重越来越大，政府非常重视商业税的收缴。其重要表现就是政府在中央和地方设置了专门负责商税之事的官员和机构。

宋代社会经济的繁荣对宋代商业文书的影响是多方面的。由于商业活动的类型多样，各项商业活动都会留下相应的契约等凭证，因此商业文书的类型也十分丰富多样，几乎涵盖社会生活的各个方面。留存于世的商业文书的数量十分可观。宋代商业活动频繁，政府要保证税收和市场的正常运作就要对商业活动加强管理和监督，因此留下了大量的法律法规类商业文书。与此同时，出于同样的需要，政府对商业契约的形制格式有严格的规定，因此关于契约的内容与形式在宋代都形成了比较成熟的制度。

二、两宋时期商业文书的基本构成与特点

中国古代商业文书发展到两宋时期，可以说已经相当成熟。隋唐时期是中国历史发展的一个高峰时期，商业文书已经逐渐趋于制度化和成熟化。五代十国时期，政治混乱，经济凋敝。宋太祖建立宋朝后，先后几朝统治者基本都对商业发展持支持态度，发布了一系列有利于商业发展的诏令。商业文书便是在这样的政治环境下繁荣发展，并出现了多种类型，此外契约订立程序日益完善，留存的大量商业文书中的内容可以很好地证明这一点。

（一）两宋时期商业文书的基本构成

从商业文书的内容来划分种类，两宋商业文书的构成包括以下几方面。

其一，立法类商业文书。该类文中内容包括宋代统治者对于商业活动纳税的规定、订立契约需按照官府统一规定的政策、订立契约必须遵守的原则、毁约应承担的法律责任等。其中，最主要是统治者为了商业活动顺利进行、社会安定和保证税收所订立的法律或政策性文书。

其二，各项商业交易活动中形成的契约。例如，买卖土地、牛马、车船、粮食甚至奴婢签订的契约、借贷文书、租赁文书等。另外，由于宋代手工业及商业的高度发展，雇佣劳动非常普遍，因此形成了大量的雇佣文书。

（二）两宋商业文书的特点

1. 文书载体

宋代造纸工艺在前代的基础上进一步成熟，在造纸原料的扩充、造纸工具的改进、加工技艺的熟练、纸张的产量方面都较前代均有了新的突破。这些进步使纸张在全国范围内得到更加广泛的应用。宋代商业文书的主要载体就是纸张。据《宋会要辑稿》中记载，天禧二年六月，三司言："定夺三部合减省诸州府帐目奏状，一年计八万八千九百一十九道，约省三十四万五千二百余纸。"①可见纸张用量之大，纸张较其他载体具有轻便、易于书写的特点，它的普遍使用极大地促进了宋代商业文书的发展。

2. 文书种类

宋代商业的高度繁荣，使得商业文书的种类更加丰富，除了立法类商业文书外，还出现了大量的租赁文书、借贷文书和雇佣文书。这些文书反映了宋代商业生活中的方方面面。不同种类的商业文书还可以更详细地划分，如买卖契约可以按照不同标准分为活买卖契约和绝买卖契约，或者即时买卖契约、赊买卖契约和预买卖契约，或者要式买卖契约和非要式买卖契约。商业文书的种类多样是由商业活动的内容形式多样性决定的。

3. 文书形制

商业文书的规范化主要体现在契约文书的形制上。宋代统治者为了使契约标准化，规定了契约的统一形制，即买卖田地房产的契书由官府统一印制，民间须到官府买官契纸。土地买卖契约的内容和格式都有统一要求，官府对于契约的各项元素，包括时间、主体、契约标的、契约担保和契约署名画押，都有严格的规定。

买卖契约强调立契的行为需要出于当事人自愿。当时的法律规定，契约中要有体现自愿意志的部分。因此，人们签订买卖契约时，出卖人一般都会在契

① （清）徐松，刘琳，刁忠民. 宋会要辑稿·食货六九[M]. 上海：上海古籍出版社，2014：8055.

约文书中写明买卖是出于自愿的行为。这就是宋代买卖契约中的自愿原则。

第二节 两宋商业文书的种类与内容

宋代社会环境相对自由宽松，手工制造业发达，买卖行为非常普遍，经济繁荣发展，人们相互之间不断发生经济关系，这使得商业文书应用的领域十分广泛，并在发展过程中日趋完善。商业文书的存在和发展反过来也促进了经济的繁荣，维护了社会秩序的安定，具备同时维护国家和民众利益的作用。正因如此，宋代商业文书是研究宋代社会的重要材料。总体来说，两宋时期的商业文书种类丰富多样，包括买卖文书、租赁文书、雇佣文书、法律规范类商业文书和互市文书等。

一、买卖文书

买卖契约，即立契双方决定，出卖人将标的物所有权转给买受人，买受人支付相应对价的契约。买卖契约的重要特征是有偿，否则就成了赠予；并且标的物的所有权必须发生转移，否则就成了借贷。

两宋时期出土的买卖契约主要包括土地买卖文书、买地券、卖身契和其他买卖文书等。其中，由于买地券的物质载体大多易于保存，迄今为止发现的买地券数量最多，卖身契次之。

（一）土地买卖文书

中国古代社会发展是建立在农业基础上的，封建统治者都将土地视为最重要的资源，因而古代土地制度也是国家最重要的制度之一。由于经济和社会的发展，为了与之相适应，宋代统治者在土地制度方面采取“田制不立”“不抑兼并”的政策。因此，土地买卖在宋代普遍存在。

张传玺主编的《中国历代契约会编考释》中收录了一些宋代田宅买卖契约原件，契约格式相近，其中一则是南宋方伯淳卖山契：

□□都方伯淳奉母亲指零(令),将自己标帐内大坞县字号拾号夏(下)山贰亩;夏(下)地伍号,计伍步。东止方思义自地,西止领(岭)及方文瑞山地,止田塝,南止尖。今将前项山地并地内一应等物尽行出断卖与李四登仕名下,面议价钱拾捌界官会柒拾贯文省。其钱当日交收足讫,契后别不立领,只此随契交足讫。今从出卖之后,一任受产人永远收苗为业。如有四至不明及内外人占拦,并是出卖人自行之(支)当,不涉受产之事。今恐人心无信,立此卖契为照。

咸淳叁年三月十二日。

方伯淳(押)

母亲花押汪氏

见交钱人李仲□[①]

可以看出,该契约包含应有的买卖契约元素,即价格、标的物、主体、立契时间、卖主责任、署名画押等。"面议"二字体现出立契双方均属自愿交易。"遇见交易人"即见证人与买卖双方均画押,来保证契约的有效性。立契时间也是买卖契约中重要的元素,在契约签订之后可能产生的纠纷中起证明作用。这种作用体现在两个方面:一是在一物多卖的情况下可以通过立契时间来判定谁是第一个买家;二是买卖契约产生的纠纷,其诉讼时间是有期限的,这个期限要从立契时间开始计算。

《中国历代契约会编考释》中另一件土地买卖契约,南宋项永和卖山契如下:

义成都项永和今将父□□土名下坞食字号四十八号夏(下)山壹亩,东至项遵山,西至项成山,从水坑弯心直上至垄,南至降,北至大弯心及项隆地;又将土名南坑竹号十四号尚山式亩,夏(下)地式拾伍步。东至项允成山,从弯心水坑随垄直上,至降;西至高尖,直下至水坑,及项成田塍头,南至永成山,北至大水坑;又将土名叶家坞白字号三号、八号内,取夏(下)地壹角式拾柒步。东至项遵山,西至山,南至项成地,北至项暹地。并山地尽行出卖与同宗人项永高,三面伻(评)议价钱十八界官会

① 张传玺. 中国历代契约会编考释(上)[M]. 北京:北京大学出版社,1995:540-541.

伍拾贯文省。其钱当立契日一并交收足讫，并无分文少欠，别不立碎领。如有内外人占兰（栏），并是卖产人之（支）当取了，不及受产人知（之）事。今恐人心无信，立此断卖山地式（三）处为据。

景定伍年十月十五日。项永和（押）

依口书契人项永成（押）

见交钱人项文（押）。[①]

可以看出，该契约的形式与南宋方伯淳卖山契基本一致。

除了土地买卖契约外，还有房屋买卖契约。下面一则为北宋太平兴国九年（984 年）敦煌马保定卖舍契：

政教坊巷东壁上舍壹院，内西房壹口，东西并基贰仗（丈）伍尺，南北并基壹丈贰尺三寸。东至安信住，西至安针子，南至杨定住，北至王保留子。时太平兴国九年甲申岁四月二日，立契莫高乡百姓马保定，为缘家中□阙，负债繁多，祝索之间，填还无计。今将前件祖父口分舍遂出买（卖）与平康乡百姓武恒员，断作舍价每尺贰斗。[②]

从这则契约可以看出，房屋的买卖契约的内容非常详细，要标明房屋的位置、四至邻居、间数、出卖房屋的原因、房屋的来源、价钱，以及买卖双方的姓名、住址。除此之外，上手契照必须明确才能得到法律的承认和保护。《名公书判清明集》“干照不明合行拘毁”中在潜彝买桂仔贵荒田一案中记载：

置买产业，皆须凭上手干照。潜彝所买桂仔贵荒田，契内明言文字被兄藏伉，后来仔贵备钱赎回，则是以赎回干照为据矣。及以赎回之契考之，则地名青石桥也，荒地也，卖与潜弃者，地名铁炉塘也，田也，亩步，坐落，东西南北四至，并无一同。盖青石桥地契乃别项废干照，铁炉塘田契乃凿空架虚，不可行用之物……所买无上手，不可行用，契二纸拘毁入案，

---

① 张传玺. 中国历代契约会编考释（上）[M]. 北京：北京大学出版社，1995：539.

② 张传玺. 中国历代契约会编考释（上）[M]. 北京：北京大学出版社，1995：522.

桂节夫照砧基簿管业。[1]

淳祐八年（1248 年）有一则祁门县胡梦斗卖山赤契（图 5-1）。录文如下：

图 5-1　宋淳祐八年胡梦斗卖山赤契

武山乡胡梦斗，今将尤昌下都如字源二十二号山壹段，东止（至）田，西止（至）降，南止（至）王富山地，北止（至）康如楫地。其山计叁亩，随田直上止（至）降。今将出卖与同乡人李武成，三面平（评）议价钱十七界官会贰佰贯，其官会当日交领足讫。其山未卖已（以）前，不曾与家人外人交易。其山系西排自有，康如楫□照□其上手并分付照证讫。如有四止（至）不明，并是出产人知（祗）当。其契请业主行官纳兑（税）起割，税钱入李武成户供解。今恐人无信，立此卖契为凭。

淳祐八年六月十五日胡梦斗（押）

见交钱人李敬盂（押）

今于李武成手交去卖尤昌下都马槽坞西排山价地并钱足说，别无碎领，只此一领为凭。

---

① （唐）张鷟. 名公书判清明集 14 卷[M]. 明隆庆三年盛时选刻蓝印本：235.

淳祐八年六月十五日胡梦斗（押）[①]

（二）买地券

买地券指的是一种随葬明器，是生者对于死者对其墓地的所有权的一种确认，本质上是对生者的心理安慰，带有很重的封建迷信色彩。买地券上记录的内容是关于阴间土地买卖的“合同”。两汉时期买地券就已有相关记载，宋明时期买地券盛行，清代逐渐减少乃至衰落，今在我国部分地区仍有使用。

从出土的买地券来看，买地券的形制是十分多样的。构成买地券的材质有纸张、铁、木、陶器、瓦石等，其中最常用的是铁、木、瓦石。买地券的内容形式远没有其材质多样，其内容大多千篇一律，各买地券均使用同一套内容模板，即说明亡人情况、立券日期、神明见证、虚构的买地数量等。

宋代买地券可大体分为生圹型墓券和随葬型买地券。生圹型墓券是指墓主人还在生时就已提前立于墓中的买地券。现录两份生圹型墓券如下。

《北宋淳化三年费洪买地券》：

维淳化三年太岁壬辰，二月乙丑朔/六日庚午。邛州安仁县锦乡永安里/男弟子费洪，行年七十七岁，十月生。/弟子生居尘境，长在阎浮，假四大以/为刑（形），附阴阳而德（得）躰（体）。五温（蕴）之跪，浊世/陈倾。所以选求福地见（建）荣（营）吉宅，曾（增）益/寿年。今备黄铜赤钱五彩杂信，就此/东王父西王母处买得造？（延）寿堂地/一所，东至青沙，南至幽都，西至入没，/北至玄武，上至青天，下至黄泉。一买已后，用山为界，以[海]为边保，证人张坚/故（固）李定度。知证分明，才（财）地交付，工匠/修营，造立寿堂之后，地下诸神不得/禁固侵犯。急急如地下五帝老/君律令！[②]

《北宋乾兴元年阿费买地券》：

维乾兴元年岁次壬戌，九月戊辰朔二十五日/壬辰。大宋国剑南西川邛

---

① 严桂夫，王国键. 徽州文书档案[M]. 合肥：安徽人民出版社，2005：134.

② 转引自员鑫. 四川地区宋代买地券整理与研究[D].南充：西华师范大学，2017：36.

州依政县升平乡归/厚里清信女弟子阿费，行年六十五岁，六月生/但（旦）。女弟子生居尘境，长在□（阎）浮，假四大以为/形，附阴阳而得躰（体），五温（蕴）之踠，浊世尘倾。所/以建营吉宅增益寿年。谨用黄铜赤钱五/彩杂信就此东王父西王母处买得延寿/堂吉地一所，东至清沙，西至日没，南至幽都，北至/玄武，上至苍天，下至黄泉。一买之后，以山为界，/以海为边，悉属女弟子地界，诸神不得/侵犯。急急如地下五帝律令！保证人张坚/固、李定渡（度）；赤松子等知见。[①]

可以看出，以上两个墓券形式十分相似，内容均包括立券时间、墓主信息、墓地地点、证人等。结尾均有“急急如律令”。

随葬型买地券顾名思义，是在墓主过世之后所书。随葬型买地券更为普遍，数量也更多。现以《北宋大中祥符三年张先买地券》为代表：

维大中祥符三年岁[次]庚戌十一月丙/子朔二日壬申，今有邛州依政县/归义乡马鸣里殁故亡人张先，谨/用白银信钱万万千贯文于山川/社稷十二神边买得墓田一所，周/流一倾。东至青龙，南至朱雀，西至/白虎，北至玄武，上至苍天，下至黄/泉，四至分明。即日有钱财交付/天地神明了。内防勾陈，停是亡人。/保券人：张坚固、李定度；书券/人：金主簿；读券人：石功曹；见证人：/青乌子。急急如律令![②]

可以看出，随葬型买地券的内容形式与生圹型买地券基本一致。

（三）卖身契

宋代，封建法律并不完全禁止人口的买卖，而当权者甚至支持官员买卖妇女的行为。宋代的买卖妇女现象可以说相当盛行，从宋代文献来看，买卖妇女也是要订立契约为凭的。与其他契约不同的是，买卖妇女的契约往往既不向官府交税，也不加盖印章。

① 转引自员鑫. 四川地区宋代买地券整理与研究[D].南充：西华师范大学，2017：36-37.

② 转引自员鑫. 四川地区宋代买地券整理与研究[D].南充：西华师范大学，2017：40-41.

敦煌文书中留有一件宋代卖身契，录文如下：

淳化二年，辛卯岁，十一月十二日，立契押衙韩愿定，伏缘家中用度不擴，欠阙匹帛。今有家妮子名塩胜，年可贰拾捌岁，出卖与常住百姓朱愿松妻男等，断偿人女价生熟绢五匹。当日现还生绢叁匹；熟绢两匹限至来年五月尽填还。其人及价交相分付。自卖已后，任承朱家男女世代为主。中间有亲性（姓）眷表识认此人来者，一仰韩愿定及妻七娘子面上觅好人充替。或遇　恩赦流行，亦不在再来论理之限。两共面对商议为定，准格不许翻悔。如若先悔者，罚楼绫壹匹，仍罚大羯羊两口，充入不悔人。恐人无信，故勒此契，用为后凭。（押）其人在患比至十月已后，不用休悔者。（押）买（卖）身女人塩胜（押），出卖女人娘主七娘子（押），出卖女人郎主韩愿定（押），同商量人袁富深（押），知见报恩寺僧丑挞（押），知见龙兴寺乐善安法律（押）。内熟绢壹匹，断出褐陆段，白褐陆段，计拾贰段，各丈（长）一丈二。比至五日（月）尽还也。（押）[①]

从这份契约透露的信息可以看出，被出卖的这名女子年龄是 28 岁，尽管在古代这名女子已经算不得年轻，但她仍然没有人身自由，而是被人立契买卖。为了防止双方后悔，契约中对毁约的代价和特殊情况（或遇恩赦流行）都做出了规定。

（四）其他买卖文书

宋代买卖契约除了上述几种外，还有买卖牛马、车船、大米、布匹等其他契约类型。有宋一代，商品交易非常活跃，可用来交易的物品种类繁多，涉及面很广。但并非所有物品都可用于私人交易，有些物品被政府禁止或限制交易。这些物品通常是指涉及国家利益的物品，如盐、铁这类国家专卖的物品，限制其交易主要是为了保证国家税收。

二、租赁文书

宋代有着发达的租赁业。可租赁的物品范围很广，包括房屋、交通工具、

① 张传玺. 中国历代契约粹编（上）[M]. 北京：北京大学出版社，2014：523-524.

农业生产工具、日常生活用品等。租佃契约是宋代租赁契约的重要组成部分。

“宋代官田招佃，一般是‘出榜招人请佃’”[①]，按租佃契约分成，宋太宗太平兴国七年（982年）十二月下诏：

诸路州府民户或有欲勤稼穑而乏子种与土田者，或有土田而少男丁与牛力者……然后分给旷土，召集余夫，明立要契，举借粮种，及时种莳。俟收成，依契约分，无致争讼。[②]

租赁契约和买卖契约一样，强调自愿原则。就官田租佃契约而言，政府是拥有行政权力的机构，在招佃时都以佃农自愿为前提，“明立要契”，订立租佃契约，待收获时，按约分成，避免诉讼纠纷。一般私有土地的地主在招募佃农时也同样需要订立租佃契约。

三、雇佣文书

雇佣是指雇主通过支付受雇的劳动者工钱的方式获取劳动者为其劳动的行为。雇佣劳动最早在战国时期已经出现在很多行业中，历史十分悠久。雇主的身份可以是个人，也可以是政府。宋代经济上一个突出的特征就是雇佣劳动空前增加。由于经济、文化、科技的高度繁荣，雇佣劳动广泛地出现在各行各业，如印刷业、陶瓷业、造纸业、矿冶业等行业。

宋代京城中的服务业相当发达，服务业本质就是雇佣契约关系，如西湖舟船，“无论四时，常有游人赁假。舟中所需器物，一一毕备。但朝出登舟而饮，暮则径归。不劳余力，惟支费钱耳”[③]。

四、借贷文书

宋代沿袭前代的习惯，将借贷分为使用借贷和消费借贷两种。使用借

① 张锦鹏. 宋代商品供给研究[M]. 昆明：云南大学出版社， 2003：221.
② 刘琳，刁忠民，舒大刚，等. 宋会要辑稿[M]. 上海：上海古籍出版社，2014：7697.
③ （宋）耐得翁. 都城纪胜[M]. 清康熙四十五年扬州诗局刻楝亭藏书本：27.

贷是被借方将物品借给借贷方使用，借贷方只需依约按时归还物品，无须缴纳费用；消费借贷是借贷方需要依约向被借方支付相应的费用或价值相当的物品。

宋代借贷有多种类别。按照主体划分，有民间借贷和官府借贷；按照借贷的性质划分，有生活性借贷、生产经营性借贷和救济性借贷。借款额和借期不定，借贷的物品也是多种多样。

五、法律规范类商业文书

除了上述的商业文书类型外，宋代还留下了大量关于该时期与商业活动有关的法律规范类文书。

1. 关于买卖契约的形制规范文书

随着商品经济的繁荣发展，宋代交易商品的种类增多，商品交易随处可见，政府需要对市场加以规范和管理，维护市场秩序，规范契约形制是必须采取的举措。同时，规范契约形制也有利于征收赋税，增加财政收入。宋代强制推行“标准契约”或“官版契约”，即统一契纸制度，契约文书要有统一的样式。太平兴国八年（983 年）三月规定：“请下两京及诸道州府商税院，集庄宅行人众定割移典卖文契各一本，立为榜样，违者论如法”[①]

宣和二年（1120 年）又规定：“人户请买钞旁定帖，并须‘当官依法出卖，不当官给卖者，杖一百。公吏人等揽买，出外增搭价钱转者，各徒二年。”[②]“钞旁”即税租钞，“定帖”即典卖田宅牛马的契纸。钞旁和定帖均由官府统一印制售卖。

2. 关于缴纳契税的法律规范文书

宋代不仅对于土地、房屋、店铺等不动产交易要求按规定交纳契税，车船、牛马等买卖契约也要投契印税。宋代政府还规定了交纳契税的期限。宋仁宗天圣五年（1027 年）规定，民间典卖田宅等违限且不经官投税之白契，“与限百

---

① （宋）李焘. 续资治通鉴长编[M]. 北京：中华书局，2004：542.

② 张希清，等. 宋朝典章制度[M]. 长春：吉林文史出版社， 2001：331.

日悉赴商税务陈首，如无虚伪，即与免罪，只纳本分，抽贯税钱”[①]。

为了督促依法纳税，官府实行自首及告赏之法。八月三司详定：“凡经典卖主陈首及诸色人陈告的买卖白契，在‘先纳正税外，立为三分，二分给本主，一分纳官，仍支一半赏捉事人’，‘所有文契，并令毁抹’。”[②]

南宋时期，契税逐渐加重，大大增加了人们的经济负担，民间典卖中私立草契，取钱交业的情况日益突出，官府的契税收入受到严重的影响。因此，政府对于违限不投税的行为规定了自首及告赏之法。

3. 关于借贷契约的法律调控文书

宋代政府对于进行借贷行为、订立借贷契约的主体是有所限制的。据《宋刑统·杂律》记载：“唐元和五年十一月六日敕节文，应诸色人中，身是卑幼，不告家长，私举公私钱物等，多有此色子弟，凶恶徒党因之交结，便与作保，举诸司及形要家钱物，同为非道破用，家有尊长，都不知委。及征收本利，举者便东西，保人等即称举钱主见有家宅、庄业，请便收纳，喧诉相次，实扰府县。今后如有此色举钱，无尊者同署文契，推问得实，其举钱主在与不在，其保人等并请先决二十，其本利仍令均摊填纳，冀绝奸计。”[③]

六、互市文书

宋王朝初建之时，统治者为缔造大一统王朝而致力于消灭割据政权。因此与辽政权保持着相对和平的关系，积极发展与辽政权的互市贸易。宋太宗太平兴国二年（977年），宋政府“始令镇、易、雄、霸、沧州各置榷务，辇香药、犀象及茶与交易”[④]，对互市加以管理。太平兴国四年（979年），宋方出兵攻辽；互市“罢不与通”。雍熙三年（986年），宋方再次主动出击，与此同时，宋廷下诏禁止与辽互市。但上述两次主动攻辽均以失败告终，于是，端拱元年（988年），宋辽双方通好，同时，宋廷诏“许边疆互相市易”[⑤]。

---

① 郭东旭. 宋朝法律史论[M]. 保定：河北大学出版社，2001：312.
② 郭东旭. 宋朝法律史论[M]. 保定：河北大学出版社，2001：312.
③ （宋）窦仪，等. 重详定刑统[M]. 民国十年刘氏刻嘉业堂丛书本：722.
④ （元）脱脱，等. 宋史·食货志下八[M]. 北京：中华书局，1977：4562.
⑤ （元）脱脱，等. 宋史·食货志下八[M]. 北京：中华书局，1977：4562.

第三节　小　　结

宋王朝建立之初，为了稳定统治秩序，统治者采取了一系列有利于生产发展的措施，如实行招抚流民、鼓励开垦、兴修水利、废除苛捐杂税、推广先进的农具等。与此同时，统治者推行支持商业发展的政策，坊市制被打破，商品经济迅速发展。另外，宋代的科技水平也有所提高，生产领域的科技进步推动了经济繁荣。

在这样较好的历史背景下，宋代的商业文书在隋唐的基础上进一步成熟、规范和制度化。统治者也对商业文书的内容和效力进行管制，使其进一步完善。宋代商品经济的普遍化，使得大量的买卖文书出现。统治者为使市场有序发展和确保税收，对于契约的形制有着严格的要求。只有按照政府的统一规范制定的契约才能具备法律效力。因此，宋代的契约类文书普遍具有格式规范的特点，每一项内容都按照统一的规范书写，这也使得后人研究宋代商业契约时有迹可循。与此同时，宋代注重订立契约的自愿原则，为防止强买强卖现象的出现制定了相应的法律。宋代的法律政策类文书很多，这是因为商业活动的频繁出现，统治者不得不为了维护秩序和保障税收而进行必要的管理。由于宋代不抑制兼并，土地契约文书相较之前更多。宋代商业文书的成熟，是古代商业文书发展的结果，也为商业文书的进一步发展提供了良好的范式。

第六章　西夏辽金时期的商业文书

西夏、辽、金是中国历史上出现的三个以少数民族为主体的政权。从已出土的商业文书中可以看出，这三个政权的买卖、借贷等文书与当时的宋朝文书有着很多相似之处，并且延续了中国古代的一些文书内容与格式。西夏、辽、金在商业文书的制定和形成过程中，除了延续本民族的传统和制度外，还大量吸收了其他民族，尤其是汉族商业文书的成文格式和包含要素等，推动了当地商业的管理和发展。

第一节　西夏商业文书

西夏是党项族建立的大夏国或夏国的别称，是中国历史上一个重要的少数民族政权。西夏王元昊自 1038 年称帝建国，曾先与北宋、辽抗衡，后与南宋、金鼎立，至 1227 年被成吉思汗率领的蒙古大军所灭。西夏拥有丰富的历史文化，经济发达，物产富饶。可惜的是蒙古军队在攻破西夏后，对城池的建筑和典籍大肆烧毁，其后对西夏文化遗存采取了异乎寻常的高压政策，使得西夏文化的传承受到了前所未有的阻碍，西夏文明逐渐湮没在历史的长河中。直至近代，中外考古学者对于西夏遗址的发掘，才使得西夏文明重新展现在人们面前。通过对发掘资料的整理分析，人们可以勾勒出西夏的社会概况及其商业发展情况。

一、西夏的商业概况

西夏历史上先后臣服于唐朝、五代诸朝及宋朝。夏太祖李继采取连辽抵宋的策略，先后占领了兰州、河西走廊等地区。其孙李元昊于 1038 年称帝，正式建立西夏国。后漠北的大蒙古国崛起，六次入侵西夏后拆散金夏同盟，加之西夏内部多次发生弑君、内乱之事，经济也因战争而趋于崩溃，最后于西夏保义二年（1227 年）被蒙古所灭。

受自然、地理、政治等因素影响，西夏的物产并不算丰富，以富产的羊、盐等与中原交换当地匮乏物产，成为其商业发展的重点。西夏商业总体上内轻外重，边境榷场贸易比国内贸易发达。其中对外贸易的规模、交易物品等，深受中原政权的外交政策影响。和平期间贸易交往较为频繁，战争时作为一种外交政策，榷场往往会关闭或者缩小规模。比如庆历和议后，宋朝设置榷场，恢复了双方的贸易往来，促进了西夏商业和手工业的迅速发展。反映在商业文书上则显示为出土的榷场文书，在时间上和平时期多战争时期少，内容上多为西夏以盐和牲畜交换中原的茶、药材和丝绸等。

在交易方式上，商品流通不发达时，交易主要采取“以物易物”的方式。随着商品经济的发展，实物交换显示出诸多的不便和限制，在商品交易中逐渐采取“比价取值”的方式，大部分地区开始使用货币，但在一些不发达的农牧山区“以物易物”的方式还长期存在。在商业文书中，可以看出，西夏在商品交易中，丝绸、粮食都做过一般等价物，当货币产生后，则以钱为衡量商品价值的标准，当事人反悔或违反相关规定，则需要接受惩罚。

为了促进商业贸易的发展，西夏设置了专门的交易场所——“市”“市井”“巷”，同时修建驿道，贯通全境，以促进商业流通。在商业管理上，仿唐宋制度，设立了专门管理货币和贸易的官职——“都大勾当”，还设立了文思院，加强了对度量衡的管理。

商业的发展带动了城市的繁荣，西夏著名的商业区有中兴府及甘、凉、瓜等州城。其中中兴府既是西夏的政治中心，也是经济中心。位于河西地区的武威，是西夏的军事重镇，也是十分发达的商业城市。

西夏的商品交换种类繁多，从出土的各种商业文书可以看出，西夏的商品流通包括日常生活用品和牲畜，甚至土地也可自由买卖。

二、西夏商业文书的基本构成与特点

（一）西夏文书发掘现状及种类

对于西夏社会文书的研究，并不是由中国开始的，起自俄罗斯。俄罗斯探险家科兹洛夫在1908年及1909年两次率领考察队，在黑水城遗址挖掘了大量的信函、书籍、钱币等，并将其运回俄罗斯。后经俄罗斯两代学者的努力研究，在20世纪60年代出版的书籍中，整理编目的西夏遗存资料已达8000多个编号。

科兹洛夫的发现轰动了世界。而后，英国人斯坦因、美国人华尔纳、瑞典人赫文斯定等先后到黑水城考察挖掘，并带走了很多珍贵文献和文物。

1983年经国家文物局批准并下拨专款，由内蒙古文物考古研究所对黑水城遗址进行调查发掘，由此清理出大量的西夏文书。1972年9月，甘肃省博物馆在武威张易乡发现一批西夏文、汉文和藏文文书。20世纪90年代以来，在今宁夏银川附近的西夏京都地区也有重要发现。

在诸多学者的共同努力下，20世纪初形成了一门研究西夏文献和历史的学科——西夏学。西夏学涵盖面广泛，涉及古代党项与西夏国历史、地理、语言、文字、宗教、文化等诸多领域。西夏文献的大量涌现和实物资料的不断出土，为西夏文书档案的研究提供了坚实的资料基础。

出土的西夏文书，在载体上“以纸质为主，兼有金属和木质载体”①；按照文字可分为西夏文文书和汉文文书；按照文书属性可分为官方文书和私人文书。此外，按照文书内容又可分为买卖文书、借贷文书、典当文书、租赁文书、雇佣文书、记账文书、交换文书和抵押文书等。有关西夏商业文书的出土情况，可参照表6-1。

表6-1　西夏商业文书出土概况

类别	使用语言	数量	出土地点	收藏国家
榷场文书	汉文	15件	黑水城	俄罗斯
土地买卖	汉文	1件	莫高窟	中国
	西夏文	12件	黑水城	俄罗斯
人口买卖	西夏文	3件（已译）	黑水城	俄罗斯

① 赵彦龙. 西夏文书档案研究[M]. 银川：宁夏人民出版社，2010：139.

续表

类别	使用语言	数量	出土地点	收藏国家
粮食买卖	汉文	2 件	黑水城	中国
牲畜买卖	西夏文	11 件	黑水城	俄罗斯
		2 件	武威	中国
典当文书	汉文、西夏文	数量较多	黑水城等	俄罗斯、英国、中国、日本
借贷文书	汉文	15 件	黑水城	英国
		15 件	黑水城	俄罗斯
	西夏文	70 余件	敦煌、武威	中国
		数量较多	黑水城	俄罗斯
租赁文书	汉文	1 件	黑水城	俄罗斯
	西夏文	8 件	黑水城	俄罗斯
雇佣文书	西夏文	6 件	黑水城	俄罗斯
交换文书	西夏文	4 件（完整）	黑水城	俄罗斯
抵押文书	西夏文	至少 8 件	黑水城	俄罗斯

（二）西夏商业文书的特点与构成

存世的西夏社会文书种类很多，虽有残损，但所涉经济领域广泛，内容丰富，揭示出西夏多种多样的经济生活。

买卖、典当、借贷、租赁文书中，相当数量都是发生在春季青黄不接的时候，借贷利息高，买卖价格低，甚至还有很多农民生活困苦，不得不出卖土地换取口粮的情况，农民所受盘剥和土地兼并现象严重。人口买卖文书则反映出了西夏社会存在等级阶层，对下层人民残酷压迫、剥削和奴役。

在文书形式上，文字内容多寡不一，签署人员数量不同，一般记述越详尽，签字画押人数越多，违约处罚越重，文书就越重要。

每个朝代的文书构成，都会受到当时的政治、经济、文化等方面的影响。对出土的西夏文书进行整理发现，西夏的商业文书一般包括对于当事人身份、公正和担保、标的物的界定及违约责任等方面，但鲜有类似其他朝代商业文书中关于订立文书原因的叙述。

1. 当事人的身份

当事人的身份是指当事人在社会中、法律上所赋予的独立地位，即具有合法的民事行为能力的主体。

西夏商业文书的主体比较广泛，但仍有一定的限制。以借贷为例，一是妇女直接参加订立契约的权利一般受到限制；二是“私人”①不能随便借贷，只有在实力雄厚的保人为其担保的情况下才被允许；三是子、女、媳、孙、兄弟借贷时必须经过家长或兄弟的允许。

2. 公正和担保

秦汉时期出现了担保人及担保制度，后来被各朝采纳并沿袭和发展。西夏商业文书中出现的“同典人”“知人”“知见人”都属于担保人。担保人一般是借贷人的亲戚、家人或邻居。

3. 标的物的界定

标的物是商业文书中买卖双方共同关注的对象，是文书得以成立的最重要内容。西夏在商业文书确立时，必须明确文书中涉及标的物的来历，以保证标的物来源的正当和真实，明确对该物品的完全拥有及正当的权益，西夏商业文书标的物的来源一般为“自己拥有”“自有”等。

4. 违约责任

违约责任又称罚责，是指双方当事人因种种因素而不按文书规定履行所应承担的义务时应负的责任。

从诸多西夏商业文书来看，违约责任似乎只针对债务人，并不关乎债权人，因此，这是一种公开的剥削和压榨。

西夏社会经济文书多领域、多层次、多角度地反映了西夏的社会经济生活，真实地再现了西夏社会的方方面面，具有珍贵的史料研究价值。

三、西夏商业文书种类与内容

文书的分类因标准而异，本部分以文书内容为主要分类依据，同时兼顾西

① “私人”是西夏社会的最下层，地位介于农奴与奴隶之间，几乎没有多少财产。

夏文、汉文之别，来阐述西夏社会的商业文书研究。

（一）立法类商业文书

西夏文的《天盛改旧新定律令》（以下简称《天盛律令》），是中国历史上第一部用少数民族文字印行的法典，内容包括刑法、诉讼法、行政法、民法、经济法和军事法等，全书共20卷，分150门。[①]其中，《催债索利门》《当铺门》《出典工门》《敕禁门》《他国买卖门》等，对于借贷、典当、买卖等商业活动的原则、双方责任、钱数利息、惩罚措施等方面做出了详细的规定。

例如，《催债索利门》中规定人们可以向官方或者民间借贷，但地位低下的“私人”是不可以借贷的。此外，对于借贷利息、借贷形式、偿还期限、未按期偿还的处罚措施等都做出了规定。《当铺门》中规定了典当的原则、典质双方的责任等。《出典工门》对出典工的对象、工价、法律责任等进行了说明。《天盛律令》的颁布，使得西夏的商业活动有法可依，规范统一，也影响到了商业活动中形成的商业文书的内容与构成。

（二）买卖文书

现发掘出土的商业文书，以西夏文居多，但汉文文书仍占有一定比例，尤其在西夏与其他政权的商业贸易中，汉文文书显示了其无法比拟的通用性。

1. 榷场文书

西夏地处西北，自然环境较为恶劣，很多农作物难以生长。西夏人长期以游牧生活为主，生产力及科技水平低下，诸多日常用品难以满足人们的正常生活需要，使得政府和民众不得不与中原王朝及其他周边国家交换和买卖。因此，西夏的对外贸易尤为重要，政府十分重视与邻国宋、辽、金等边境榷场贸易。

榷场是在两国协商的基础上开设的，可以进行买卖交易的物品和数量由官方规定，交易数量一般较大，是西夏对外贸易的主要形式。榷场文书一般是榷场向政府汇报贸易情况的文件，如交易商品的种类、数量、价格、税收情况等。

---

① 杨积堂. 法典中的西夏文化：西夏《天盛改旧新定律令》研究[M]. 北京：法律出版社，2003：1.

目前发现的西夏榷场文书均为汉文。对外贸易涉及双方，若用西夏文书写，不便于双方交往。汉文在当时民族政权分立时期依然起着通用文字的作用，这种作用是其他民族文字不可替代的。

目前出土的西夏榷场文书（图 6-1）是西夏文《大方广佛华严经》的封套裱纸，为了裱糊方便，对文书进行了大量的裁剪，因而导致没有一件完整的文书存世。经过专家的整理，通过前后逻辑关系，大致可推演出当时的机构设置及买卖税收等情况。

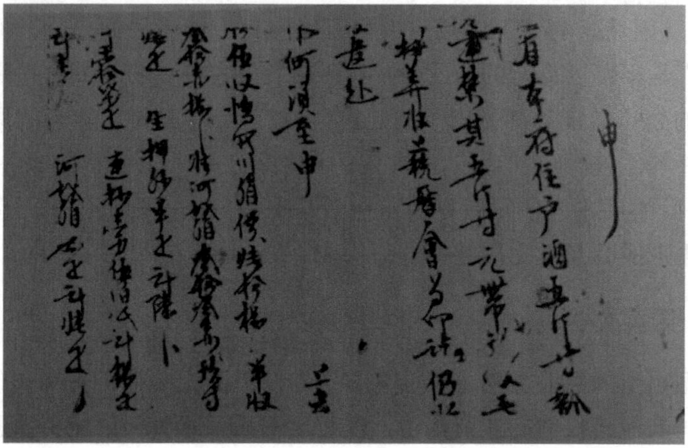

图 6-1　西夏榷场文书

1）榷场文书原文

该批文书经整理共计 15 件，现选取其中较为完整的、具有代表性的文书，录文如下：

壹、Инв. No. 347《榷场使兼拘榷西凉府签判文书》

（1）]匹壹赤染寸伍分[

（2）]壹拾陆匹，计叁拾贰匹，小绢子[

（3）]匹，计肆匹，小晕缬贰匹，计贰[

（4）]叁匹，粗射箭叁班半，计[

（5）]匹，计陆匹，

（6）]带黄褐肆拾伍段、白褐叁段[

（7）]川绢价伍拾柒匹半，收税川绢[

（8）]捌赤，准河地绢壹匹壹拾伍赤[

（9）]计贰匹肆分，笔壹阡伍拾管[

（10）]计肆匹捌分，川绢壹拾叁匹[

（11）]匹半，计壹拾叁匹，紫绮壹[

（12）]计壹匹贰分，大匙筋壹拾玖[

（13）]壹匹，计贰匹。

（14）]状

（15）]正月日，榷场使兼拘榷西凉府签判[①

贰、Инв. No. 307（2-1）《呈状》

]高

]算

] 申

]有本府住户酒五斤等部[

]无违禁，其五斤等元带褐段、毛[

]扭算，收上税历，会为印讫，仍将[

]发遣，赴

]何 须至申 上者[

]伍段，博买川绢价肆拾捌匹半，收[

]叁拾赤捌分，准河北绢叁拾叁赤玖寸[

]肆匹，生押纱半匹计陆分。

]壹拾柒匹，连抄壹万伍伯钱，计捌匹[

]计壹匹，河北绢贰匹，计肆匹[②

叁、Инв. No. 316《呈状》

（1）申

（2）]所有本府住户席智[

（3）]彼出彼出卖，前去博[

① 杨富学，陈爱峰. 黑水城出土夏金榷场贸易文书研究[J]. 中国史研究，2009，(2)：77-99.

② 史金波. 西夏经济文书研究[M]. 北京：社会科学文献出版社，2017：398.

（4）]前来者依准凭由将[
（5）]并无违禁。其智觉等[
（6）]到回货，依利扭算收税[
（7）]回货开坐下项，一就，发[
（8）]乞照作何，须至申[
（9）]柒段，博买川绢价玖拾陆匹，收税[
（10）]贰拾伍赤陆寸，准河地绢壹匹壹拾肆赤[
（11）]姜叁佰柒拾斤，计柒拾肆匹，[
（12）] □壹 拾 贰 斤，计 肆 匹[[1]

2）榷场文书格式

为了加强贸易的主动权，西夏及当时的宋朝、金国都设置了专门的机构或人员来管理榷场，如西夏设有榷场指挥使，并在榷场设税务一职来管理税收。

西夏的榷场文书，是在交易买卖完成后，由榷场使开具的，主要作用是向上级报告买卖及税收情况。开头一般写“榷场使”或者“南边榷场使”，其后为单独的“申”字，可看出该文书是由榷场使发出的。而后对交易的情况，如交易双方的信息、物品名称、数量、是否合法、税收情况进行记载和汇报。文书中一般还会附有货物与缴税清单，最后为年款、画押。

榷场文书的基本格式如下所示[2]：

南边榷场使[或其他]申

准　银牌安排官头子，所有本府[或镇夷郡，或其他]住户某某，将到某某货物依法搜检，并无违禁。上件[货物名]尽出卖了绝[或尽卖]，替头博买到回货，依例扭算收上税，历会印迄，仍将回货下项开坐，一就发遣，赴上司前去。伏乞照会，作何须至申。

上者。

① 杨富学，陈爱峰. 黑水城出土夏金榷场贸易文书研究[J]. 中国史研究，2009，(2)：77-99.
② 杜建录. 黑城出土西夏榷场文书考释[J]. 中国经济史研究，2010，(1)：114-120.

[货物名与税额清单]

[年款]榷场使兼拘榷官西凉府签判[或其他][画押]

3）榷场的管理

榷场贸易是西夏对外贸易的主要渠道，政府十分重视对榷场的管理，并制定了详细的贸易规则。例如，在榷场交易，交易人员进入交易场地必须持有由政府发放的关子和关引，对于交易的重要物资也要有许可文书；买卖活动结束后必须立即返回本国境内；并将榷场贸易分为入境、出境和过境等种类，根据不同类别及交易物品的种类，征收不同税钱；缴税完成持榷场使开具的证明方能返回本国。

在商品经济不发达的初期，榷场交易曾以比物交换的方式来实现。随着西夏国力增强及物物交换的不便，在对外贸易中逐渐开始使用货币。这就使得西夏不仅通过榷场贸易满足了本国人民的生产生活需要，还积累了一定数量的宋朝及辽金的货币，缓解了本国流通货币不足的情况。

在宋、西夏、辽和金等政权并立期间，榷场贸易是边境贸易的主要方式，它与贡使贸易、和市贸易等相互补充，繁荣经济，调剂余缺，促进了各地人民生活水平的提高。

2. 土地买卖文书

西夏的土地买卖文书一般包括买卖土地的时间、耕地数量，以及院落植物、价格违约责任、土地四至等，结尾是立约者及担保人的姓名画押。现已出土的土地买卖文书多在西夏晚期，国势没落，农民生活困苦，不得不出卖土地以换取粮食或金钱。从西夏的土地买卖文书中可以看出，部分农户不是集中居住而是分散在自己的耕地上，反映了党项族以游牧为主的生活习惯。

1）土地买卖文书译文

西夏的土地买卖文书（图 6-2），既有西夏文也有汉文，但以西夏文居多。现已出土汉文土地买卖文书仅一件，即莫高窟出土的《嵬名法宝达卖地契》。文书录文如下[①]：

---

① 刘志月. 莫高窟北区 B59 窟出土《西夏嵬名法宝达卖地帐》研究——兼论西夏土地买卖中的优先权[J]. 河西学院学报，2016，(4)：44-50.

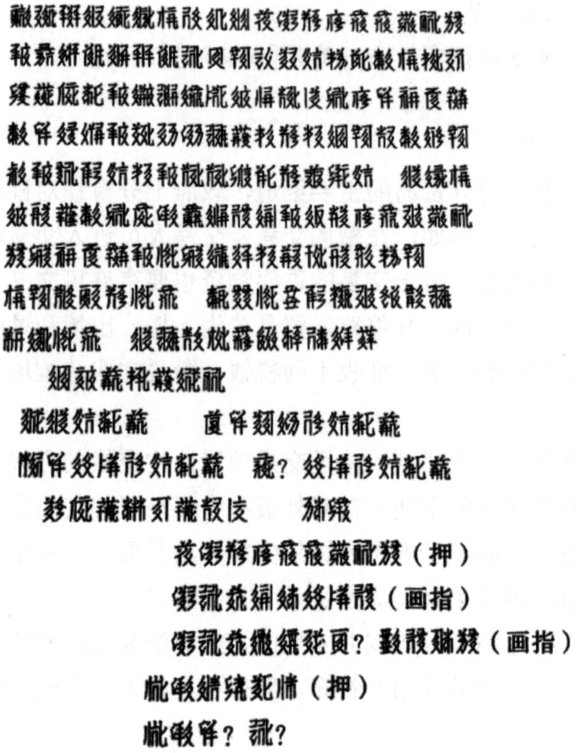

图 6-2　西夏文土地买卖文书

（前残）

1. ］□人嵬名法宝达［

2. ］□举借他人钱债无［

3. ］□今将袒直泉水［

4. ］一日一夜。其地东至［

5. ］渠便水细渠高倍陇［

6. ］道为界，比至园场［

7. ］□酬定价钱市斗小麦［

8. ］他人，先问有服房亲，后问［

9. ］不愿者批退，无词，为凭［

10.]初一日立账目人文字人嵬名法[
11.]账目人长男嵬名嵬[
（后缺）

这件文书虽是残页，但经过多位专家的考证，认为该文书具有一般土地买卖文书的格式，但也有的专家认为此文书中没有买受人及违约责任条款，而将此文书定性为卖地账。

而西夏文的土地买卖文书现存 12 件，其基本形制一致，其中部分文书西夏文译文如下：

壹、Инв. No. 5124—3（4、5）《天庆寅年正月二十九日恧恧显令盛卖地契》（意译）

天庆寅年正月二十九日文状为者恧恧显令盛
等，将自属渠尾左渠灌撒八石种子地一块，及二间
房、活树五棵等，自愿卖与普渡寺中粮食经手者梁那
征茂及梁喇嘛等，议定价四石麦及六石杂粮，
价、地两无悬欠。若其地有官私二种转贷，
及诸人同抄子弟争议时，显令盛管，
那征茂等不管，不仅依原何价所取数一石还
二石，何人反悔变更时，不仅依《律令》
承罪，还依官府规定罚交一两金，本心服。
　　四至界处已令明
东与官地为界　　南与梁势乐酉地为界
西与梁老房酉为界 北与小老房酉地为界
　　有税五斗，其中一斗麦　　细水
　　　　　　立契者恧恧显令盛（押）
　　　　　　同立契弟小老房子（画指）
　　　　　　同立契妻子计盃氏子答盛（画指）
　　　　　知人平尚讹山（押）

知人梁枝绕犬[①]

贰、Инв. No. 5124-3（1）1《天庆寅年二月一日庆现罗成卖地契》(意译)

寅年二月一日立契者庆现罗成，向普渡寺
属寺粮食经手者梁那征茂及梁喇嘛等全部
卖掉撒十石熟生地一块，及大小房舍、牛具、
石笆门、五栀分、树园等，议价十石麦、十石杂粮、
十石糜，价、地等并无参差。若彼及其余诸人、
官私同抄子弟有争讼者时，由现罗成管，
那征茂及喇嘛等不管，谁人欲改变时，不仅
按官府规定，罚交三两金，服，还按情节依文据施行。
四面界上已令明
东界梁老房酉地　　南界梁老房有地
西界恧恧现罗宝地　北界翟师狗地
税一石中有二斗麦

立契者庆现罗成（押）
同立契者恧恧兰往金（押）
同卖恧恧花美犬（画指）
知人梁酉犬白（画指）
知人梁善盛（画指）[②]

叁、Инв. No. 5124-3（2、3）5124-4（1）《(天庆）寅年二月二日梁势乐娱卖地契》(意译)

寅年二月二日立契者梁势乐娱等，今自愿向普
渡寺属寺中粮食经手者梁那征茂及梁喇嘛等
将五石撒处地一块出卖，价议定四石
麦及九石杂粮，价、地并无参差。若官
私两处有转贷时，由势乐娱负责，那征茂及喇嘛
等不管。谁人违约不仅按律承罪，还依官府

① 史金波. 西夏经济文书研究[M]. 北京：社会科学文献出版社，2017：256-257.

② 史金波. 西夏经济文书研究[M]. 北京：社会科学文献出版社，2017：258-259.

罚交一两金。本心服。　　四至界处已令明：

东与恧恧吉祥讹地交界　　南与梁老房酉地交界

西与灌渠为界　　　　　　北与翟师犬地交界

有税七斗，其中一斗四升麦 细水

立契者梁势乐娱（押）

同立契梁势乐茂（押）

同立契每乃宣主（押）

同立契梁老房虎（画指）

知人陈盐双（画指）

知人平尚讹山（画指）[①]

肆、Инв. No. 4194《天庆庚申年小石通判卖地房契》（意译）

天庆庚申年二月二十二日立契

者小石通判，今将自属地四井坡渠灌

浑女木成边上熟生一百石撒处地一块，

院舍等全，自愿卖与梁守护铁，议定

价二百石杂粮，价、地等并无参

差，此后其地上诸人子弟有

任何官私转贷、乱争诉讼者时，按原

已给价一石偿还二石，返还四百

石，若有人反悔时，依官罚三两

金，本心服。　四至界上已令明：

东与不变桔□数求学□□上界 南与官渠为界

西北与与律移般若善原有盛有等地为界

（上部）

先有地一

块是七十五

亩

（下部）

① 史金波. 西夏经济文书研究[M]. 北京：社会科学文献出版社，2017：260-261.

立契者小石通判（押）
同立契卖者梁千父内凉（押）
同立契卖者梁犬羊舅（押）
同立契卖者梁麻则盛（押）
知人梁虎孵子（押）
知人曹庵斡宝（押） 知人移合讹花□势（押）
知人陈犬羊双（押）[①]

2）“先问亲邻”制度

从以上文书内容可以看出，在西夏的土地买卖中存在“先问亲邻”的制度。

先问亲邻制度在唐代即已存在，《通典》载开元二十五年（737年）田地卖买令曰：“凡卖买，皆须经所部官司申牒，年终彼此除附。若无文牒辄卖买，财没不追，地还本主。”[②]土地卖方将征求买主的书面文件等送往亲戚、邻居处，询问购买意见，如果亲邻均不要，则在文件上注明。在所有亲戚邻居均不购买的情况下，土地才可卖给他人。宋朝的土地买卖也承袭了唐朝这一制度，《宋刑统》引“唐元和六年后来条理典卖物业敕文”云：“应典、卖、倚当物业，先问房亲；房亲不要，次问四邻；四邻不要，他人并得交易。房亲着价不尽，亦任就得价高处交易。”[③]西夏参考宋制，在买卖土地时也要“先问亲邻”。

在封建社会，亲戚邻居的土地一般是边界相接的，如果出卖的土地能由亲邻认买则大大方便了土地的管理和耕种，亲邻如不购买才能卖给他人。“先问亲邻”制度在购买顺序上限制了土地的集中流转，一定程度上能抑制地主等的兼并土地现象。

3）土地买卖中的处罚

对于非法买卖，西夏律令也规定了处罚条则，经济处罚与刑事处罚并施。《天盛律令》规定：“诸人有典房舍、田地于他人者，未赎，不许卖与他人。若

① 史金波. 西夏经济文书研究[M]. 北京：社会科学文献出版社，2017：267-268.
② （唐）杜佑. 通典·食货二·田制下[M]. 王文锦，王永兴，刘俊文，等点校. 北京：中华书局，1988：31.
③ 薛梅卿. 宋刑统[M]. 北京：法律出版社，1999：232.

违律卖时，有官罚马一，庶人十三杖。所典处本利钱全部给予，然后允许另卖。若未予本利而卖与他人，本利不至，此房舍、田地当归所典处人所有，本利纳毕而赎时方可卖。”[①]律令还规定：“官私地中治谷、农田监、地主人等不知，农主人随意私自卖与诸人而被举时，卖地者计地当比偷盗罪减一等。”[②]不仅如此，西夏政府还要求土地买卖必须遵循自愿原则，强行购买，也同样要受到经济处罚与刑事处罚。《天盛律令》“租地门”即规定，“诸人卖自属私地时，当卖情愿处，不许地边相接者谓‘我边接’而强买之、不令卖情愿处及行贿等。违律时庶人十三杖，有官罚马一，所取贿亦当还之”。对于土地买卖之时，未及时注册而为租庸草事者，也要受到同样的处罚。“租地门”又规定：“僧人、道士、诸大小臣僚等，因公索求农田司所属耕地及寺院中地、节亲主所属地等，诸人买时，自买日始一年之内当告转运司，于地册上注册，依法为租佣草事。若隐之，逾一年不告，则所避租佣草数当计量，应比偷盗罪减一等，租佣草数当偿。”[③]

西夏政府在允许土地买卖的同时，对其进行严格的控制，买卖文书的确立、违约的惩罚、土地的丈量注册等环节也都有明确的规定。这样严格的管理，增加了政府税收，规范了土地流转秩序，促进了土地的耕种生产，也充分显示了政府对于土地管理的重视。

3. 人口买卖文书

西夏自建国前已经进入封建社会，以西夏皇室为核心的地主、牧主阶级构成了西夏社会的权力中心，西夏社会的普通农民和牧民，以及手工业工匠，构成了社会人口的大多数，但社会中还保留着带有奴隶性质的使军和奴仆。这些人受着极其严重的压迫，不但要从事最繁重的劳动，还失掉了人身自由和起码的人的尊严，可以被当作物品一样买卖。这样一种残酷的、不合理的社会现象，被载入西夏国家法典，成为合理合法的行为。由此，即形成了西夏的人口买卖文书。

1）人口买卖文书译文

现已发掘的人口买卖文书均是西夏文，主要出土自黑水城，收录在《俄藏

① 史金波，聂鸿音，白滨. 天盛改旧新定律令[M]. 北京：法律出版社，2000：413.
② 史金波，聂鸿音，白滨. 天盛改旧新定律令[M]. 北京：法律出版社，2000：495.
③ 史金波，聂鸿音，白滨. 天盛改旧新定律令[M]. 北京：法律出版社，2000：496.

黑水城文献》第十四册。目前被西夏学专家翻译释录的有3篇，对西夏文买卖人口文书最早进行翻译和研究的中国专家是史金波，在其著作和论文中均有涉及，翔实的研究成果为西夏社会文书的研究奠定了坚实的基础。

西夏文人口买卖文书的汉文译文如下：

壹、Инв. No. 4597《天庆未年卖使军契》(意译)
天庆未年三月二十四日，立契者
嵬移软成有，今自属使军五月犬
等二老幼，按文书语，自愿卖与移合讹金
刚盛，价五十石杂粮已付，人、
谷并无参差，若其人有官私诸
同抄子弟等他人争讼者时，软成
有当管，有出言反悔时，按官法依罚交
三十石杂粮，心服，依情状按文书
施行。

立契者嵬移软成有（押）
同立契嵬移软□□
同立契嵬移有子盛（押）
知人药乜□□乐（押）
知人牛离□□ （押）
文书写者□翟宝胜（押）
同立契嵬移女易养（押）
知人□ □ □水 □ （押）[1]

贰、Инв. No. 5949-29《乾祐甲辰二十七年[2]卖使军奴仆契》(意译)
乾祐甲辰二十七年三月二十四日，立
契者讹一吉祥宝，自愿今将自属
使军、奴仆、军讹六人，卖与讹移法

① 史金波. 西夏经济文书研究[M]. 北京：社会科学文献出版社，2017：318-319.

② 注：原文既如此。按，“乾祐”为西夏仁宗李仁孝年号，时间为1170—1193年，共计24年，无“二十七年”。乾祐甲辰年为1184年，即乾祐十五年。此处存疑。

宝，价四百五十贯铁钱已说定。

其吉祥宝原先自领顷主麻勒那征酉为与

无中□衣服手入告□仅□入□

常□□人自四百五十贯铁钱持，正军

手择法宝被检视。价、人等即日先已

互转。其各使军、奴仆若有官私诸人同抄

子弟等争讼者时，吉祥宝管，法宝不

管。反悔时，所属监军司判断，不仅罚交

五百贯钱，其罪还按《律令》判，心服。

男：成讹，年六十；嵬□犬，三十九；□□，二十八

女：犬母盛，五十七；犬妇宝，三十五；增犬 二十三

立契者吉祥宝（押）

同立契子吉祥大（押）

同立契子□□盛（押）

知人每埿慧聪（押）

知人每埿乐军（押）

知人梁晓慧（押）[①]

叁、Инв. No. 7903《皇建午年苏□□卖使军契》（意译）

皇建午年二月三日，立契者

地勿苏足□□，今将自属使军

择价显乐乐□□外地美、

子九月乐、正月成等共四人卖

与同抄讹七金刚酉，价

一百贯钱已议定。若各人有官

私争讼者，或有反悔者等时，

依卖价不仅一贯付二贯，

还依官法罚交五十贯钱，

本心服，依情状按文书施行。

① 史金波. 西夏经济文书研究[M]. 北京：社会科学文献出版社，2017：317-318.

（上方有汉字小字3行，较大字汉文1行）

苏足说□私人一户
四人□转王□和由
价钱一百贯
杨贺好□□□□

（下部仍为西夏文字署名、画押）

立契者苏□□（押）
同立契妻子俯好（画指）
知人、写文书者□□□□（押）
知人□□嵬名□（押）①

2）人口买卖文书的格式

中国历史上人口买卖现象比较严重的是奴隶制时期，奴隶作为奴隶主的私人财产，可以自由地买卖。在封建社会，法律一般是禁止买卖人口的，但是封建阶级的存在，仍然存在一定数量的人口买卖现象，尤其对于没有人身自由的奴婢、部曲等，经常成为买卖的对象。除此之外，在动乱年代，战火频繁，民不聊生，当人们的日常生活得不到保障时，也会发生如卖妻儿或者自己的现象，以挽救亲人或自己的性命。

西夏人口买卖文书与其他买卖文书类似，包含文书订立时间，买卖双方姓名，被卖人口的姓名、数量、价格、所有权、亲邻权的让渡、承担的法律责任，以及交易双方与担保人的名字和画押。

3）西夏法典关于买卖人口的规定

《天盛律令》明令禁止对亲属的买卖，如规定："节下人卖节上中祖父、祖母、父、母等者，造意以剑斩，从犯无期徒刑。"②

然而，从《天盛律令》的条款看，人口买卖的对象为使军、奴仆："诸人

① 史金波．西夏经济文书研究[M]．北京：社会科学文献出版社，2017：320-321.
② 史金波，聂鸿音，白滨．天盛改旧新定律令[M]．北京：法律出版社，2000：128.

将使军、奴仆、田地、房舍等典当、出卖于他处时，当为契约。”①

在西夏社会中，使军、奴仆是社会地位极低的一个阶层，他们没有人身自由，除了自身，甚至连自己的家人都属于主人。使军和奴仆的来源一般有三种：一是战俘或者在战争中掠夺过来的人；二是因犯罪被发配边疆的人；三是破产的农奴等。另外还需要提一下“私人”，“私人”类似于私家的奴隶，同样没有人身自由，社会地位极低，基本等同于使军和奴仆。

买卖人口的价格有高低之别，一般青壮年较老弱高，适龄可以生育的女性价格更高。另外，人口价格还受社会环境的影响，社会安定，为创造更多的劳动价值，价格相对较高；社会动荡，战争频繁，人们的基本生活都难以保障时，价格则相对较低。

这些珍贵的人口买卖文书，既反映出西夏社会人口买卖这一社会现象，又突出地呈现了西夏晚期社会经济和生活状况，揭露了西夏阶级社会残酷压迫、剥削的面貌。

4. 粮食买卖文书

在出土的西夏各种买卖文书中，粮食买卖文书数量很少，并且由于残损严重难以辨识。其中藏于中国国家图书馆编号010（7. 04X-1）的一份卖粮文书，有草书13行，虽有损坏，但内容基本可辨，译文如下②：

五月十六　日郝氏□□麦糜四斗[
　　　八月八日一贯二百来
五月十日祁氏舅舅安糜五斗[
五月十一日西普小狗那糜四斗[
六月四日张氏犬乐一贯借九[
五月十六日贾乌鸠麦二斗价四（百）[
　播杯般若宝　　麦斗价[
五月十六播杯般若宝麦三斗价[
五月十一日□□小狗七斗糜价一贯[

① 史金波，聂鸿音，白滨. 天盛改旧新定律令[M]. 北京：法律出版社，2000：390.
② 杜建录，史金波. 西夏社会文书研究（增订本）[M]. 上海：上海古籍出版社，2012：167.

五百来　又五百来

五月十一张经乐、经斗麦糜一石[

八月八日[

八月[

这件粮食买卖文书，包含卖粮日期、双方姓名、粮食品种和价钱，但各行多不完整，有的缺粮数，有的缺价钱。文书中只有第六行、第九行的粮、价大体保留，第六行“麦二斗价四（百)”，第九行“七斗糜价一贯”。二斗麦价等于或超过 400 钱，由此我们可以推断当时麦价在 200 钱左右。糜比麦价钱低，七斗价钱等于或超过一贯，当时一贯约 750 钱，每斗糜价在 150—200 钱。

此件残损卖粮契反映了西夏社会的重要内容，即西夏的粮价。中国国家图书馆另藏有一份西夏卖粮契，012 号（7. 04X-3），因其残损过甚，人名、日期、粮食数量和钱数，但文意已难连贯。所以，这份信息相对完整的粮食买卖文书显得尤为珍贵。

（三）典当文书

典当，是指以一定财物为标的物质押贷钱的行为。中国的典当业出现得非常早，在南北朝时期，一些寺院就已开始经营典当业。《南史・甄法崇传》中记载：“法崇孙彬。彬有行业，乡党称善。尝以一束苎就州长沙寺库质钱，后赎苎还，于苎束中得五两金，以手巾裹之，彬得，送还寺库。”[①]《辞海》中将典当解释为“旧中国以收衣物等动产作质押，向劳动人民进行放款的高利贷机构”[②]。典当行业的出现，对于缓解借贷困难、促进资金商品流通等有重要作用。

西夏虽然地处西北，经济发展水平落后于中原地区，但经过长时间的发展与积累，尤其是建国后社会制度及国家法律的不断完善，其社会经济逐渐繁荣，为典当业的发展提供了经济基础。国内商业、对外贸易的繁荣，以及货币的铸造和使用都推动了西夏典当业的发展。

---

① （唐）李延寿. 南史・甄法崇传[M]. 北京：中华书局，1975：1705.

② 辞海编辑委员会. 辞海[M]. 上海：上海辞书出版社，1979：666.

1）典当文书译文

在出土的西夏文献中，典当文书数量较多，典当标的物既有皮球、牲畜等动产，也有房屋等不动产，此外，还有典劳动力的。因典当文书数量较大，本部分仅选取其中几个信息较为全面的典当文书，译文如下：

壹、英藏 Or. 12380-3881《西夏天庆年间裴松寿典当契》

18[天庆十]三年三月廿一日立文字人

19□单一长二十四于裴松寿处典到大麦[

20 本利四石五斗其典不充限当年八月一日[收]

21 一并收赎如限日不见收购[借典]□一任出[

22 立文字人梁内背埋（画押）

23 知见人苏能粟（画押）　同典人梁遇汆粟（画押）

24 书契知见人李惠清（画押）[①]

贰、俄藏 Инв. No. 7779C 号《典田地文契》

一　　　南至□□□地为界

二　　　西至□□□地为界

三　　　北至道□□地为界

四右前项田地四至□地一并[

五□□若典已后或有

六□中宗亲两府□道端王[

七房亲父伯兄弟先来已经[房][

八来房以及先□□处书□[

九典卖□乱有□占挤撄，□[

一〇□不干钱主事，一面典人

一一同典人等代□所有典田地

一二□钱依数还纳与钱主，不词。□[

一三□承□罪□□，恐人无信[[②]

① 李晓明，张建强. 英藏黑水城文献中一件西夏契约文书考释[J]. 西夏研究，2012，(1)：52-57.

② 杜建录，史金波. 西夏社会文书研究（增订本）[M]. 上海：上海古籍出版社，2012：252.

2）典当文书反映出的社会背景

从出土的典当文书中可以看出，西夏典当的标的物多为畜牧业产品，所借贷物品又以谷物粮食为主。

西夏是以党项羌为主的多民族王朝，其中游牧民族占大多数。同时，西夏地处西北，自然条件不宜农作物生长，但有多处优良牧场，适合畜牧业的发展。因此在西夏社会经济中，以畜牧业为主但农业生产水平有限。反映在典当业中，则是典当标的物以皮裘、毡帐，乃至骆驼、马等畜产品居多，而典当的目的是借贷粮食。这反映出了西夏经济发展的不平衡，以及在一些偏远地区比物交换的大量存在。

3）《天盛律令》中的典当制度

西夏虽然在政治、经济、文化等领域的发展繁荣程度不如中原王朝，但在典当法令的颁布实施方面，取得了令人瞩目的成就。西夏政府在国家法典《天盛律令》中，为典当业制定了详细的行为准则，并单独列为“当铺门”以表重视。这一措施不仅能有力地规范和促进当地典当业的发展，对于健全完善中国古代法制内容也具有非常重要的意义。

首先，对标的物的限定。一是严禁使军将妻子、子、女、媳、姑、姊妹等妇人自行典押他人；二是禁止私自质典官属物和军器装备；三是禁典父母偿债。

其次，对债权人行为的规范要求，即禁止当铺收典盗物，不得肆意出卖标的物。

最后，遵循双方原有的约定。“典当时，物属者及开当铺者二厢情愿，因物多钱甚少，说本利相等亦勿卖出，有知证，及因物少钱多，典当规定日期，说过日不来赎时汝卖之等，可据二者所议实行。”[①]当没有明确约定赎物日期，且累计利息已与本金相等，物品所有者不来赎回物品时，当铺可变卖物品。若“本利不等”，且“此后无语量，不问属者，不准随意出卖”。否则将依据标的物的价值对当铺予以惩处，“物价在十缗以内，有官罚马一，庶人十三杖，十缗以上一律徒一年”。[②]

① 史金波，聂鸿音，白滨. 天盛改旧新定律令[M]. 北京：法律出版社，2000：186.

② 史金波，聂鸿音，白滨. 天盛改旧新定律令[M]. 北京：法律出版社，2000：188.

债权人还要妥善保管标的物，若有损毁当铺要依法予以赔偿。禁止恶意将典工出力人殴打致死，若典押出力人意外死亡，则当告知其主人。此外，还有对官办当铺管理者的行为规范。

而对债务人的行为规范，则包括禁止偷盗他人财物典当；所典田宅未经赎回，不得转卖他人；禁止债务人单方面毁约，不得偷盗典当文契等。债务人作为典当行为发生的主动方，其是否有权将所持有财物典当，是一个至关重要的问题。对债务人的行为加以规范，一方面有助于维护典当秩序，另一方面对保护其他财产相关人的合法权益亦有重要作用。

（四）借贷文书

借贷关系，是人与人之间经济关系的一种，在人类经济生活中长期存在，对人们彼此之间调剂资源余缺，促进资源流动和有效配置有重要的作用。在古代，借贷与典当的主要不同之处在于是否有实际物品，借贷没有实际的物品，凭信用或担保等进行借贷（图 6-3）。

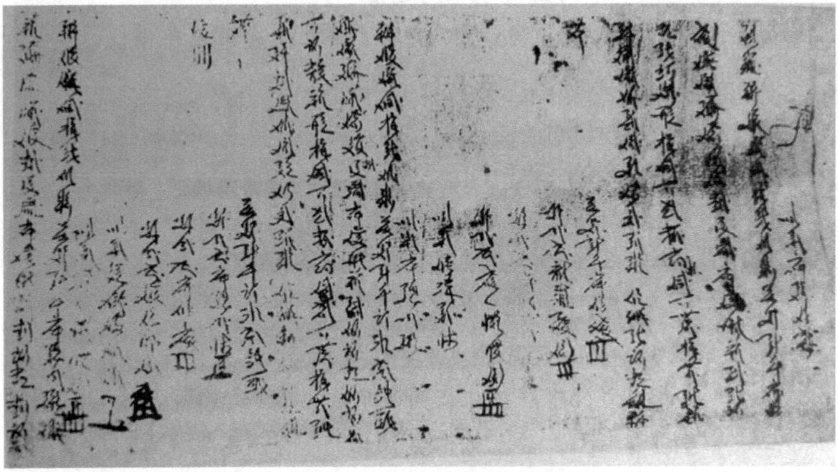

图 6-3　天庆寅年贷粮契

借贷分为无息借贷和有息借贷，西夏的借贷多是有息借贷。谷贷与钱贷是西夏高利贷的基本形式。一般来说，商品货币经济比较薄弱的边远地区以谷贷为主。

现已出土的西夏借贷文书数量较多，现选取几篇译文如下：

壹、俄藏 Инв. No. 7779A 《西夏天盛十五年王受贷钱契》
一]□将本利钱不见交还之时，一面同□[
二]□物色一任称折不□出卖前去
三]盛癸未十五年正月十六日立文字人[
四]今于古夅赵国处取到课钱壹[
五][贯]文，每贯日生利□□，每夜送壹贯[
六]壹佰三拾夜[满]，如若少欠□在[
七]行交还之时将[罚]取并正契家资[
八]□一面一任克值还数足，不词。恐人[
九]□只此文契为凭
一〇　　　　立文字人王受
一一　　　　同立文字人小受
一二　　　　同立文字人周遇僧①
一三[贰、俄藏 Инв. No. 7779B　《西夏天盛十五年借钱账》
A. 一　　[天盛癸未十五年][
二　　令胡阿典借[
三　　天盛癸未十五年十[
B. 一　　]八日收，现有钱伍贯文
二　　]赎经叁贯文，一限收钱肆佰肆拾文
C. 一　　][月]十日立文人（押）②
叁、俄藏 Инв. No. 7779E　《贷钱契》
一　　]贰拾文，限陆拾伍夜为满
二　　]□逃不□，其人无信契只此
三　　（押）　（押）　（押）　（押）③
肆、Инв. No. 4762-6　《天庆寅年贷粮契》（意译）

① 杜建录，史金波. 西夏社会文书研究（增订本）[M]. 上海：上海古籍出版社，2012：187.
② 杜建录，史金波. 西夏社会文书研究（增订本）[M]. 上海：上海古籍出版社，2012：189.
③ 杜建录，史金波. 西夏社会文书研究（增订本）[M]. 上海：上海古籍出版社，2012：190.

天庆寅年（1194）正月二十九日立契约者梁功
铁，今从普渡寺中持粮人梁任麻等处借十石
麦、十石大麦，自二月一日始，一月有一斗二升利，
至本利相等时还，日期过时按官法罚交十石麦，心服。

立契约者功铁（押）
相接契子般若善（押）
相接契梁生□（押）
相接契口恧口恧禅定善（押）[①]

（五）租赁文书

在出土的西夏商业文书中，买卖、借贷、典当文书占据了绝大部分，租赁文书很稀少，其中，西夏文租赁文书基本为租地文书，与土地买卖文书类似，需写明时间、买卖双方、地块边界、租地价格、相关人物画押等。

而汉文租赁文书，现只发现“李春狗等扑买烧饼房”一件，其信息完整，具有重要的历史文献价值。“扑买”虽有“买”的性质，但实际上是一种租赁制度。“扑买”也称作“扑”，是中国古代一种承包经营方式，唐代后期开始出现，北宋时期得到普遍推广，不仅在经济发达的东南实行，而且扩大到西北沿边。古代的扑买类似于现代社会的竞标：官府提前半年左右在闹市等人流密集的地方张榜，限时承买，申请购买的人要写扑买状并交到专门的管理机构。限时期满，开验扑买状，出价高的人才能承买。如果有价格相同的，则依据投状时间决定承买权；如果后投状的愿意加钱，则问先投状的人，出价高者承买。承买者定好后要张榜公示。

需要特别说明的是，历史上的扑买是政府经济行为，而文书中的这一扑买则是民间经济行为，并没有完备的竞标扑买制度。尽管如此，文书中的扑买行为，在西夏乃至中国经济发展史上是有其特殊意义的，它反映出了社会经济关系产生的变化，填补了中国古代租赁史、社会史等诸多领域的研究空白。

---

① 杜建录，史金波. 西夏社会文书研究（增订本）[M]. 上海：上海古籍出版社，2012：139.

以下是西夏“李春狗等扑买烧饼房”的录文（图 6-4）[①]：

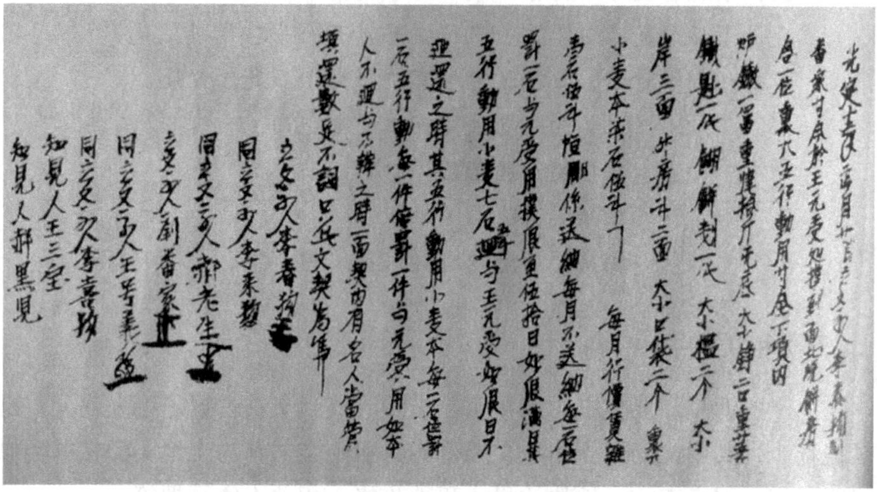

图 6-4　李春狗等扑买烧饼房文书

1 光定十二年正月廿一日立文字人李春狗、刘

2 番家等，今于王元受处扑到面北烧饼房

3 舍一位，里九（就）五行动用等全，下项内

4 炉鏊一富（副），重肆拾斤，无底。大小铮二口，重廿五斤，

5 铁匙一串，胡饼划（铲）一串，大小槛二个，大小

6 岸（案）三面，升房斗二面，大小口袋二个，里九（就）

7 小麦本柒石伍斗。　　　　　　每月行价赁杂

8 壹石伍斗，恒月系送纳。每月不送纳，每一石倍

9 罚一石与元受用。扑限至伍拾日。如限满日，其

10 五形动用，小麦七石五斗，回与王元受。如限日不

11 回还之时，其五行动用、小麦本每一石倍罚

12 一石。五形动每一件倍罚一件与元受用。如本

13 人不回与不办之时，一面契内有名人，当管

14 填还数足，不词。只此文契为凭。

① 郑学檬，杨际平，陈明光，等. 中国经济通史（第四卷）[M]. 长沙：湖南人民出版社，2002：326-327.

15　　立文字人李春狗（押）
16　　同立文字人李来狗
17　　同立文字人郝老生（押）
18　　立文字人刘番家（押）
19　　同立文字人王号义（押）
20　　同立文字人李喜狗
21　　知见人王三宝
22　　知见人郝黑儿

（六）记账文书

西夏文书中除有很多买卖、借贷文书等直接反映商业贸易的文字记载外，还有一批关于商业买卖的记账类文书，它们也反映了西夏商贸的情况。这些文书不仅是贸易个案的记录，还是集体买卖行为的具体体现，可以更为深刻地透视西夏贸易的情形。

有关西夏商贸的文书，有买卖物品账、买卖价钱账、粮价账、贷粮账、贷粮利账、买卖税账、钱物账、财务统计账等。其中买卖物品账，目前发掘出土的有卖粮账、卖牲畜账、卖酒账、卖绢帛账、卖油账、卖毡账等。从这些残破的账目中，可以推算出当时的物价，并从中窥探当时西夏的农业、商业、畜牧业及人们的日常生活。

在出土的诸多账目中，发现了数量较多的酒钱账。在西夏，酒是国家专卖商品，要征收酒税。酒也是西夏人民重要的生活物品，账目中记载的买酒人名包含党项族、汉族等姓氏，可见当时饮酒之风盛行。在黑水城出土的多件酒钱账，账目包括买酒人姓名、买酒的价钱及数量，支付方式等。支付一般分为两种，即现付和赊账，如果赊账则要付出高于现付的价钱，同时还要记明担保人。

西夏买卖都要纳税，商业税成为农业税以外政府主要的收入来源。根据交易物品的种类和数量要缴纳不同的税额。黑水城出土的买卖税账，涉及的有日用品、牲畜、土地、买卖的使军和奴仆及黄金等贵重物品。税账一般载有买者姓名、买卖的物品、数量、价钱及税额，其中缴税多用粮食，有的是大麦，有的是麦。

此外，在西夏的各种商业活动中，也产生了相对应的记账文书，如借贷活动中的贷粮账、买卖活动中的卖地账等。这些账目往往是多笔集中记在一起，可以看到借贷、买卖的规模，利息的比率等，也显示出了更多、更集中的经济信息。

（七）雇佣文书

西夏的雇佣文书包括雇工契和雇畜契。雇工契是受雇者向雇主提供劳动力从事某种工作，由对方提供劳动条件和劳动报酬的契约；雇畜契是缺乏畜力的人向牲畜主人租雇牲畜的契约。

社会雇工是社会经济生活中一个重要问题。中国的雇工由来已久，但在传统的历史文献中，几乎没有记载古代的雇工契。留存于世的古代雇工契都是近代出土的文书，如汉简中保存的汉代雇工契约，新疆吐鲁番出土的魏晋南北朝时期的高昌雇工契，吐鲁番和敦煌出土的唐、五代时期的雇工契，敦煌出土宋代前期雇工契，等等。

雇工契数量极少，目前仅发现一件较为完整的黑水城遗址出土的雇工契，即《Инв. No. 5949-32 光定卯年腊月雇工契》。

文书译文[①]：

> 光定辰年[②]腊月五日，立契者播杯犬
> 粪茂，今自愿到为宁离青□处，自
> 正月一日起至十月一日九个月出雇
> 工，力价五石中二石现付，秋上
> 三石，夏衣三丈白布。自己种五斗
> 二升杂粮、三斗麦，明确有。犬粪茂当努力出工。
> 其无谎诈、推诿，若任意往行，忙日旷工时，一日
> 当还二日。工价末所剩遗数十月一日
> 不还给，一石当还二石。谁反悔改口时，

① 史金波. 西夏经济文书研究[M]. 北京：社会科学文献出版社，2017：350-351.

② 注：原文为“辰年”，根据前后文叙述，笔者认为此处有误，应为“卯年”。

按官法罚交五石杂粮，不仅本
心服，还依情节按文书所
记实行。　　立契者犬粪茂（押）
　　知人千玉吉祥酉（押）
　　知人麻则犬男（押）
　　知人杨那证增（押）

这件雇工文书包括立契时间、雇工、雇主、雇佣时间、工价、雇工要求、违约和反悔处罚，以及立契人和证人的签名和画押，具有完整的契约形式。

雇畜契的形制也与西夏时期其他契约大体相同，但因其不似买卖契约是绝卖契约，属于雇租性质，因此在时间的叙述，违约处罚的规定等方面往往简化。现已发现西夏雇畜契有五件，为西夏文，出土于黑水城，现选取其中一件信息较为完整的雇佣文书，其译文如下①：

俄藏Инв. No. 5124-3（6）　天庆寅年雇畜契
同日，立契者尼积力仁有及梁铁盛
等，今将梁喇嘛属生用二牛及一全齿黑牛等
雇用，力价三石五斗麦及一石二斗杂已议定，日
期八月一日聚集力价给付。日过时一石付二石，
原畜等亦当付。服。
　　立契者积力仁有（押）
　　立契者梁长寿盛（押）
　　立契者梁铁盛（押）
　　知人嵬名隐藏有（画指）
　　知人平尚讹山（画指）

这份文书以“同日”开头，是因其前附有一件卖畜契，雇畜契所租赁的牲

① 史金波. 西夏经济文书研究[M]. 北京：社会科学文献出版社，2017：364.

畜，正是刚刚从贫困缺粮的农民手上购买来的。农民因急需口粮不得不卖掉牲畜，所需畜力再行租赁，这样虽然暂时解决了粮食不足的燃眉之急，也可补偿畜力不足，但却丧失了该买卖牲畜的所有权。这种现象在其他的买卖、租赁文书中也有记载，反映出西夏社会中对农民的盘剥和压迫。

（八）交换文书和抵押文书

西夏文契约中还有一类是双方交换牲畜，并在价钱中明确牲畜质量较差的一方需要补偿对方粮食等物，这类换畜契也可归入卖畜契一类，但比单纯的卖畜契要复杂。

现有西夏文换畜契四件，其中一件信息完整的交换文书，译文如下[①]：

俄藏 Инв. No. 4195 天庆午年换畜契
天庆午年正月十日，立契者没移铁
乐，将原自属一全齿花牛与梁守护铁讹
一全齿白牛互换，白牛增加一石杂
粮。畜谷各自并无悬欠。若畜谷有
官私同抄子弟其余诸人等诉讼者
时，铁乐管。个人有反悔不实时，
罚交二石杂粮。本心服。
立契者铁乐（押）
同立契儿子盛铁（押）
同立契儿子显令（押）
知人吴隐藏山（押）
知人移契老房（押）

西夏的牲畜互换只能在民间进行，即私畜换私畜，决不涉及官畜。现已出土的几件换畜文书的形成时间基本都是青黄不接的季节，缺粮可能是换畜的主要原因。

① 史金波. 西夏经济文书研究[M]. 北京：社会科学文献出版社，2017：370.

除此之外，出土的西夏文书中，还有一类借贷抵押文书，有的农民在借贷粮食的同时，抵押自己的牲畜或者其他财产。这是比贷粮契约更为复杂的借贷抵押行为，文书中规定，若不能按时还付粮食和利息，则以抵押的物品抵债。前述单纯的贷粮文书中，若到期还不上本利，则要罚粮，但如果借贷者当时真凑不出粮食，其实罚粮也同样难以交出。而贷粮抵押文书则不同，这种有抵押的借贷使得收回本息有了相对切实的保障。

从以上论述可以看出，在中外学者的共同努力下，西夏社会的商业文书发掘取得了丰硕的成果，买卖、典当、借贷、租赁文书均有发现，其中典当文书占据了相当的比例。从这些商业文书中，我们可以窥探出西夏的商业发展及社会现象，且其成为研究西夏商业、社会、人口等的珍贵资料。

第二节　辽金商业文书

在中国古代史研究领域，辽代和金代的史料相对匮乏。现已出土或留存的石刻、壁画、陶瓷器、历史文献资料等，直接记载或呈现商业文书的内容相对罕见，我们只能从相关的内容中总结出片言只语。但相对而言，也使得辽金的商业文书具有潜在的研究空间，需要专家学者倾注心力，将辽金研究推向新的发展阶段。

一、辽金商业文书存世稀少原因

西夏、辽、金都是少数民族政权，相对于丰富的西夏商业文书，辽和金存世的商业文书却较为罕见，这与辽和金的民族习惯、文字使用情况、政治体制等有关。

契丹和女真是起于松漠之间的游牧民族，逐水草而居，重武轻文，商业交换并不十分发达。在其政权存在期间，对内需镇压反叛，对外要应对其他政权的侵扰，这使军事成为国家发展的重点，商业没有得到政府的重视。

文字是商业文书存在的基础。在文字方面，辽和金在成立后都参照汉字发明了自己的文字，自上而下地颁布政令并予以推行。但其文字体系比较复杂，辽有契丹大字和契丹小字，金有女真大字和女真小字，两套文字并行使用，给文字的推行和使用带来了诸多不便。而西夏文字仅有一套，并且有配套的诸多字典辞书，不仅有《文海》这样的形、音、义词典，还有西夏文-汉文双解词典——《番汉合时掌中珠》，以及以声分类、以韵分类的大型字典、同义词典，音韵表及用于启蒙教育的杂字等，这对西夏文的推行、使用和规范化起到了重要作用；而辽并没有存世的语言学习工具书，并无一部可以直接对译的书籍，金仅存一部《华夷译语》，但书中谬误颇多，字典工具书的缺少也使得契丹文字和女真文字的学习十分困难。

政治体制上，辽和金都是由一个个原始松散的部落组成的联盟，而西夏早期作为唐朝州道县行政管理性质的地方政权，采取的是唐朝的政治体制，权力相对集中，层级分明。辽、金分散的政治体制为文字、商业政策的推行，以及商业活动的发展带来了一定的障碍。

此外，迄今辽和金的考古发现也相对较少，主要集中在碑刻、墓志等方面，并没有类似于西夏文书这样集中的黑水城文献出土。由此，使得存世的辽金商业文书罕见。

二、辽代商业文书

辽是契丹族在我国北方地区建立的政权，自 907 年太祖耶律阿保机始建，至 1125 年天祚帝耶律延禧，共历九帝，政存存续 200 年有余，几乎与五代、北宋相始终。

（一）辽代商业概况

建立辽的契丹族，原是以车帐为家，逐水草放牧的游牧民族。草原城市是在辽建国前后出现的，契丹统治者通过改造旧城、新建城镇等方式，建立起了一个个城镇。

城市的繁荣为商业的发展提供了有利条件，辽代的五个京城（上京、中京、东京、南京和西京），以及其他州县的建立，为经济交流提供了基础条件，大部分的商业贸易中心都是以城市为依托的，城市内一般有列肆、市楼、作坊和供商贩居留的馆驿，还有晨市和夕市。辽代城市商业虽然也向平民提供一些生产生活用品，但其主要的服务对象是官僚和贵族。

另外，辽代的榷场贸易也比较活跃，尤其在“澶渊之盟”之后，辽宋政权均设置了多处榷场，通过榷场贸易，辽取得了牲畜、绢帛、人参、金属、瓷器、茶叶等，多方位地满足了国内统治者及居民的需要，大大促进了经济的交流。除了宋，辽同西夏的榷场贸易也较为活跃。榷场贸易虽然交易数量很大，但仍未能满足各民族人民的生产生活需要，因此在边境上除了榷场贸易，私人贸易、走私贸易也极为盛行。

除此之外，契丹和辽境以外其他民族也在商业等方面存在往来关系，如辽统治者和吐蕃、回鹘的统治者之间有和亲关系，互派使节，来往频繁，贡使贸易也具有一定的规模。

（二）辽代土地买卖文书

虽然辽政权的商业发展相对也比较活跃，但限于辽代文献的发掘和遗存，所见商业文书并不多见。现有几件商业文书均为土地买卖文书。而对于典当、借贷、租赁文书，虽在传世的石刻、壁画、文献中可以看到相关的反映或者记载，但均是描述记录，目前并未发现严格意义上的商业文书。

其中两件土地买卖文书如下。

1. 清宁七年（1061年）许员外卖地券

咸雍元年（1065 年）的《弥勒邑特建起院碑》碑文末尾有一段含有土地买卖内容的文字，学术界将其称为《许员外卖地券》。该文内容如下：

> 今卖自己在京宣化坊门里面街西小巷子内空闲地。内有井一眼，槐树两株。东邻、南邻、西邻、北邻。[①]

这一段文字记载的是清宁七年（1061 年）买许员外的土地以建归宁寺的事情，其中所说的“京”指的是燕京城。

2. 大康四年（1078年）《谷积山院读藏经之记碑》

《谷积山院读藏经之记碑》也有一段反映了辽代的土地买卖问题的文字，

① 向南. 辽代石刻文编[M]. 石家庄：河北教育出版社，1995：326.

原文如下：

> 乃将县北公村别墅一所，田土园林约近陆柒顷，庄院房舍依旧住佃。掳所收地利斛粟果实等，并元买券契，共壹拾陆道，并分付院，同常住收附，以充逐岁莶流蒲塞之费。约曰：若僧徒不怠，经课无阙，及不别将货卖典质他，后子孙无得取索，苟或反此，取之可也。[①]

从这份文书中可以看出，该村张文绚赠送给寺院六七顷土地，并包括“县北公村别墅一所”在内，土地面积之大，可见当时应该是有地主存在的。从“元买契券”可以看出，这片土地是通过买卖的形式得来的。而“住佃”“所收地利斛粟果实”等语可以推测，赠予之前此地出租。而文末的约定，即僧徒不可将赠送的土地庄园售卖典当，则一方面反映出这片土地是信徒敬献给佛的，禁止变卖；另一方面反映出在辽代当时的土地买卖典当活动是比较普遍活跃的。

在出土的辽代土地买卖文书中，一般下列信息比较明确。例如，土地的归属、位置、大小、四至、附属物等，但与西夏的土地买卖文书相比，买卖双方的姓名、价钱等却极少提及。例如，《许员外卖地券》开头便交代了土地为自己所有，保证了土地交易的合法性。文字末尾载有四邻的姓名，明确了土地的边界。与西夏土地买卖文书一致的是，土地上的附属物要明确记载，如院内树木、水井等。

与以往土地买卖文书较为不同的是，辽代出土的这些文书中，没有明确记载土地的所有权让渡及土地的价格。原因之一可能是立碑时间晚于土地买卖时间，该片土地的归属权已尽知，如《许员外卖地券》，立碑时间是咸雍元年（1065年），土地买卖则发生在清宁七年（1061年），几年间当地应当已明确土地归寺院所有。另外还有一种可能，就是遗存文书并不完整。与西夏同类文书相比，内容简单、格式简化，现存文字可能只是原文书的一部分。关于土地价格，其他的石刻文书中大多也并未涉及，大致可以推断，将土地买卖刻于石碑之上，主要目的并不是记载买卖交易，而是明确土地的所有权。

除此之外，辽代的土地买卖文书中，几乎没有政府参与的记载，说明辽代的民间土地买卖十分普遍，四邻公认则可认定土地买卖的合法性和所有权归

---

① 向南，张国庆，李宇峰. 辽代石刻文编续编[M]. 沈阳：辽宁人民出版社，2010：165.

属，而且地方政府对于这种买卖行为是认可的。

通过对其他辽代土地买卖文书的整理，可以看出农耕经济比较发达的幽云十六州地区土地买卖十分频繁。这里所说的频繁是相对辽国境内其他地区而言的，与当时的南宋土地交易的频率则是难以比肩的。辽代的土地买卖文书大多附于碑文、墓志之后，相对于西夏的土地买卖文书，内容简略，格式简单，主要目的是明确土地的所有权。土地的买卖一定程度上造成了土地兼并的后果，使得某一社会阶层兴起并壮大，这给辽的经济、政治、社会势力等方面也带来一定的影响。

三、金代商业文书

金是中国历史上由女真族建立的封建王朝。1115 年完颜阿骨打称帝，1234 年金政权在南宋和蒙古南北夹击下覆亡。

（一）金代商业概况

金政权刚刚建立之时，各地商业发展极不平衡，很多地方还没有市场，买卖交易采取“以物易物”的方式，并没有货币。随着农业、手工业等的发展，兴起了部分新的商业城市，与此同时，统治者还恢复了一些原来比较发达的城镇。城市的发展促进了商业的活跃，当时的上京会宁府、中京大兴府等都是繁荣的商业城市，城市内买卖、典当等行业均形成了一定规模。

除了境内贸易，金还建立了很多榷场，以加强与西夏和宋之间边境榷场贸易往来。榷场贸易同样受到政治、财政、军事因素的影响，双方相互依赖又相互防范，必要时会通过贸易来进行斗争，一般和平时期榷场贸易繁荣，战争时期则交易紧张甚至是关闭榷场。榷场贸易之中买卖的物品多为生活用品，奢侈品所占比例不大。金向南宋输出的主要是盐、皮革、纺织品等；南宋向金输出的主要是茶叶、水果、木棉、药材、砂糖等。金向西夏输出的主要是铁、纺织品、钱和军器等；西夏向金主要输出的是马匹等牲畜。

除了官方承认的榷场贸易，走私贸易也一直存在并难以禁绝。人们对日常物品需求量巨大，在利益的驱使下，官僚权贵、军事将领及海盗等不惜铤而走险，采取巧立名目等方式参与走私。缉私之人即走私之人，使得虽政府屡下禁令，但走私几乎从未停止。

除了正常的物品买卖，在金代也存在人口买卖的行为。“当时云中就是人口贩卖和集聚的主要地方。”[①]借贷和典质行为也较为普遍。并且出现了中国历史上最早的典肆规则：“凡典质物，使、副亲评价直，许典七分，月利一分，不及一月者以日计之。”[②]金代出贷品目有谷物和钱两种，计息办法分年息、月息和日息。金代的土地分为官田和民田两种，官田不能买卖，民田可以出租或典质与人。

（二）金代买地券

现已出土的金代遗存中，由于材质的易保存性、不易损毁性，商业文书主要为石刻买地券。

买地券是置于墓葬中的土地买卖文书，材质主要是铅、锡、玉、石、砖、铁、木等，也有极少数书写在纸上，但保存期较短。买地券内容主要包括土地买卖的时间、墓地四至、墓地主人、买卖价格及证明人等。文字一般书写或者镌刻在选择的文书载体上。其中砖、石质者多为镌刻，而陶、瓷质者则用朱砂或墨书写，其上涂以透明釉，或用彩釉书写，以防字迹脱落。买地券是一种象征性契约，是墓地主人的随葬品，目的是保证死者和墓地的所有权不受侵犯，并祈祷保佑死者和生者平安无虞等。

随葬性质的买地券，始于东汉，终于明清，存在时间为 1700 多年。在目前的考古发掘中，10—14 世纪的宋金买地券数量较多，其中金代出土的较多，约有 30 件，可见宋金时期，买地券尤为流行，并且形成了大体固定的格式。

本部分选取了三份具有代表性的买地券作为研究对象，它们的特点：一是目前所见金代较早一块买地券全文；二是券文最短者；三是券文较长者。具体如下：

壹、天眷元年《冯三翁买地券》

维南赡部州怀孟州

长官冯汝楫伏为曾祖冯三翁，奄逝在于浅土，未卜茔坟，自心忧思不遑所厝，遂于本州河内县旧居冯封村正北偏西旧祖茔坟西南方，龟筮协从，择此高原，相地袭吉，堪为宅兆。立契券谨用钱九千九百九十九贯文，兼五彩信币，买地一段，南北长二十步，东西阔十七步五厘。东至青龙，西

① 张博泉. 金代经济史略[M]. 沈阳：辽宁人民出版社，1981：84.

② （元）脱脱，等. 金史・百官志三[M]. 北京：中华书局，1975：1320.

至白虎，南至朱雀，北至玄武，内方勾陈，分掌四域。丘丞墓伯，封部界畔，道路将军，齐整阡陌，致使千秋百载，永无殃咎。若有干犯诃禁者，将军亭长缚付河伯。今备牲牢酒脯、百味香新，共为信契，财地交相各分付，工匠修茔安厝，已后永保安吉。知见人岁月主，保人今日直符。故气邪精，不得忏吝，先有居者，永避万里。若违此约，地府主吏自当其祸。葬主内外存亡，悉皆安吉。急急如女青律令。

戊午年十月二十二日安葬大吉利。①

贰、大定十五年《王吉买地券》

进义校尉。

维大金河州廓下寺家店居住王吉于二月二十日殁故，自辨净财，修砖堂一所，卜宅兆四月二十二日迁葬。东至青龙，西至白虎，南至朱雀，北至玄武。见从时寿命延长，亡过者早达西天之路。乙未大定十五年四月日。

进义校尉王吉碑。②

叁、明昌二年《潘顺买地券》

维大金明昌二年岁次壬子正月乙巳朔二十六日庚午，祭主男潘志迁葬亡父潘顺，以明昌二年次月初二日亡化，亡妇李氏于今年二十日亡化。龟筮协从，相地袭吉，宜于京兆府长安县葬西乡万城门西北原下安厝。宅地谨用钱九万九千九百九十九贯兼五彩信币，买地一段，东西闰宽九步，南北长三步，东至青龙，西至白虎，南至朱雀，北至真武。内方勾陈，擘掌四域。丘承墓陌，封步界畔。道路将军，齐整阡陌。千秋万岁，永无殃咎。若辄干犯封禁者，将军亭长收付。今以□□牢酒，百味香新，同为信契，财地交相分付，工匠修营，安厝已后，永保休吉。知见人岁月主，保人今日直符。故气邪精，不得□兆。先有居者，永避万里。若违此约，此约地府主吏自当莫祸。主人内外存亡墓皆安吉。急急如五帝使者女青律。

砖匠王。

木匠。③

---

① 宋德金. 金代买地券考述[J]. 北方文物，2017，(1)：93-101.

② 王新英. 全金石刻文辑校[M]. 长春：吉林文史出版社，2012：191.

③ 王新英. 全金石刻文辑校[M]. 长春：吉林文史出版社，2012：332-333.

金代的买地券，券文字数不等，根据对现已发掘的买地券进行整理，少者百余字，多者三四百字，其中以二三百字居多。买地券文内容一般包含如下几个要素：殡葬时间，祭主及墓主关系、姓名，安葬地点，宅地价钱、四至，见证人、保人，以及“墓地不容侵犯”“保佑生者死者平安”等语。

买地券多为石刻，其保存的长久性使得我们今天可以看到金代的社会文化。而典型的商业文书，因金代经济、文字等发展的有限性，现阶段并未发现大规模遗存，希望随着考古等技术的发展，能有更多的商业文书呈现在大家面前，为我们展现一幅金代发展的历史画卷。

第三节 小　　结

西夏、辽、金是中国历史上的少数民族政权，因其畜牧业的相对发达，以及生活习惯上的相似性，这三个马背上的民族在经济发展方面有着很多共同之处。从出土的商业文书可以看出，西夏、辽、金的商业虽不像宋那样繁荣，但也得到了一定的发展。

基于西夏学的发展及国内外学者的共同努力，西夏社会的商业文书研究相对成熟。从西夏的各类商业文书中，可以看出，西夏统治者十分重视法治管理，《天盛律令》作为第一部用少数民族文字印行的法典，为西夏商业的运行提供了法律保障。西夏社会的各种经济活动十分活跃，一度使西夏成为可以与周边政权相抗衡的强大民族。

辽和金同为少数民族政权，它们遗世的商业文书十分有限，目前对于辽金的研究多集中在历史、经济、社会、军事的宏观领域，对于微观领域的研究，以及纸质文书的发掘，仍有待发展。

西夏、辽、金的商业文书反映出它们普遍存在的商业行为，这些商业行为有力地推动了社会的进步和历史的发展。

第七章　元代的商业文书

元代是继宋代之后建立起来的统一多民族国家。与以往朝代不同的是，元代的统治阶级以蒙古族为主，该时期商业得到了极大的重视。受到当时政治、经济、文化的影响，元代商业发展呈现波折的态势。这一时期形成了一定数量的商业文书，且具有分布广、类型多的特点，除了一部分记述内容以片段形式呈现之外，大多数商业文书的内容还是比较完整的，这些商业文书主要见于综合性史籍。

第一节　概　　述

元代统治者采取重商的政策，这促进了整个国家商业的繁荣，使得记载商业的文书种类及数量也逐渐增多：一方面，疆土的扩大，使这些文书记录的地域范围较前朝更为广泛；另一方面，元代文化的发展，催生了种类多样的记录手法，在官方文书、文人笔记、诗歌、元曲等多种题材中均有对元代商业的描述。不过，虽然商业文书类型多样，但每种类型的商业文书都有其独特的作用，它们之间相互补充，给我们提供了较为完整的、看待元朝商业发展的视角。元代商业文书以纸张为载体，使用的语言文字较为成熟。可以说，元代商业文书较之前取得了长足的进步。

一、元代的历史发展与商业文书

元是少数民族建立的政权。这一特性在元代各个历史阶段都不同程度地影响着其政治、经济、文化、商业的发展。政治上，依然沿用中央集权的管理方式，但管理机构却有调整。经济上，元代奉行重商主义，商业的发展得到了空前的提升。文化上，出现了蒙古族和汉族文化交融的现象。文学作品类型多样化和社会阶层利益的调整和再分配，都使商业文书的形式和内容得到了极大的丰富。

（一）元代历史发展对商业文书的影响

唐宋之后，中国又一次出现了军阀分裂割据、政权频繁更迭的状况。南北方先后出现了五代十国、北宋、南宋、辽、西夏、金这样的政权，从整体来看却始终是处于支离破碎的状态，并没有建立起统一全国的王朝。1206 年，孛儿只斤・铁木真（尊称成吉思汗）建国，1271 年忽必烈定国号为元。至 1279 年元灭南宋，将中国再次统一，结束了之前 300 多年的国家分裂局面，并通过三次西征，将领土总面积大致维持在近 1400 平方千米，这样的领土范围也是之后的王朝所望尘莫及的。但到了元代晚期，皇帝对政务的疏漏懈怠使得纸币泛滥，造成的通货膨胀加之过重的徭役负担引起民变，元王朝最终走向衰落。

1. 元代政治对商业文书影响

政治上，元朝依然采用专制主义中央集权的政权体制，以行政立法。在行政机构的设立上较之前也有所调整，中央最高行政机构由原来的三省简化为一省，即中书省。地方行政管理体制基本上仿照宋、金旧制，但也有创新之处，即根据中书省在地方设置行中书省，元代行省有 11 个，行省之下设有分省。

无论是中央还是地方，位高权重的职位多由身居一等的蒙古人担任。在元朝的统治政策中种族划分是很严格的，蒙古人和色目人享有特权，基本上在行政官员的职务等级中均有所体现，但对汉人和南人则使用带有民族歧视的掠人为奴、同罪异罚等手段，从而激化了社会矛盾。在民族和地区的管理上，统治阶级将所有管辖范围的人划分为蒙古人、色目人、汉人、南人四大族群。

第一等人是蒙古人，被蒙古氏族称为“自家骨肉”，是元朝国姓。蒙古族所包含的地域范围包括成吉思汗初封的 95 个千户的地区，除汪古部外，各部族皆已为蒙古部所兼并，统称为蒙古人。另根据综合文献记载和考证，判断当时的蒙古部族大概有 40 种。

第二等人是色目人，“色目”一词，前朝有之，盛于唐朝。一般将所认知姓氏之外或姓氏偏僻的人称为色目人。对于蒙古人而言，经常接触的是汉人（包括女真人和契丹人），因而将除此以外的西方各民族包括西藏、西域乃至欧洲各族人都称为色目人。色目人或以商人，或以官员，或以将领的身份，在元朝统一的过程中发挥着重要作用。因此，统治者赋予了他们仅次于蒙古人的社会地位。

第三等人是汉人，泛指北方人，既包括淮河以北原金朝统治下的汉族、契丹、女真和高丽等族，也包括早前被蒙古征服的四川、云南两行省的百姓。

第四等人是南人，也叫南蛮、新附人，是指除四川以外的南宋遗民，包括原江西、江浙、湖广和河南行省南部各族。民族等级划分在世祖建元之初就已存在，但根据《大元通制》和《元典章》中的记载，正式确定却是在大德年间。这一等级划分，奠定了整个元朝政治、经济、文化、社会发展的基调。

元代民族的等级制在经济方面也有着直接的影响，拥有特权的蒙古人、色目人在经商过程中容易许多，他们多通过高利贷的方式快速累积资本，虽然这种暴力的经商活动会引发社会矛盾，但也间接地促进了各地区商业往来贸易。统治者对南人和汉人则采取严格的克扣制度，使他们的商业活动进行得比较艰难，但也有少数南人和汉族部分商人通过土地兼并、官商勾结等方式快速敛财，一跃成为富商。

元代将种族划为四等，这四等人所生活的区域也形成了相应的“商业圈”，于是就出现了由政治和地缘的因素考虑命名的商业文书类型，出现了如斡脱商业文书、汉族商业文书、黑水城商业文书等名词。依托官方权力发展起来的斡脱商业是元代比较具有典型意义的一种商业类型，斡脱商业类文书主要记述了由高利贷引发的借贷、买卖、租赁、雇佣等一系列商业活动。汉族商业有着民族传统经营优势，其商业文书集中出土于徽州和泉州地区，而在黑水城地区集中形成了各个种类的黑水城商业文书。斡脱商业文书、汉族商业文书、黑水城商业文书是整个元代最具有典型性的三种商业文书类型。

2. 元代文化对商业文书的影响

元代注重思想文化的融合与发展。在成吉思汗实行汉法后，不仅鼓励各个民族文化融合，还倡导他们学习和接纳西方文化。元朝统治者虽然同时采用西亚文化与中华文化，但还是强调提倡蒙古至上主义。统治者极力推崇藏传佛教，由于疆域广阔，元朝与各藩国的种族繁多，这些都使得元朝的宗教呈现多元化特点。元朝在思想上采用兼收并蓄的态度，可谓“三教九流，莫不崇奉”[①]，这使得记录元代商业文书使用的语言以汉语为主但也有大量的蒙古语、回鹘文、藏语等其他语种，这是前代商业文书所没有的情况。

由于元前期没有科举考试，儒者和士大夫的地位较前朝下降，不过属于中下层的市井文化却迅速抬头。在艺术与文学方面更侧重发展以庶民为对象的戏剧与小说笔记，其中最为兴盛的当数元曲。除元曲外，蒙、藏史诗也为今人所称赞，如《蒙古秘史》《格萨尔王传》等作品多为民间口头汇编，也作为进一步研究该地区的重要文献资料。这些因市井文化兴起而产生的文学记录类型极大地促进了商业文书数量的增加，对于商业活动内容的记述除了在官方史料、私人笔记中有所体现，用元曲曲词进行记录也是一种新型的呈现方式。

（二）元代的商业发展对商业文书的影响

元代统治者实行重商主义，大力发展商品交易，提高了经济水平。随着这一朝代的疆域不断开拓，各地区的自然地理条件差距越来越大，形成了不同区域的“特产”。元代的经济依然以小农经济为主，各个种类的农产品、手工业制品丰富，相关的生产技术得到了显著提高，使得如各类米、面、茶、酒、丝绸、棉花、盐、铁、铜等生活必需品的交换很频繁，但一些行业政府采取干预手段，像盐、茶、铁等是不允许私自贩卖的，必须是官商售卖，或持政府批准的凭证才行。元代之前，蒙古人属游牧民族，在北方一直发展畜牧业，因为土地贫瘠，经济类型比较单一。元朝建立后大规模的商品流通，使得经济呈现逐步向好的态势。加之元代修通了里程更长的大运河，相比较陆路交通而言，水上交通有着更快捷、承载量更大的特点，这便有了马可波罗所说的长江一线“每年溯江而上之船舶，至少有二十万艘，其循江而下者尚未计焉”[②]之景象，可见运河的开通为各地区的贸易往来提供了更加便利的交通条件。

关于国家对商业发展的态度问题及商业活动的具体要求，在《元史》《元典章》《大元通制条格》等官方史料中有着较为详细的说明，而这些措施对元代人民生活的影响则多反映在文人的笔记、小说、元曲中。

---

① 尚学锋，过常宝，郭英德. 中国古典文学接受史[M]. 济南：山东教育出版社，2000：327.

② 〔意〕马可·波罗. 马可·波罗行纪[M]. 冯承钧译. 北京：东方出版社，2007：385.

元朝是中国历史上第一个大规模使用纸币的朝代，建立起了世界上最早的纸币流通制度。1260 年，忽必烈登上汗位后全面推行钞法，印制中统元宝钞和中统交钞，作为全国范围内的主流货币。统一发行的纸币为商品经济的发展提供了标准的交换媒介，尤其为不同区域的商品流通乃至海外的商品贸易创造了有利条件。但后期因出现挪用抄本、滥发纸币等现象滋生了腐败，扰乱了社会经济的正常运转。不可否认的是，元朝封建社会的商品经济通过纸币的催化有了一定发展，无论发行纸币的成败，都在元代的经济史中留下了浓重一笔。

经济的繁荣不局限于国内。元代以东南沿海地区的港口和西北的丝绸之路作为水陆交通线路，开展了发达的对外贸易，极大地促进了元代经济的发展。进口货物大致包括宝物、布匹、香货、药物、皮货、杂物等来自多个国家的商品，出口货物大体有纺织品、陶瓷、玻璃制品、金属制品和农副产品等。元代对外经商的范围涵盖亚欧非大陆，除了商品贸易本身带来的利润外，也带动了一些贸易的沿途线路和海港城市经济的高度繁荣。

丰富的商品、方便的交通、统一的货币极大地丰富了商业发展的类型，产生了大量商业文书，这些商业文书多记载于纸张上，有各种货物交易买卖类的记录、房屋土地租赁情况的记录等。既有交易过程内容的记录，也有专门的商业活动记录样式规范，可以说，商业活动的发展极大地促进了商业文书的丰富。从总体上说，随着疆土面积的增大，以及统治阶级颁布的重商政策，元代经济与商业的发展更灵活、更广泛，相较于前代还是比较繁荣的。

二、元代商业文书的基本构成和特点

在疆域面积扩大后，商业活动覆盖到了更广的区域，元代商业文书的数量也随之增多，尤其元代统治者推崇的重商政策，催生了很多有关商业活动的立法类商业文书，官方和民间丰富的商业活动使得商业文书的类型也丰富起来。

（一）元代商业文书的基本构成

商业文书的种类是根据商业活动的不同而划分出来的。有借贷文书、买卖文书、租赁文书、雇佣文书。对于这些类型的文书，主要记述于两部分：一是讲述元代商业发展情况和法律对商业发展一些方面的要求、规范，这部分内容主要以书籍的方式存在，包括官方史料《元史》《元典章》《大元通制》《至正条格》等，以及民间文人笔记和外国游记等，典型的作品有《南村辍耕录》《岛夷志略》《马可波罗游记》《秋涧集》《山居新话》《通商指南》《南海志》《道园学古录》等。二是元代时期个人将商业行为作为凭证固化下来形成的凭据类材料，一般是以契约的性质存在的，多是以单页纸张为单位的记录，这一部分材料中有保存流传下来的，也有近代挖掘出土的。

（二）元代商业文书特点

1. 记录地域范围广、数量多

元代疆土面积广，商业活动从内陆到海上遍布亚非欧三大洲，在各种类型的交易中形成了众多的商业文书。这些商业文书记录的地域范围广，但在一些商业活动圈或商业中心，往往形成了比较集中的具有当地特色商业文书，比较具有代表性的有黑水城地区、斡脱地区、泉州地区和徽州地区的商业文书。元代商业文书记录地域范围之广，是其他朝代所不及的。

黑水城商业文书在近代有过几次集中发掘出土，由于历史原因，黑水城文书分布在中国、英国和俄罗斯。虽然很多黑水城商业文书载体多破碎模糊，但经过史学家的研究和整理发现其仍有可辨别的内容，并将它们转录到了《中国藏黑水城汉文文献》（其较之英藏和俄藏黑水城文献而言数量较多）中。许多中外学者积极投身黑水城各种类型的商业文书研究中，其中集大成者当数《黑城出土文书（汉文文书卷）》，该书中有一定数量的商业类文书，如第六卷中统计的契约类文书共计 68 件，其中借贷契约 22 件、买卖契约 5 件、合伙契约 3 件、雇身契 3 件、收据 1 件、租田契 1 件、典地契 1 件、房屋租赁契约 1 件、运输承揽契 1 件、婚书 1 件，其余为契约残屑。

相比较而言，对斡脱商业和汉族商业的记录文书，分布较广，所属文书多为综合性的文书，包括对政治、经济、文化、社会、商业等多方面的介绍，有关商业的记载不过其中之一。从地缘政治上讲，回鹘包含在斡脱地区之中，而在各种斡脱商业活动中，产生了大量的回鹘文商业类文书。目前收藏于世界各地的回鹘文社会经济类文书约 400 件，国内外有关专家确认刊布的文书在 200 件左右。经过李经纬、耿世民、刘戈等学者的研究整理，将其按商业性质分门别类，形成了权威的研究、译注。例如，耿世民在其 2005 年所著的《回鹘文社会经济文书研究》中列举了 81 件契约，其中人口买卖 20 件、过继 1 件、借贷 24 件、土地交换与买卖 19 件、租借 12 件、遗嘱 5 件。汉族商业文书主要是在商业活动中形成的契约和契式，立契对象主要是土地、奴婢、房屋、牲畜等，通过 20 世纪学者的整理研究，搜罗了众多元代契约，如在张传玺主编的《中国历代契约会编考释》中就收录了元代契约 60 件、契式 14 件，元代买地券 2 件。

2. 记录形式趋于统一

元代形成的商业文书，从载体到记录符号甚至是记录样式都有着明显的统一化趋势。作为商业文书构成的基本要素，记录载体的使用趋于稳定，大部分商业文书是书写在纸张上，或以书目或以出土的碎片化记录方式呈现。书目多是系统地针对某一类型或某一地区商业活动情况的描写，从内容上看比较系统。而出土的碎片化记录多是民间私人商业交易过程中形成的契约类文书，这些文契可以很真实地反映出民间商业活动的细节。

从记录的符号来说，斡脱商业文书和黑水城商业文书多是用蒙文、回鹘文、藏文等少数民族语言写成的，而在泉州和徽州这样的汉族商业活动区形成的商业文书基本上都是用汉语书写的。

虽然商业文书记录内容不尽相同，但记录样式趋同，主要体现在契约的书写有专门的模板，这种模板称为契约样式，在样式中有明确的立契格式和契约基本条款。有的商业类文书中就专门介绍这种契约样式，如《事林广记》《新编事文类要启札青钱后集》。

3. 内容完备

元代商业文书在前代发展的基础上，取得了长足的发展。从单份的商业活动形成的契约角度上讲，大部分都会写明责任双方义务关系、担保人、交易日期、支付方式、交易意外责任等事项，对交易情况有着简练、清晰的说明，这从侧面反映出元代商业文书已经发展到较为成熟的阶段。

从商业文书的构成来讲，形成了官方与民间记录相结合的商业活动记录体系，这些商业文书内容十分丰富，从商业立法到商业实践活动再到对商业活动的评价均有书目进行论述，所使用的文学体裁也更加多样化，既有小说、诗歌、笔记类，还有以元曲曲词的方式介绍商业活动的。

第二节　元代商业文书

统治者对商业的重视，促使商业实践活动的蓬勃开展，在这一过程中形成了数量众多、种类庞杂的商业文书。这些商业文书主要包括借贷文书、买卖文书、租赁文书和雇佣文书。

一、借贷文书

借贷文书是指因借贷实践关系而产生的书面符号记录，作为凭证保留下来。元代借贷类文书的数量较多，从地域的角度看，西北的黑水城地区、回鹘地区，东南的泉州地区和徽州地区都出土了大量的借贷文书，这些文书多是以契约的状态存在的。总的来说，这些契约记录的内容丰富、种类齐全，是元代商业类文书发展水平的缩影。

（一）斡脱借贷类文书

由于斡脱商业是以官商性质开展的商业活动，其在元代商业活动中的影响极大，这种具有政治等级内涵的商业发展模式对于元代经济发展起到了很大的破坏作用。斡脱商业借贷多用斡脱钱，这是元代斡脱商人放高利贷的资本，后斡脱钱演化成为高利贷的同义词。斡脱商业衍生出来的高利贷利息非常高，且以复利计算，这就引发了很多社会问题。而经营高利贷是斡脱商业的主要活动，对于斡脱商业中出现的借贷管理情况、要求，在官方史料中多有记载，民间史料中偶有涉及。例如，在《开府仪同三司中书左丞相忠武史公家传》中，就讲述了这种猖獗的借贷行为：

自乙未版籍后，政繁赋重，急于星火，以民萧条，倅不易办。有司贷贾胡子钱代输，积累倍称，谓之羊羔利。岁月稍集，验籍来征，民至卖田业鬻妻子有不能给者。①

① 转引自方龄贵. 元明戏曲中的蒙古语[M].昆明：云南人民出版社，2014：26.

这种官营的借贷商业活动之所以能开展下去，很大一部分原因是官府能在其中牟取暴利。而对于斡脱钱放贷能收取的利息率在《元史》中也有记载："至元十九年四月，定民间贷钱取息之法，以三分为率。"①

由于斡脱高利贷畸形的商业模式，民户常常无力偿还欠债，于是逐渐出现了皇帝下诏让官府代还的借贷模式，在《元史》中有这样的记录：

《太宗纪》十二年：是岁，以官民贷回鹘金偿官者岁加倍，名羊羔息，其害为甚，诏以官物代还，凡七万六千锭。仍命凡假贷岁久，惟子本相侔而止，著为令。②

在具体的民间借贷实践中，出现了借贷类的文契，这些文契须写明是否有利息、利率是多少、借贷期限或归还日期、付息方式以及保人代偿责任等，主要是约定利息率。质押担保是元代民间借贷契约关系中常见的担保形式。在形成的借贷类文契中还要求写明年月、期限、价值、证佐等部分内容。

回鹘属于斡脱的一部分，回鹘契约在整个斡脱契约中占有一定比重，以下这份回鹘文借贷契约是将契文汉译后呈现的③：

1 蛇年三月初二日我
2 Qiryaquz 因需棉布
3 从 Waptu 处借取了二个
4 棉布。秋初我将归还
5 二石谷子。如我未如期归还，
6 将按民间惯例，连同利息
7 如数归还。归还之前，如我发生什么，
8 将把我在三道沟与 Payni 共有的
9 半茬子地中属于
10 我的一份

① （清）沈家本. 历代刑法考（下）[M]. 北京：商务印书馆，2011：300.
② （清）沈家本. 历代刑法考（下）[M]. 北京：商务印书馆，2011：300.
③ 耿世民. 回鹘文社会经济文书研究[M]. 北京：中央民族大学出版社，2006：199.

11 还给他。证人
12 Tapmish。证人 Misir。这个
13 花押是我 Qiryaquz 的。
14 我 Torchi 让 Qiryaquz 口述
15 写（此文书）。

契书中写明：借贷是采用了抵押担保的形式进行的，如果在债务履行之前债务人死亡，或者逃亡，那么就用债务人在三道沟的一块土地来抵偿所欠债务。这是以指定的土地作为债务履行的抵押担保。

以斡脱钱为主体的高利贷商业活动危害严重，在姚燧的《磁州滏阳高氏坟道碑》中记载了 1252 年之后，地方官府因百姓无力缴纳包银而向回鹘人借钱代输的情况：

壬辰（指太宗四年）天下大料民户，岁入银四两。民已无所于得，州县迫征不休。回鹘利之，为券出母钱代输，岁责倍偿。不足易子为母，不能十年，阖郡委积数盈百万，令长逃债，多委印去。[①]

斡脱借贷类文书在元代的经济和商业发展中具有典型意义。其中的回鹘文数量较多，在我国吐鲁番地区陆续出土了 27 件回鹘文借贷文书，这些借贷契约文书记录的内容多反映斡脱高利贷借贷问题，而文书的基本结构是在继承唐宋汉文文书基础上发展而成的。

（二）黑水城借贷契约

黑水城文书作为一种主要记述社会活动的文书，为研究元朝商业很多领域的问题提供了新的资料。在已发掘的黑水城借贷契约文书中元代部分占有一定比重，这些元代契约无论是在内容上还是形式上都较前朝更丰富。

此时的借贷契约，无论是借贷的种类还是担保条款都详细很多。整个契约的格式体例和记录的契约思想已经具备了基本的契约结构。

---

① 陈广恩. 金元史十二讲[M]. 北京：中国国际广播出版社，2009：162.

以下是在黑水城商业文书中找到的有代表性的几份契约。元统三年（1335年）形成的借钱契[1]：

1. 立文字人亦集[乃]……住人刘惟卿。今……
2. 到拜颜帖木[儿]……□元统三年正月至十二……
3. 终一周岁□……历并单状文凭一面书……
4. 不到中……议定立文钱中统……
5. 拾定……文凭，钱数不得，系刘惟[卿]……
6. 情愿……还一倍。

该钱契是用竹纸所写，为元代写本，存留至今的部分已残缺不全。记录载体高28.7厘米，宽22.3厘米，行草书，共八行。其中有勾画修改，似为草稿。相较于这份契约，至元四年（1267年）十月二十日的这份钱契可以说借贷原因和借贷关系基本明确[2]：

1. 立欠钱文字人亦集乃路耳卜渠住人
2. 韩二，今为要钱使用，别无得处，今欠到
3. 石巡检中统宝钞贰拾柒两伍钱。其
4. 钱本人自限正月终交还，如至日不见
5. 交还，系同取代保人一面替还。无词，恐失，
6. 故立故立文字人为用。
7. 至元四年十月廿日立文字人韩二[押]
8. 同取代保人张二[押]
9. 知见人葛二[押]

除了借钱契约，在黑水城出土的借贷契约中，借粮契约也占有一定数量。下面是一份记录比较完整、从内容和格式上都具有代表意义的借粮契[3]：

---

① 杜建录. 西夏史论集[M]. 上海：上海古籍出版社，2016：632-633.
② 杜建录. 西夏史论集[M]. 上海：上海古籍出版社，2016：634-635.
③ 乌云毕力格. 青册金鬘——蒙古部族与文化史研究[M]. 上海：上海古籍出版社，2017：299-300.

F95：W1（借粮契约）

立文字人任黑子，今为大麦使用，别无借处，今问到别尚拜边处借讫得□大斗内四石。每月每石土行息一斗，按月计算，交还数□不令拖欠。如本人见在不办，闪趟失走，一面同取代保人替还无词。立此文字，为凭照用。

（仁宗）皇庆元年正月初一日立文字人任黑子

同取人敢的

代保人安通

知见人猪乃

知见人景直□

在元代黑水城地区形成的借贷契约在书写上已经比较规范，记录的逻辑条理清晰，思维严密。契文内容除了有常规列举项目：债权人、借债人的姓名、借债人住址、借贷原因、借贷数额、偿还日期和利息等，还讲明了在元代普遍存在的保人替还情况，以及在文契后写清“恐失信立此文字为用”等话语，这些都是借贷类文书在元代发展到精细化程度的表现。

由于元代黑水城地区商业发展迅速，形成了大量的不同样式、不同种类的借贷契约文书。从这些遗留下来的文契上看，其记录的款项、对买卖双方的责任义务关系等相关问题的介绍趋于完备，这也从侧面说明了该时期形成的文契已经具备一定的程序性和规范性。

（三）其他借贷契约

在元代对于借贷契约相关问题的一些记录，主要是以法令规定的形式阐述，如契约担保的相关制度要求，在《至元杂令》中就有这样的论述：

诸以财物出举者，每月取利不得过三分，积日虽多，不得过一倍，亦不得回利为利本，及立倍契。若欠户全逃，保人自用代偿。

诸以财物典质者，并给帖子，每月取利不得过三分，经三周年不赎，要出卖，许。[①]

① 黄时鉴. 元代法律资料辑存[M]. 杭州：浙江古籍出版社，1988：39.

这种契约担保主要是指在债务人及其家人都逃亡的情况下，债权人才有权要求担保人替代债务人偿还本金加上利息。这种与之前唐宋时期的契约制度是一致的，并且更进一步明确强调在债务人全户逃亡这一条件下，担保人代为偿还。这样保人承担的责任比较轻，处境较为有利。

钱债借贷比较普遍地发生在日常生活中，在文献记载中则比较多见。但不是所有发生借贷关系的双方都有能力起草这样一份文契。因而，找人代写借贷契约也是常有的情况。元明时期形成的朝鲜汉语教科书《朴通事谚解》中就有关于找人代写一份借贷契约的记录：

> 京都在城积庆坊住人赵宝儿，今为缺钱使用，情愿立约，于某财主处借到细丝官银五十两整，每两月利几分，按月送纳，不致拖欠。其银限至下年几月内归还数足。如至日无钱归还，将借钱人在家应有直钱物件，照依时价准折无词。如借钱人无物准与，代保人一面替还。恐后无凭，故立此文契为用。某年月日，借钱人某，同借钱人某，代保人某，同保人某等押。①

除了常见的民间借贷关系的产生文契外，官营借贷中同样需要立契，这类契约文书的内容在史籍中有着较为全面的记载。在《秘书监志》中就有着这样一段记录：

> 上项营运钞定诸人借使，监官不过中统钞五十定，属官三十定，令、译史二十定，典书人等一十五定，月息一分五厘。必须明白开写正借钱人、代保人、元附籍贯、见任职役、事产。借钱人或遇别有迁除，得代本息纳足，方许给由。如有拖欠利息，随于代保人名下月俸内揹除还官。若上项正借钱人钞定不完，代保人告满，文解亦不行给付。借钱人虽在，无钱，将事产折挫入官，外不敷之数，代保人名下一面追征，事产亦行折挫。凡借钱人文契，典簿厅受讫呈监，然后用半印勘合，行下架阁库收受的契，方许放支钞定。仍具出库起息年月，明白开呈。仍下典簿厅，以备查勘。委自太监以下正官一员，每季一次提调，下季不过孟月初五

① 徐忠明.《老乞大》与《朴通事》：蒙元时期庶民的日常法律生活[M].2 版. 上海：上海三联书店，2015：74.

日，明白开写见在并已借未收实欠备细数目，移文本监转关，下次提调官照验施行。凡典簿厅呈到诸人借钱文契，须要提调官与监官相参署押，行下架阁库，放支施行。仰移关提调官监丞王道奉议，仍下典簿厅架阁库照验，依上施行。[①]

这是至正元年（1341年）在秘书监接受了中书省户部拨给的一千定中统钞之后，第二年二月制定了详备的、官方的放贷营运制度。文契中说明秘书监放贷时执行固定利率，借钱的人要在契约中写明借钱人、见任职役、代保人、事产等款项，秘书监才可以按程序放贷。

在徽州和泉州这样的元代商业活动中心，出现了数量众多的借贷契约。其中包括具有典型意义的各种日常流行的借贷文契样式，具体如下[②]：

《生钞批式》

某乡某里姓某，今投托得某人保委，情愿立批，就某里某人位揭借得中统钞若干锭，前去经营用度。每月依例纳息三分，约限几月备本息一并归还，不敢拖欠。如有东西，且保人甘伏代还，不词，谨约。

年 月 日 姓 某 号 批

保人姓 某 号

《生谷批式》

某乡某里姓厶，今与某人互相保委，情愿立批，就某里某人宅借得无息苗谷几石前去耕田食用，约限到冬十月已里，备一色净谷赴仓交纳，不至少欠。如或过期，且保人甘当倍纳不词。谨约

年 月 日 姓 某 号 批

保人姓 某 号

《生钞批式》是有息的借贷样式，而《生谷批式》是无息实物借贷样式，这两种样式的记录内容也较为详尽。

---

① 高荣盛. 秘书监志[M]. 杭州：浙江古籍出版社, 1992：64-65.

② 黄时鉴. 元代法律资料辑存[M]. 杭州：浙江古籍出版社，1988：244-245.

无论是民间的立契实践还是官方的制度要求，在我们发现的现存的借贷类文契中，大多数对于借贷双方的权利义务关系、抵押形式、是否有利息、利率为多少等借贷关系中存在的具体问题是有解释说明的，说明元代在借贷文契的书写上还是较为规范的。

二、买卖文书

在元代，买卖类文书形成数量较多，对这一部分内容的记述既有文献史料又有考古发掘出土的记录碎片，记录载体以纸张为主，所呈现的方式多为交易时产生的买卖契约。经过长期发展演变，无论是内容还是格式都达到了比较成熟的水平，从买卖对象上来看主要是土地买卖和人口买卖。

（一）土地买卖

在中国封建社会时期，田宅是最主要的生产生活资料，元代的土地买卖是民间最重要的交易契约关系，也是改变田宅所有权最普遍的方式之一。频繁的田宅交易催生了大量的买卖文契，此类文书现存数量也较多，主要来自泉州和徽州。

早在20世纪50年代，施一揆在其《元代地契》中首次刊布了晋江丁姓家谱中的8件元末土地买卖文契地契，此后，周绍泉、张传玺等学者对于元代买卖契约均做了更加深入的研究。作为田宅所有权和交易关系的重要的凭证，买卖契约记录的形式和内容引起了人们的重视。根据20世纪80年代陈高华在《元代土地典卖的过程和文契》中的研究显示《元典章》《大元通制》《至正条格》中有大量关于土地典卖和文契制作的相关内容。相关文献收录了以下土地典卖契约的样文[①]：

《元代典买田地契式》

厶里厶都姓　厶。

右厶有梯己承分晚田若干段，总计几亩零几步，产钱若干贯文。一段坐落厶都，土名厶处。东至、西至、南至、北至。系厶人耕作，每冬交米若干石。今为不济，差役重难，情愿到厶人为牙，将上项四至内田段，立

① 郝春文. 中华大典·经济典·土地制度分典2[M]. 成都：巴蜀书社，2013：1239.

契尽底出卖（或云“典”）与厶里厶人为业，三面言议，断得时直价中统钞若干贯文，系是一色现钞。即非抑勒准折债负。其钞当已随契交领足讫，更无别领。所卖（或云“典”）其田，的系梯己承分物业，即非瞒昧长幼、私下成交，于诸条制并无违碍等事。如有此色，且厶自用知当，合备别业填还，不涉买（或云“典”）主之事。从立契后，仰本主一任前去给佃管业。典云：约限三冬备元钞取赎。如未有钞取赎，依元管佃。永为己物。去后子孙更无执占收赎之理，所有上手朱契，一并缴连赴官印押。前件产钱仰就厶户下改割供输，应当差发。共约如前，凭此为用。

谨契。

年　月　日　出业人姓厶　号　契

知契　姓厶　号

牙人　姓厶　号

时见人姓厶　号

这是当时人们总结的比较完整的契约蓝本，具有重要的参考意义。每个地区也有不同的土地交易文契，在 20 世纪 90 年代徽州契约文书的整理就取得了很大进展，中国社会科学院历史研究所将其收藏的在宋、元、明三代产生的徽州土地买卖文契做了录文整理工作，出版了《明清徽州社会经济资料丛编》第二辑，其中就收录了 10 件元代契约的录文。除了在徽州地区发现的土地买卖契约外，在泉州地区也出现了具有典型性的契文。泉州路晋江县（今晋江市）的土地买卖文书是最早发现地、最为完整地反映了元代土地交易过程的文书，包括产生的一系列私文书和官文书。其中，问帐（账）和地契属于私文书，公据和契尾是官府授予私人的书面证明，属于官文书，以下是众多晋江地契中具有代表性的一件[①]：

《元后至元二年晋江县麻合抹卖花园屋基官契》

泉州路录事司南隅排铺住人麻合抹，有祖上梯己花园一段，山一段，

① 杜建录. 西夏学（第 14 辑）[M]. 兰州：甘肃文化出版社，2017：161-162.

于内亭一座，房屋一间，及花果等木在内。坐落晋江三十七都东塘头庙西，四围筑墙为界。东至孙府山，西至谢家园，南至瑞峰庵田，北至谢家山；又花园西边屋基一段，东至小路，西至陈家厝，南至空地，北至谢家园。因为阙钞经纪用度，将前项花园并屋基连土出卖。遂□晋江县[颁]给公勘据□明白，立帖□问亲邻，俱各不愿承支。今得蔡八郎引到在城东隅住人阿老丁前来就买，经官牙议定时价中统宝钞六十锭。其钞随立文契日一完领讫，[不另]批目。其花园并基地□□上手一应租契，听从买主收执，前去自行经理管业，并无克留寸土在内。所卖花园屋基，的系麻合抹梯己物业，即不是盗卖房亲兄弟叔伯及他人之业，并无诸般违碍，亦无重张典挂外人财物。如有此色，卖主抵（支）当，不涉买主之事。所有合该产钱，麻合抹户苗米二斗八升，自至元二年为始，系买主抵纳。今恐[人心]难信，立卖契一纸，付买主印税收为用者。

元至元二年十月□日文契　情愿卖花园屋基人　麻合抹
同卖花园母亲　时　邻
引　进　人　蔡八郎
知见卖花园屋基姑夫何暗都剌
代　书　人　林东卿

在元代土地买卖契约中，需要写明立契人、价格和收付情况这些必备要素。除此之外，还要根据实际需要对一些权利和义务关系的细节做出特殊说明和规定，如交易土地上的附属物归属问题、买卖时间、特殊说明等。土地出卖人对于置卖的田宅是否有所有权瑕疵应做出声明和责任保证，所谓所有权瑕疵，指的是售卖人对交易对象没有完整的、合法的权益时进行的买卖活动，如重复交易、盗卖等情况或者已经出典并没有回赎的状态下，其经营收益权实际上已经被分割，这也是元代土地买卖文契中尤其重要的内容。

元代徽州土地交易文契数量相对较多，但记录的质量参差不齐，相较于全面、详细的记录，那些形式不完整、内容欠缺的文契更容易引发纠纷。例如，在1353年形成的这份徽州郑赵保卖山地契①：

① 刘和惠，汪庆元. 徽州土地关系[M]. 合肥：安徽人民出版社，2005：316-317.

十五都郑赵保用价买到胡神孙山二号，坐落本保六都土名竹园坞上下牛角湾。今为无钱用度，愿将其山二号并杉苗尽数立契出卖与同都人郑清卿名下为主，面议时价宝钞五十贯文。

至正十三年三月二十五日

郑赵保

见交易人　胡神孙抄白

这份契文只有买卖双方，立契时间、交易价格、土地来源等基本信息，却没有山地字号、价款收付情况的解释或确认土地权利合法性等状况的说明。

（二）人口买卖

在元代，由于特定的政治经济原因和社会背景，民间存在各种或合法或非法的人口买卖现象。相比较唐宋时期而言，元代这一问题更为突出。对于人口买卖问题，比较常见的买卖对象为奴婢和亲属，在这些买卖过程中也形成了大量的买卖契约文书。在徽州、泉州、黑水城地区都出土了一定数量的人口买卖文书。

1）奴婢买卖契约文书

元代地域辽阔，人口众多奴婢买卖行为十分普遍，频繁的交易催生了买卖文契的出现。在俄藏的敦煌文献中，有一件标有“中统宝钞”的奴婢买卖契约文书，可以判定此文契形成于元代，原件如下（图 7-1）。

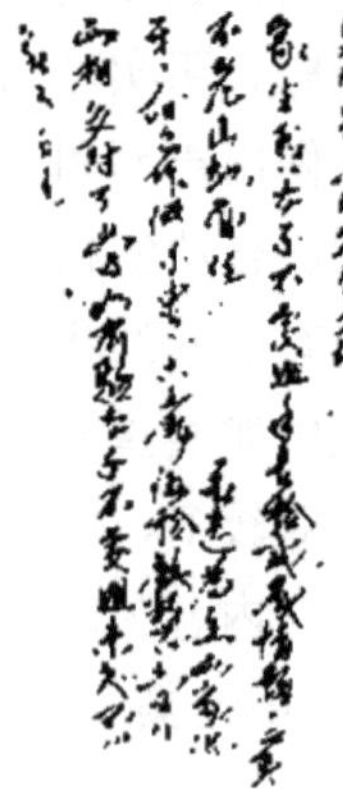

图 7-1　俄 Дx. 01348 买婢契

原件内容整理为[①]：

（1）立文字人[
（2）使用，别无得处，见女□[
（3）家生验女子不要姐，年壹拾贰岁，情愿立契[
（4）不老山地面住人，永远为主，两家议[
（5）牙人唱作价钱中统宝钞伍拾锭整，当日[
（6）两相交付了当，如有验女子不要姐来处不明，[
（7）家[

与其他买卖契约基本格式相似，这份奴婢买卖契约包括立契人姓名住址、立契时间、成契理由、议价及交付情况、交易标的详情、所有权瑕疵保证责任等。在买卖奴婢的过程中要遵循三个基本的程序，包括陈告给据、立契成交、投税印契。一些学者对于这些已有的奴婢买卖文契也做过研究，如杨际平在其发表的《元代买卖奴婢手续——从敦煌研究院藏元延祐三年永昌税使司文书说起》一文中就根据这份文契的格式体例对其命名问题提出了自己的见解。

在元代，奴婢买卖行为合法，使得这样的行为频繁出现。由于奴婢买卖文契可以作为奴婢合法来源的证明和所有权的依据，因而买卖奴婢立契的现象也很普遍。

2）亲属买卖、典当文书

中国封建社会时期生产力能力低下，多数百姓生活在赋役征科的压力下，生活本就十分清贫。如果再遇到天灾人祸，为解决个人生存问题，很多人选择出卖或出典亲戚。《元故陕西诸道行御史台治书侍御史赠集贤直学士韩公神道碑铭并序》中就有这样的说法："江淮岁凶，民以男女质钱，或者转卖为奴。"[②]民间社会存在普遍的亲属买卖或典当行为，催生了大量的买卖或典当文契。在朝鲜汉语教科书《朴通事谚解》中就记载了这样一份买卖契约：

大都某村住人钱小马，今将亲生孩儿小名唤神奴，年五岁，无病，少

① 孙继民，等. 英藏及俄藏黑水城汉文文献整理（下）[M]. 天津：天津古籍出版社，2015：626-627.
② 李幹. 元代民族经济史（下）[M]. 北京：民族出版社，2010：930.

人钱债，阙口少粮，不能养活，身为未便，随问到本都在城某坊住某官人处卖与，两言议定，恩养财礼钱五两，永远为主，养成驱使。如卖已后，神奴来历不明，远近亲戚闲杂人等往来竞争，买主一面承当不词，不干买主之事。恐后无凭，故立此文为用。某年月日，卖儿人钱小马，同卖人妻何氏。见人某。引进人某。[①]

这是一份绝卖契，将5岁的亲生孩子出卖为奴，换取5两银子。相较于这种绝对意义上的买卖，当时更多的买卖采用的是典卖的方式，即保留回赎权。这样先将亲戚典卖解燃眉之急，待日后有银子后再将亲人赎回的做法也形成了一定数量的契约文书。在黑水城出土的蒙古文契约文书中收录一份人口典卖的残片记录，编号为MON01其内容如下[②]：

1 ……
2 ……石小麦，一……
3 ……三石……
4 ……白帖木儿两[年]……
5 ……之后……
6 ……[与了]小麦一石……
7 ……若两[年]……
8 ……[不]出，[人]……
9 ……[无]利息，[又]……
10 ……库力耶别儿[若死]……
11 ……马畏缩……
12 ……因过失[死]……
13 ……又也先铁帖木儿[之]……
14 ……[东西迷闪]……
15 ……三[石，一]……

① 杜立晖，陈瑞青，朱建路. 黑水城元代汉文军政文书研究[M]. 天津：天津古籍出版社，2015：251.

② チメドドルジ（吉田顺一）. ハラホト出土モソゴル文書の研究[M]. 東京：（株）雄山阁，2008：45-47.

16 ……如此，马年[十]……

17 ……在此……

18 ……我撒儿桃勒……

19 ……我白帖木儿……

20 ……我不花帖木儿……

21 ……我倒剌沙……

22 ……我答失帖木儿……

23 ……我兀马儿

从已有文字可以看出，因撒儿桃勒需要粮食将库力耶别儿出典给别人，由于原件残缺破损，这份典卖契约中所反映的契约内容并不多。在正常的买卖契约中，应有立契人签押、典当原因、官牙人参与议价和署押等内容。在《为典雇身良人限满折庸事状》中发现的这份契约记录的典当情况比较具体：

窃见在都贫难小民，或因事故，往往于有力之家典身为隶，如长春一宫约三十余人，原约已满，无可偿主，致有父子夫妇出限数年，身执贱役，不能出离。又有亲生男女诡名典嫁，其实货卖。此又大伤风化，甚不可长。其典雇身人如原限已满，无财可赎者，今后合无照依旧例令限外为始，以日折庸，准算原钱，使之出难，其或典数口内有身故者，除其死者一分之价。至于愿求衣食者听外，据典价不实者，乞严行禁止。如此，不致以久成俗，而雇身者免转良为贱，混淆无别。不然违失门户，耽误差役，深为未便。合行举呈。①

这段记录中使用“典雇”“雇身”等词，表明其记录内容性质为典卖。由于人口买卖行为由来已久，元代参考之前产生过的各种类型的人口买卖契约的样式和内容，结合元代具体买卖实践特点，形成了较为统一、规范的程式。

宋元时期人口典雇之风盛行，与典卖不同，典雇是以一定的价钱约定年限出让被典雇者的人身权，年限到后自动放还，不需要拿钱回赎。典型的典雇关系

① 姜锡东. 中华大典·经济典·户口分典·户口管理总部[M]. 成都：巴蜀书社，2017：2045.

是父母将未嫁女儿典雇给他人为妻妾，这种典雇一般来说是不约定年限的。《新编事文类要启札青钱后集》作为民间日常类用书，对这一典雇书式就有记录[①]：

《雇女子书式》

厶乡厶里姓　厶

右某有亲生女名几姐，今已年高，未曾嫁事，诚恐耽误前程，遂与妻阿氏商议，情愿托得某人为媒，将本女不立年限，雇与厶里厶人为妾，即日交到礼物于后

金钗一对　　采段一合

已上共折中统钞若干贯文，交领足讫，更无别领。所雇本女几姐，的系闺女，未曾许事他人，即目凭媒雇与厶人为妾，是某甘心情愿，于条无碍。如有此色，且媒人并自知当，不涉雇主之事。或女子几姐在宅，向后恐有一切不虞，并是天之命也，且某更无他说。今恐无凭，立此为用。谨书

年　月　日父　姓　某　号　书

母　阿　氏　号

媒人姓　某　号

在《为典雇身良人限满折庸事状》中说："又有亲生男女，诡名典嫁，其实货卖"[②]，这种典卖形式之所以会存在，是因为贫寒人家的女儿进入富豪人家做妾是名不正、言不顺的。又认为以买卖的说法称呼不甚妥当，就衍生出了典雇这种婚姻关系，但从实质上讲，典雇属于买卖的一种。

与典雇妇女类似，合同婚书契约是古代结婚的一种证明。但很多婚书是在双方不平等的情况下签署的，其中就暗含了买卖交易性质。在民间，买卖亲属是常见的人口买卖方式，买卖亲属的方式有很多，有绝卖（不赎回）典雇、典嫁、嫁卖等，雇妾书式与合同婚书契约所记录的内容都属于隐晦间接的人口买卖。《新编事文类聚启札青钱》卷七的"婚礼门"中就收录了一则元代合同婚书[③]：

① 新编事文类要启札青钱后集·卷11·公私必用[M]. 北京：书目文献出版社，2005：246-247.

② 周良霄. 元史[M]. 上海：上海人民出版社， 2019： 601.

③ 赵志远，刘华明. 中华辞海（第4册）[M]. 北京：印刷工业出版社， 2001： 3874.

回聘书式：

某乡贯姓某，今凭某人为媒，某人保亲，以某第几女名某姐，现年几岁，与某处某人男名某，现年几岁，结亲。领讫财礼若干。自受聘后一任择日成亲。所愿夫妻保守嗣续繁昌。今立婚书为用者。

年　月　日　婚主姓　某押启

女　姓　某押

保亲姓　某押

媒人姓　某押

因合同婚书中出现了“押”一类的字眼，就有了交换买卖的意思，在当时贩卖人口也比较常见，称这些被贩卖者为驱口。这一社会现象的出现有其存在的合理性，主要是经济发展结构不平衡，如高利贷等商业活动的猖獗，除了日常的物品交易，还出现了以人作为抵押、还债、变卖的情况，尤其是贫富差距拉大，一些家境殷实的官员、商人都会买进大量驱口供其使唤。

在民间，买卖亲属是常见的人口买卖方式，关于买卖的细节会呈现在婚姻契约中。这种婚姻契约广泛存在，但每一个区域的婚姻契约的契式和内容表达有不同之处。例如，李逸友对于黑水城地区出土的元代合同婚书就有专题性的研究，其研究成果刊登在 1992 年的《文物天地》上。

三、租赁文书

元朝是租赁文书发展较为成熟的时期，有一定的租赁契约留存数量。一些学者对于已出土的这部分租赁文书也进行了研究，如 20 世纪 80 年代，杨富学发表的《回鹘文文书中所见元代畏兀儿租佃契约关系研究》中就对 15 件元代以回鹘文记录的租佃契约关系进行过研究。租赁文书既包括根据具体的租赁实践产生的契约、契式，又包括史料文书中记录的租赁商业发展状况。租赁对象多为土地和房屋，租赁文书集中出现于吐鲁番地区及黑水城地区。

（一）土地租佃文书

自宋代实行“田制不立”制度以后，土地开始不抑兼并，这极大地促进了土地租佃契约关系的盛行，进而产生了一定数量的民间租佃文书。在土地租佃关系中所涉及的权利义务关系多为短期的，没有所有权证明的作用，因而没有长期保存的必要性，此类文契原件保留下来的数量并不多。

在元代的租佃关系中，民田租佃占有很大比例，佃户的承佃权日益巩固，兑佃也被大多数地主认可，永佃这种租佃模式进入到萌芽发展时期。随着各种租佃关系的产生，租佃契约的种类和样式也日渐丰富起来。

在黑水城出土的租佃契约文书中有一件是汉文文契原件，比较珍贵，编号为 M1・0990［F13：W106］，原件如下（图 7-2）。

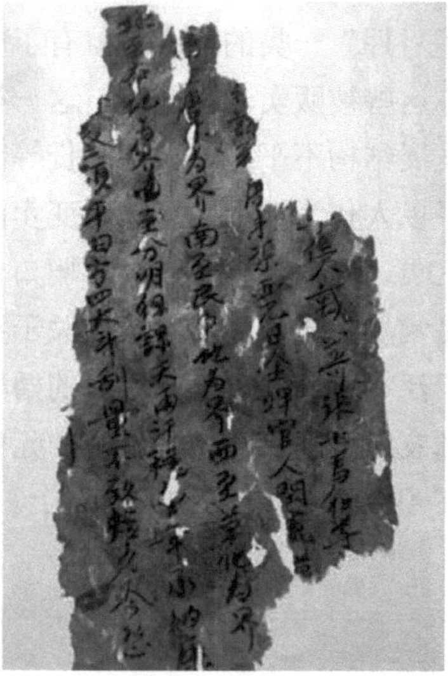

图 7-2　戴四哥等租田契原本

原件内容整理为①：

……渠住人戴四哥、张七、马和等……

……□谋到唐来渠西兀日金辉官人闲荒草……

东至唐来为界，南至民户地为界，西至草地为界，

北至本地为界。四至分明，租课天雨汗种壹年，承纳糜

① 杜建录. 西夏文献研究［M］. 兰州：甘肃文化出版社， 2017： 261.

……叁硕，平旧方四大斗刮量，不致短少。今恐

这份租佃契约写明了合租人、佃户和地主的姓名住址、出租的种类和数量等内容，较为明了地介绍了租佃双方的权利义务关系。

在元代租佃契约文书中，对于契约关系的记录，有如下几种可能：①签订契约之后，双方按照文契约定正常履行对应的权利和义务；②地主为增加租费而解约撤佃，将土地转租给其他人；③佃户退佃，地主另行招佃；④佃户有偿转让佃权；⑤地主将其土地所有权转让，但原佃户仍然承佃该土地。这些情况在元代租佃文契中较为常见。例如，在陶宗仪的《南村辍耕录》一书中就记载了扬州泰兴县（今江苏省泰兴市）佃户之间所发生的租佃情况：

扬州泰兴县马驼沙农夫司大者，其里中富人陈氏之佃家也。家贫，不能出租以输主，乃将以所佃田转质于他姓。陈氏田旁有李庆四者，亦业佃种，潜赂主家儿，约能夺田与我而不以与陈氏者，以所酬钱十倍之一分之。家儿素用事，因以利啖其主，主听，夺田归李氏，司固无可奈何。既以谷田不相侔，轻其直十之一。司愈不平。会归，而李与尝所用力及为立券者，杀鸡饮酒，司因随所之。李欲却司，辄先持一卮酒饮之。司忿恨去……司无以为养生计，即所偿钱为豆乳酿酒，货卖以给食。久之，不复乏绝，更自有余。而李日益贫。更十年，李复出所佃田质陈氏，司还用李计复其田，过种之钱比前又损其一，为券悉值前人，相视惊叹。司纪为李所辱时，今幸可一报复，遂具鸡酒，饮亦如之……此在至正初元间。[①]

这份契约所描述的是典型的民田兑佃现象，从这份材料传递的信息可以看出，一块土地在 10 年间被佃户两次“转质”他人，这说明民田兑佃现象在当时并非个例。

关于田产租佃，除了田主正常向外出租外还包括户绝田产、逃户田产的租佃，尤其在古代农耕经济较为脆弱，许多自耕农在不得已的情况下被逼弃产逃亡。在元代刻本，日用百科全书《事林广记》中，收录了一系列有关逃户产业的呈

① （元）陶宗仪. 南村辍耕录[M]. 李梦生校点. 北京：中华书局，2012：150.

状。其中反映了元代逃户产业承佃、退佃等经营权变动的流程及官方的管理内容[①]：

《告状人姓某》

右某年几岁，无病，系某里某村住民。伏为状告：切见某村某人自某年月日为某事将引全家老小在逃，不知去向，抛下本家事产，田几亩、园地几段，即目荒闲、无人佃种，见行拖欠官司租粮，虚悬差发。今来某欲行前去承佃前项田园耕种，依前供纳税粮，应当差发，别无执据为凭，不敢自擅，谨状上告。

某县，伏乞详状施行。所告是实，伏取裁旨。

年　月　日　告状人　姓　某　状

这一段呈状具有简明的状式，较为详尽地讲述了人户逃亡后，里正、主首等职役人员向官府报告情况、申请承佃逃户土地的相关事项，记录内容比较全面。

（二）房屋租赁文书

对于封建社会的生产、劳动者来说，除了田产，房屋是其重要的生产资料。从黑水城出土的至正二十四年（1364 年）的一份租赁房契中可以看出房屋租赁契约关系，以及涉及的内容。该原件的编号为 M1•0981[F270：W10]，具体如下（图 7-3）。

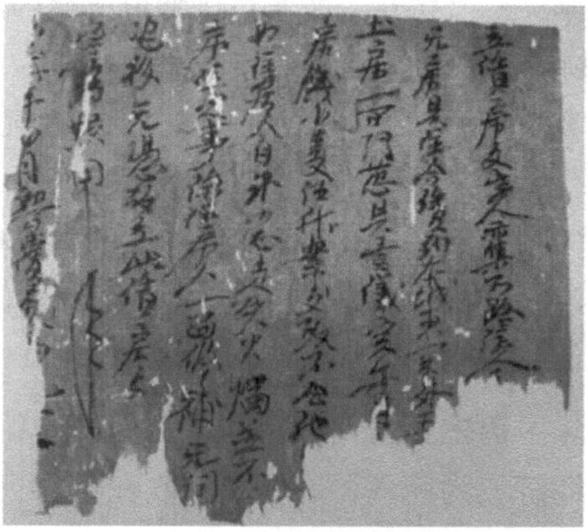

图 7-3　至正二十四年（1364 年）契约

① 黄时鉴. 元代法律资料辑存[M]. 杭州：浙江古籍出版社， 1988： 230.

其原文整理如下[①]：

1. 立赁房文字人亦集乃路住人[马]……
2. 无房具住，今赁到本城东关外王……
3. 土房一间，门窗具全，仪定每月……
4. 房钱小麦伍升，案支取，不令拖[欠]
5. 如住房人自不小心走失火烛，并不[干]
6. 房主之事，系住房人一面修补无词。
7. 恐后无凭，故立此赁房文
8. 字为照用。
9. 至正廿年四月初一日立赁房人马□[押]

这份契约明确指出了出租人、承租人、房租及支付方式、出租标的情况、租赁期间的意外责任、立契时间。除此之外，有一些房屋租赁契约的末尾还会写有保人，正文部分也会提及担保人和承租人的保证责任，具体如下[②]：

《当何房屋约式》

厶里厶都姓厶

右厶今得厶人保委，就厶处

厶人边当何得房屋一所，计几间几架，门窗户扇并已齐全，坐落厶都土名厶处，东至西至南至北至。前去住坐，每年议断赁钞若干贯文，不至拖欠。自住坐后只得添修，不敢毁折，及开置赌坊、停着歹人、塌卖私货，妄生事端，连累邻佑。如有此色，且保人并自知当，不涉本主之事。恐后无凭，立此为用，谨约。

年　月　日　佃人姓　某　号　约

保人姓　某　号

《新编事文类要启札青钱·后集》中记录的约式是元代民间常用的立契模

① 杜建录. 西夏史论集[M]. 上海：上海古籍出版社，2016：658.

② 杜建录. 西夏史论集[M]. 上海：上海古籍出版社，2016：659.

板，具有一定的代表性，这份房屋约式也从一定程度上反映出了元代民间租赁文书的格式规范已日趋成熟。

四、雇佣文书

在古代，雇佣是指雇佣者出钱让被雇佣者为自己做事或有偿使用他人的车、船、马等给自己服务。与上文在买卖文书中讲到的典雇不同，这里的雇佣关系是单纯的劳动力购买关系，不具有人身依附性。在元代，典型的雇佣方式主要有两种，一种是人身的雇佣，另一种是雇赁运输。伴随雇佣实践的不断开展，雇佣文书经历了漫长的发展过程。早在两汉时期雇佣文书就已经普遍存在，后随着纸张的大规模应用，能保留下来的雇佣的书面记录也越来越多，这使得雇佣文书的样式和内容也更加丰富。

（一）雇身文书

雇身文书是记录购买使用人的劳动力的凭证。雇主与被雇人之间具有一定的身份隶属关系，元代将这种雇佣契约称为“雇身契”。在黑水城出土的文献中，有三件为汉文雇身契约文书，其中一件是至正元年（1341年）产生的一份关于小张的雇身契。该原件的编号为M1•0974[F38：W1]，具体如下（图7-4）。

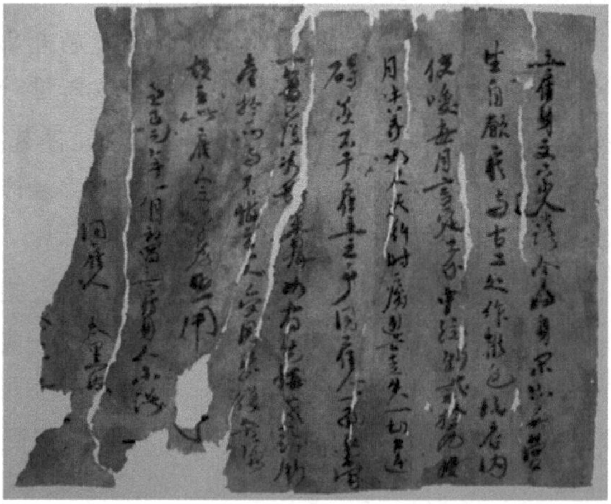

图7-4　至正元年（1341年）雇身契

其原文整理如下[①]：

立雇身文字人小张，今为身闲，别无营
生，自愿雇与古二处作杂色，酒店内
使唤。每月言定工钱中统钞贰拾两，按
月计算。如人天行时病，逃亡走失，一切违
碍并不干雇主之事，同雇人一面承当。
一写已后，各无番悔，如有先悔者，罚钞
壹拾两与不悔之人受用。恐后无凭，
故立此雇人文字为照用。
至正元年八月初四日立雇身人小张
同雇人太黑奴
□□□

这份雇身契约文书比较具有代表性，记录内容全面，包括立契双方的基本情况、立契人署押、末尾的立契时间、佣工内容、工钱的结算和支付方式、可能承担的意外责任及如若毁约将会面临的罚则。该时期的雇身契约相较于前代无论是在记录的内容上还是形式上都有着长足进步，这与元代疆土辽阔、政治上将人按照等级划分等复杂的社会环境都有着密不可分的联系。

（二）雇赁运输契约

雇赁运输是指被雇佣者运用一定的交通工具将雇佣者的货物在不损害质量的前提下，按时送到指定地方，雇佣者给被雇佣者一定的劳务报酬。这种雇赁契约相当于我们现在的运输合同。在元代，这类契约中会出现“揽脚人”“脚夫”等标志性词语。下文是一份比较完整的雇脚夫契式[②]：

《某州某县某里脚夫姓厶》

右厶等今投得厶乡厶里行老姓厶保委，当何得厶处某官行李几担，送至某处交卸。当三面议断工雇火食钞若干贯文，当先借讫上期钞几贯，余

① 杜建录. 西夏文献研究[M]. 兰州：甘肃文化出版社， 2017： 314-315.
② 杜建录. 西夏学（第 14 辑）[M]. 兰州：甘肃文化出版社， 2017：184.

钞逐时在路批借，候到日结算请领。且某等自交过担仗之后，在路须用小心照管，上下不敢失落，至于中途，亦不敢妄生邀阻需索酒食等事。如有闪走，且行老甘自填还上件物色，仍别雇脚夫承替，送至彼处交管。今恐无凭，立此为用。谨契。

年　月　日　脚夫姓厶　号　契

行老姓　某　号

这份契式全面地分析了雇佣双方的权利和义务关系，这是在陆地上的运输，以人背负物品行走的方式为主。由于元代商品贸易发展迅速，加之疆土辽阔，除了陆地运输还会涉及海上运输，这种租赁运输方式也产生了契约文书，在民间就有《雇船只契式》[①]：

《雇船只契式》

厶州厶县厶处船户姓　某

右某今托得某乡某里船牙姓某保委，揽载得某处　某官行李几担，前到某处交卸。当三面言议，断得工雇水脚钞若干贯文，当已借讫几贯为定，余钞候载到彼岸，交卸了当，尽数请领。自装载后须用小心看管，不敢上漏下湿。如有损坏，甘伏一一偿还不词。谨契

年　月　日船户姓　某　号　契

船牙姓　某　号

这份契约强调了船牙作为船业运输的首领既起到中介的作用，又是揽运者的担保人。可以看出，在元代，牙人在租赁关系中起到了重要作用，其责任义务在雇佣契约中也有所体现。

由于商品经济的发展，宋代就有众多有关“行”的记载，还出现了一些专门以交通运输为行业的劳务关系，到元代已经发展成具有较大规模的行业，有其独特的组织、惯例和契约样式。

① 黄时鉴. 元代法律资料辑存[M]. 杭州：浙江古籍出版社，1988：249.

第三节　小　　结

元代重商思想引发了商品经济的繁荣，科学技术水平的提高及大运河、丝绸之路等交通条件的便利，使得国内外的商品流通日趋频繁。随之产生的相关商业文书无论是从种类上还是从数量上较前朝均有所突破。具体表现为商业文书记录了较为广泛的商业活动类型，包括借贷文书、买卖文书、租赁文书、雇佣文书等几个大类。在元代几个比较典型的商业活动圈出土了大量具有本地区商业特色的商业文书，如斡脱商业文书、黑水城商业文书、泉州商业文书和徽州商业文书。这些地区出土的商业文书主要是以契约的形式存在的，较为全面地还原了元代商业活动的基本状况。

元代商业文书的载体使用趋于稳定，以纸张记录为主，既有成体系的书本记录，也有碎片化的单份材料，其中以书目记载的数量居多，主要有官方史书和民间记录两大类。商业文书的记录多集中出现于综合类书籍中的一部分，记述内容比较广泛，涵盖商人、商品交易种类、商业现象、商品交换方式与商业相关的法律制度规范和惩罚措施等方面。而单份材料多为民间在各种商业活动中形成的契约。从总体来说，元代商业文书记述的内容较为完备、格式趋于成熟，这为明代商业及其商业文书的发展奠定了基础。

第八章 明代的商业文书

明代，一个在中国历史上占据重要地位的封建王朝。自1368年朱元璋推翻元朝、建立大明以来，历经近三百年，社会经济得到了前所未有的发展。这一时期，社会稳定，农业繁荣，手工业技术精湛，商品经济更是达到了新的高度。随着商业活动的日益频繁和复杂化，大量的商业文书应运而生，成为记录当时经济活动、商业交往和社会变迁不可或缺的载体。

在这样的历史背景下，商业文书不仅数量激增，种类也日益丰富。它们广泛存在于典籍文献、出土文献之中，以及后人对这些原始资料的整理汇编里。这些商业文书既包含了政府为了规范市场秩序、保护商人权益而颁布的立法类文件，也涵盖了民间商帮在长期的商业实践中形成的各种契约、协议和账目记录。具体而言，买卖契约文书、典当文书、借贷租赁文书、雇佣文书、合伙契约文书、运输契约文书、加工承揽契约文书以及经商执照文书等，构成了明代商业文书的主要类别。这些文书不仅展现了明代商业活动的广泛性和多样性，也反映了当时社会的经济制度、法律规范和商业惯例的演变。

第一节 概　　述

1368年，朱元璋建立明朝，标志着中国封建社会新阶段的开始。明朝初期，通过一系列政治、经济和文化改革，社会经济逐渐稳定，为商业繁荣奠定了基础。明成祖朱棣迁都北京，疏浚大运河，促进南北交通与经济交流；同时，郑和七下西洋，拓展海外贸易，为商业发展注入新动力。尽管明朝初期有“抑商”

政策，但中后期随着商品经济兴起，政府开始扶持商业，降低商税，放宽市场准入，商业活动频繁，规模与种类大幅扩展。农产品、手工业品、国内外贸易均展现出前所未有的活力。在此背景下，商业文书大量涌现，涵盖买卖、典当、借贷、雇佣、合伙、运输等各类契约，不仅记录了商业活动，反映了社会经济状况和商业观念，也为后世研究提供了宝贵资料。

一、明代商业及其对商业文书的影响

中国古代商业文书发展到明代，可以说已经相当成熟。明代是中国封建社会历史上一个重要时期。在这一历史阶段，社会经济结构发生了深刻的变化，虽然传统的自然经济仍占据着主导地位，但封建商品经济已有了很大变化，尤其是明代中后期，其变化更大，对明代政治、人民的思想等产生了极大的影响。这一时期，明政府颁布了一系列利于商业发展的诏令，商业文书就是在这样的政治、经济环境下繁荣发展的。此外，这一时期产生了大量立法类商业文书，契约订立程序也日益完善，民间商帮商业文书亦较前代发展更趋成熟。

（一）明代商业

明初期奉行“重本抑末”政策。朱元璋曾言：“若有不务耕种，专事末作者，是为游民，则逮捕之。”①商贾的社会地位十分低下。到了隆庆三年（1569年），大学士高拱提出《议处商人钱法以苏京邑民困疏》，奏请隆庆帝重视商人困难，破解商业困境。张居正又提出“农商荣枯相因”，再一次肯定了商业的作用。到了明代中后期，商人地位有所提升。“亦贾亦儒”“弃儒就贾”等现象开始出现。

明太祖发行的“大明宝钞”流通失败之后，明代开始转向以银本位为主的货币体系。正因如此，16世纪中叶之后，拉丁美洲和日本白银的大量流入又进一步促进了中晚明经济的发展。

1. 全民皆商

明朝人的商业意识比前代有了新的提高，尤其是明中叶以后，社会上的商

① 转引自卢雄勇. 苏商伦理及其社会价值研究[D]. 南京：南京大学，2011：27.

业风气日益浓厚。文人墨客、妇女儿童也都加入到商业活动中。整个社会都对商业有一种赞同和支持的态度，商业的发展速度非常快。

2. 商帮兴起

在漫长的封建社会，商人更多的是个体分散式的经营，并没有出现比较大的商人群体，在封建统治者压迫下的发展，也是有“商”而无“帮”。直到进入明朝时期，这种情况才真正得到了改变。

明朝行业丰富、商品数量增多、竞争日益激烈，商人为了规避内部不良竞争，提升对外竞争力，在没有法律保障的封建体制内利用集体的力量更好地自保，开始利用天然的乡亲宗族关系，联系起来，互相扶持，同舟共济，逐渐形成了以地域为中心的商业组织，即商帮。

3. 资本萌芽

明朝中后期，商品经济发达，手工工场规模扩大，工匠、赋役制度改革，一些人可以出钱代替服役，同时，“一条鞭法”减轻了农民的负担，扩大了他们的人身自由，这为农民出卖劳动力创造了条件，尤其在江南一些纺织业发达的地区，商人开始大规模地投资纺织业，他们出资金，机工出劳动力，也就相当于现在的雇佣关系，这也就是中国最早的资本主义萌芽。

（二）明代商业对商业文书的影响

首先，在国家政策上，明政府给予了商业更大的发展空间。明朝的商业税是国家财政收入的一个重要来源，《天府广记》载，天启五年（1625 年），全国 8 个钞关岁入正余银高达 480 万余两，为万历中期钞关岁入正银的 12 倍。[①]这使得政府也非常重视商业，因而产生大量立法类商业文书。《大明律》对商业经营做了详细的法制规定，如匿税（逃税）：“凡客商匿税，及卖酒醋之家不纳课程者，笞五十。物货酒醋一半入官。于入官物内，以十分为率，三分付告人充赏。务官、攒拦自获者，不赏。入门不吊引，同匿税法。其造酒醋自用者，不在此限。若买头匹不税契者，罪亦如之。仍于买主名下，追征价钱一半入官。”[②]《明律·兵律·诈冒给路引》载：“官豪势要之人，嘱托军民衙门，擅

① 王毓铨. 中国通史·中古时代·明时期（上）[M]. 2 版. 上海：上海人民出版社，2015：770.

② 怀效锋. 大明律·户律五[M]. 北京：法律出版社，1999：80.

给批帖，影射出入者，各杖一百。”①

中国历史上有十大商帮：山西的晋商，徽州的徽商，临清、济宁、聊城、烟台一带的鲁商，以宁波为中心的浙商，以龙游县为中心的龙游商，苏州的洞庭商，江西的江右商，以福建沿海为中心的闽商，广州、佛山一带的粤商，与晋商同时兴起的陕商。十大商帮都形成于明代。商帮的兴起与活跃亦推动了商业文书发展的又一次大爆发。

以具有代表性的徽商为例，徽商是在元末明初兴起、明代中期壮大的中国著名的商帮之一。他们的活动遍及全国，甚至远到海外，沿江一带向有“无徽不成镇”之谚。徽商称雄国内商界300多年，他们在商业活动中留下了大量的珍贵文书档案，如中国社会科学院古代史研究所收藏的《康熙九年吴枢臣卖盐廒契》，就是徽州盐商吴枢臣将从父亲那里继承下来的杭州府仁和县西路场盐场的一间盐廒卖给其叔的契约。明代借贷契约的样式，兹引《明万历五年安宁州张瑚借银约》如下②：

立借银约人张瑚，系安宁州民，□新化州吏。为因缺用，情愿凭中立约，借到本州民赵　　名下松纹银壹两伍钱，每月共行利肥伍索。其银限至本年三月终一并归还。如若短少分纹，将约赴官理取。今恐人信难凭，立此借约存照。(押)

实计借纹银壹两伍钱，每月共巴伍索，将号票壹张作当。

万历伍年贰月拾伍日立

借□约人张瑚（押）

中证代保人戴（押）

二、明代商业文书的基本构成和特点

虽然明初奉行“重本抑末”政策，但是步入明朝中叶后，随着小农经济与市场的联系日益紧密，农产品商品化得到了快速发展。资本主义萌芽的出现，使得人们普遍开始冲破“重农抑商”思想的束缚，摒弃“重农抑商”而走向“工

① 怀效锋. 大明律・兵律三[M]. 北京：法律出版社，1999：118.

② 张传玺. 中国历代契约会编考释（下）[M]. 北京：北京大学出版社，1995：1065.

商皆本”。就是在这样的大环境下，明代商业文书繁荣发展。

（一）明代商业文书的基本构成

论及明代商业文书之构成，可以从多个角度进行叙述。若以形成者为标准，明代商业文书可以分为由政府形成和由民间形成两类，具体分为《大明律》等立法类商业文书和商帮等民间商人及商业组织形成的商业文书；若以文书内容为标准划分，则包括买卖契约文书、典当文书、借贷租赁文书、雇佣文书、合伙契约文书、运输契约文书、加工承揽契约文书、经商执照文书等；若就其性质而言，又可分为私家文书和官府文书。私家文书大多属于一种民间行为，许多私家文书都是私下交易的，如土地买卖中的白契、抄契簿、租底簿、商业合同等。官府文书是指，由官方制定的或者由官方认可的文书，如黄册、执照、布税票、土地买卖文书中加盖官印的红契、验契纸等。

（二）明代商业文书的特点

1. 出现更大规模的民间契约

中国传统社会的民间契约产生于先秦时期，秦汉时期的契约多以金石、竹木简的形态存在，南北朝、唐宋时期则以纸质契约为主，到了明代，材料或内容甚至是格式等方面都达到了较高的水平。明代社会经济文化的高度发展和繁荣，有力地推动了契约制度在民间社会各领域的发展和普及。明代民间契约习惯不仅遍及财产关系领域、家庭关系领域、人身关系领域，而且在工商贸易领域，以及民间社会管理领域都普遍出现了契约现象。明代民间社会的契约从民众观念的树立到民间实践的普及、从契约格式的多样化到契约内容的高度完备，已经达到了中国传统社会的最高境界。明代财产契约的交易对象包括不动产土地、房屋，以及不动产组成部分的“田骨”“力坌”的买卖、租佃、典当等。交易对象的多样化，使得契约种类也愈加丰富。例如，《中国历代契约粹编》中记载的包括买卖契约、契尾、税票、推单、钱粮收贴，共 357 件；典当契约 9 件；租佃、佃仆文约 26 件；借贷契约 3 件；伙山经营合同 12 件；族产管理合同 13 件；换产、分产契约 27 件。

2. 商业文书种类更加丰富

明代经济的蓬勃发展及商业规模的不断扩大，使得商业文书的种类也更加丰富。不仅出现了包括国家制定的许多商业法律法规类文书，还产生了大量的民间雇佣文书、契约文书、借贷文书、经商依凭，以及通行文书、经营活动文书、账簿账单、房屋土地专卖契约、商业札记等。明代商业的发展使得文书种类更加丰富，我们也正是从这些商业文书中更多地了解到了明代商业的繁荣。随着经济的发展和国家对商业的支持，明代商业文书的种类相比之前的各个朝代都要多。由此可见，从商业文书的角度上看，明代的商业发展是先秦以来最为鼎盛的时期，也是商业文书体系发展成熟并完善的时期。

3. 商业文书条款更加完备

从法律角度而言，明代商业的法律文书不仅详细规定了商业活动各方面的内容，并且对违反规定者也制定了相应的惩罚措施。商业文书的条款更加完备，做到了有备无患。以契约文书为例，明代契约文书最主要以买卖契约的形式存在，契约约束的领域也更加广泛，除了一般商品的买卖需要签订契约外，土地、奴婢买卖也需要签订契约；签订的契约往往还需要注明证人来进行担保。另外，还出现了政府对契约活动的干预，如出现了契约担保制度。动产交易的对象不仅包括耕畜、船只还包括其他小件生产生活工具的买卖、租借、典当和交换。在明代民间社会，通过对明代民间契约具体内容的观察，发现“典”“当”“租”“赁”的条款是有明显区别的。

第二节　明代重要商业文书种类

由于明代商业活动类型繁多、经营行为复杂多样，所形成的商业文书纷杂浩繁，很难一一列举。因此，本节将重点介绍现今存量较大及当时使用较多的契约和账簿等有代表性的商业文书。

一、买卖契约文书

买卖契约是商品交换的集中反映，随着明代商品经济的发展，商业买卖的标的物更加丰富，大到土地、房屋、牛马，小到一般的生产工具和日常生活用品，其中重要的动产、不动产及较大规模的交易都需要订立书面契约。至明中晚期契约形式也已经相当规范，契约格式也基本固定下来。

（一）土地买卖契约

明代土地买卖除了有传统的亲族优先购买的习俗外，没有更多的购买限制，基本上是比较自由的“田宅无分界，人人得以自买自卖”[①]。契约内容包括立契人姓名和买主姓名；房屋或宅基地的来源、所在位置、类型、名称、面积或数量；房屋或宅基地的价格；赋税的过割及其卖主的责任；等等。民间手写的契约称为白契，白契不受法律保护，官府不予认可，一旦被查，还要遭到重罚甚至领刑。持契人缴纳契税后由州县官府在白契上加盖官印，白契即成为官府认可的红契。红契不仅是缴纳契税的凭据，还是物权的法律保证，下文以明崇祯十五年（1642 年）徽州土地买卖契约为例，具体说明土地买卖契约的内容及格式[②]：

《程爱老卖田契》

直隶徽州府歙县

月字九百八十九号契纸，产价捌两、税银肆钱、领契纸坊长　里长

立卖契人程爱老，歙县宁泰乡十一都五图人，今将[将字衍]因缺少使用，自情愿浼中将河字一千八百三十七号田，计税六分七厘七毫，土名水汲丘，东至方丘田，西至程元寿田，南至坑，北至路，于上四至明白，凭中三面议定，出卖与二十三都五图凌名下为业，得受时值价纹银捌两整。其银、契当即两相交明白，其田日下听凭过割管业，人买人户支解。从前至今并无重复交易，亦无威逼准折等情，系是两相情愿。今恐无凭，立此卖契为用，存照。

其田旁上有窖一只，砖瓦俱全，亦付凌经管，再批。

崇祯十五年肆月二十三日　立契人　程爱老（押）

中见人　刘少华　程积桥

凭　里　程良宪

代书亲弟　程都老

---

① 陈义钟. 海瑞集[M]. 北京：中华书局，1962：316.

② 安徽省地方志编纂委员会. 安徽省志・文物志[M]. 北京：方志出版社， 1998：592.

此契为棉皮纸，长方形，长62厘米，宽52厘米。墨书直行，钤有歙县官府印记，系赤契。这种土地买卖契约由卖主、中人和代拟契约者三方签字画押，“地契中当事人、中人、保人的画押，起初是画指或押字，后来把画指和押字形象化和艺术化，又称为‘花押’”①。

（二）卖房契

中国古代农业社会中，房屋和土地一样与人民生活紧密相关。故而房屋买卖契约的订立必然隆重而详细。

《卖屋契格式（乙）》

某都某人，今为无银用度，情愿将自己该分祖上遗下房屋几间，大小若干，或带菜园旷地在内。东至某人屋，西至某房，南至某处，北至某处。今将四至明白，欲行出卖，投请房族，无人承买，凭中引到某处，三面言议时值价纹银若干两正。其银即日交足，其房任从买主管业，卖主并无寸瓦片石一木在内。候造册之年，听从除割收，永为己业。其房的系即己应分，并不曾典挕交加，不明荐事。如有各色出，自卖主支当，不涉置买主之事。此系书根，各无反悔。今欲凭立契存照。②

从以上所引契式足见买卖双方的具体权利义务。总的来说，就是卖方把标的物和产权转给买方，买方按照契约规定支付相应金额。此外，卖方还须向买方承担追夺担保之责任，即所谓“如有各色出，自卖主支当，不涉置买主之事”之类的保证。在实际所立卖契中，立卖契人、中人及亲属乡邻还须签名画押，注明日期。由于明朝法律禁止田宅买卖重复交易，禁止虚钱实契侵占他人田宅，因此，有的契约还注明有“无重复交易，并无债负准折”等语句。

再以明天启元年（1621年）徽州《程伯铼房屋卖契》③为例，说明明代房屋买卖契约的主要内容与格式④：

---

① 张德义，郝毅生．中国历代土地契证[M]．保定：河北大学出版社，2009：24.

② 张传玺．中国历代契约会编考释（下）[M]．北京：北京大学出版社，1995：1010-1011.

③ 此契约于1986年由房主程梦周献出契（原契缺字），现藏于黄山市屯溪区文物管理所。

④ 安徽省地方志编纂委员会．安徽省志・文物志[M]．北京：方志出版社，1998：590-591.

《程伯铼房屋卖契》

十六都十二图，立卖契人程伯铼，今将承祖阄分到有字：二千一百四十四号，土名松林园基地乙（已）业，于上原造五间楼屋乙重（幢），厨屋共六间，计地　　计税　　其地东至众人行路，西至园，南至买人地，北至卖主地。今将前行四至内地，本身合得八股之中合得一股，计上下楼房壹眼，坐东边后房，计税陆厘叁毛（毫）二丝五忽。于上原造屋宇门扇、木、石、尺壁浮等项，本身合得分数，凭中立契，尽行出卖与　　堂兄名下为业，三面议定，时值价银肆拾伍两正，其银当成契类。自从出卖之后，一听买人随即管业收税。如有内外人言论，尽是卖人之当，不涉买人之事。所有税粮，候大造年，于本家程应大等户内割，推入买人户内，输纳即无难异（易），倘有字号不明，亩步不清，自有四至。现业狭（核）定，今恐人心无凭，立此卖契存照。

所有契内价银，隋（随）契收足。具来脚契文与别产相连，缴付不便再批。

天启元年闰二月十二日

立契人程伯铼（画押）

中见人程德言（画押）

程守之（画押）

程承谦（画押）

此契质地棉皮纸，长方形，长 34 厘米，宽 52 厘米，墨书直行，朱砂印章（6.7 厘米×6.7 厘米），印文模糊不清，系赤契。这份房屋卖契的立契人程伯铼，将分得遗产，出卖给堂兄名下，彼此相求相应，合乎“敦义睦族”的族规。[①]

明代田宅买卖关系中产权转移的法定程序有税契、过割两项。《大明律·户律·田宅》“典买田宅”条云：“凡典买田宅，不税契者，笞五十，仍追田宅价钱一半入官；不过割者，一亩至五亩，笞四十，每五亩加一等，罪止杖一百，其田入官。”[②]《明史》云：“凡民间贸田宅，必操契券请印，乃得收户，则征其直百之三。”[③]可见，税契是转移产权的必经程序之一，其税率为 3%。税契

① 卢茂村. 三张明代卖身卖田卖屋契[J]. 农业考古，2001，(3)：112-113.

② 曲彦斌. 中国典当史 [M]. 沈阳：沈阳出版社，2007：64.

③ （清）张廷玉，等. 明史[M]. 长春：吉林人民出版社，2005：1188.

作为一种商业文书，在转移产权过程中的重要性可见一斑。过割是指交付土地的使用权利，同时转移纳税的义务。由于明代土地的“过割”要登记在黄册上，而黄册是每十年一造的，因而，土地卖契中常有“其税粮至造册之年过割”的语句。

二、典当文书

明代典当行遍及全国，十分活跃。经济繁荣的大城市通常有数百上千家当铺，偏远的小镇里也能有一两家当铺。有趣的是，明代中期以后，当票上往往不写明准确的赎当日期。仔细想来这种情况也并不奇怪，因为社会的稳定发展，大多数人对未来是看好的。所以债权人并不急着收回本金，而是希望可以长期投资，永久获利。

（一）当票

当票有时也被称为“典票”，是指典当机构收当后，交付给当户的凭据，也就是典当契约。明代当票一般有长方形和正方形两种，后者较为少见。长方形当票长约 20 厘米，宽约 15 厘米。母版木刻，以麻纸印刷。当票上除铺号等格式说明文字外，交易成功后由当铺用毛笔填写当物名称、成色、数量、银钱数额、编号之类内容。填写内容悉用“当字”书写。当字体十分特殊，既不是行书，也不是草书，独创一格，自成一体，而且各帮流派的字体各不相同，外人难于以辨识。这既有防止冒领、诈骗之意，又有发生当物损坏后便于推诿赔偿责任之图。

质押期满后，质押人若不赎当，必须办理转票手续，交足利息，重新估价，再定满期时间及利率，否则即为“绝当”或“死当”。绝当物品的所有权属于当铺，当户无权过问。为防止典当员误收赃物和假贷，各家当铺都要在当物上记载经手人姓名，负有赔偿责任。当物入典经估价约定后，开具当票交当户作为凭证。

（二）土地典当契约

明初制定之《大明律》首次将典卖田宅的内容纳入正式律文，从性质和制度上说明了典与卖不同。《明律集解·户律·田宅》“典卖田宅”条云：“以田宅质人，而取其财，曰典。以田宅与人，而易其财，日卖。典可赎，而卖不可赎也。”①

典当契约文约需由当主（土地所有者）、当客（当户）双方共同请来中证人和地方行政长官立具，各方画押签章为凭。契约（典当文书）需述明典当双方当事人姓名、典当原因、所当田地名称、当期、当金数额等事项。

典当契约分典契和当契。典契是指，将土地财产典出后，土地暂时归受典人支配，出典人已无耕种权、租佃权等使用权的契约。当契则指，土地当出后，使用权和所有权不转给受当人，出当人租佃该土地，并以这块土地的租额作为利息。典契与当契虽然同为抵押财产贷款的一种契据，其间也有一些区别。

1. 典契

下面以明代徽州契约《歙县鲍懋管典田契》为例，说明明代典契的内容与格式：

二十一都四图立典契人鲍懋管，今因欠少使用，自情愿浼中将承祖分受己分下，新丈鸣字二千四百八十八号，计田壹亩伍分伍厘九毫零，其田坐落吕湖瑕，又将新丈在字二千九百八十五号，计田陆分捌厘陆（毫）零，（下均为田号，略），二共计田贰亩柒分零叁毫，共田陆坵，计田税陆亩叁分柒厘壹毫零，尽行出典与本家叔□□名下为业，三面议定时值典价秃纹银贰拾柒两整。其价银当日收足。其田即日听凭典主管业。其税粮系身支解。其田从前至今并无重复交易、典当他人。系是两相情愿，并无威逼、准折之类。倘有亲房内外人等前来异说，俱身一面承当，不干收典人之事。其有来脚契壹纸，并付典人收执。今恐无凭，立此典契为照。

明天启七年十二月十八日立典契人　鲍懋管（押）　鲍用晦（押）

凭中人　程仁之（押）　鲍志左（押）

---

① 戴炎辉. 中国法制史[M]. 台北：三民书局，1979：312.

其典田使用，约五年后取赎，与身无涉。如五年前赎，身认使用无辞。其价银俱秃纹，系梁平兑管。再批。

主盟母　　鲍阿王（押）[①]

从上述典地契中可以看出：第一，土地出典原因，是由于“欠少使用”的缘故，这一点是土地典当能盛行于明代乃至整个封建社会农村的一个重要因素。第二，土地典当形式与土地买卖中的“活卖”相似，故典当形式完全是依照土地的买卖进行的。典当土地为出典人应急之用，并存取赎之心的情况下发生的。从形式上看，它是出典人用土地作为抵押，以换取受典人所支付的价银，并以各自的信用为担保而体现的一种互利关系，但究其实质，却是一种临时性或暂时性的地权转移，因此在出售方式上，完全是仿照了土地的买卖。如契约文书的立定，一般都依次开具契种、立契人姓名及所在都图、面积、受典人及其所支价银，以及立契年月，并有凭中人。第三，土地一经典出之后，其所有权与使用权，在规定的取赎期内，完全让渡于典主，其田可由典主号召他人，或由原来主佃种，其所收之租额，以代典价银之利息。[②]

2. 当契

明代当田契约格式：

立当田契人某都某图某人，今因家下无银用度，日食不敷，情愿将祖父遗下自己受分基趾，沟地水陆田塘一段，坐落土名某处，计几十几亩，该租若干，四至明开在后。先召亲房，后问田邻，无人承当。时凭户族邻中，出卖与某名下承当为业。三面言议，实典纹银若干整，即日交完无欠。其田听从当主管业。每年议纳粮银若干。银无起利，田不起租。不拘年限，银到田还。但或未收花利，遽然取赎，约罚银若干。比（此）系两愿，各无反悔。今恐无凭，立此当田文契为照。[③]

当契一般不注明期限，均注明“取赎不论早晚，银到契还”“听凭早晚将

① 严桂夫，王国健．徽州文书档案[M]．合肥：安徽人民出版社，2005：154.

② 王海燕．明代典当业初探[J]．东北师大学报（哲学社会科学版），1998，(1)：56-62.

③ 张传玺．中国历代契约粹编（中）[M]．北京：北京大学出版社，2014：919.

原价取赎”。一般情况下，将财产当出后，出当人仍使用当出财产，按所当财产价值交付相应的利息。如利息交的是谷物，还要注明是否“干谷”“风车净谷”“挑送上门”等条件。如利息交的是银两，则注明成色，以及违约所承担的责任。如所当为土地，则当后承佃，以租代利。

三、借贷租赁文书

（一）资金借贷文书

借券又称借契、借票、借约，是商户之间互相拆借资金的凭据。晚明时期，随着商品经济的发展，在商业利润的吸引下，人们较多地通过借贷的方式筹措商业经营的启动资金；同时，随着贸易规模的扩大，某些商业活动可能大大超出商人原有资本的经营能力，更多的商人也通过借贷扩大经营资本，缓解资金不足的困难。因而，借贷成为晚明商人筹集资本的一种重要方式。[①]

任何借贷都是需要订立契约的。为说明明代借贷契约的格式与内容，引《明万历五年安宁州张瑚借银约》如下[②]：

> 立借银约人张瑚，系安宁州民，□新化州吏。为因缺用，情愿凭中立约，借到本州民赵　　名下松纹银壹两伍钱，每月共行利肥伍索。其银限至本年三月终一并归还。如若短少分纹，将约赴官理取。今恐人信难凭，立此借约存照。（押）
>
> 实计借纹银壹两伍钱，每月共巴伍索，将号票壹张作当。
>
> 万历伍年贰月拾伍日立
>
> 借□约人　张　瑚（押）
>
> 中证代保人　戴（押）

从这个契约可以看出，借贷契约上要写明借贷双方姓名、籍贯，借款原因、数量、日期和利率，并附保证条款，最后由借款人和中人签名画押。

① 孙强. 晚明商业资本的筹集方式、经营机制及信用关系研究[D]. 长春：东北师范大学，2005：22.

② 张传玺. 中国历代契约会编考释（下）[M]. 北京：北京大学出版社，1995：1065.

（二）租佃契

租佃契，亦称租约、佃约、租契。租佃是土地占有者将土地交付承租人使用时所立书面契约。明代的地权经历了一个从分散到集中的过程。到明中叶土地的集中已经非常严重。广大无地或少地的农民不得不靠租佃地主的土地为生。同时，由于田骨权和田皮权的分离，明代又出现一个新的阶层——二田主（也称小田主），专门依靠购买田皮权转佃谋利因租佃而产生的地租。明代地租分定额租和分成租两种。分成租是明代最主要的地租形式，分成比例一般是五五均分，如果地主提供种子、耕牛等生产资料，分成以四六、三七为多。这租佃形式主要流行在经济欠发达的北方地区。定额租，由租佃双方商定一定数量的租额，"交租之外，两不相问"，双方的依附关系较为松弛。这种租佃形式主要流行在农业经济发达的南方地区。

明代一般租佃的契约格式有二，即地主使用的招佃契式和佃户使用的承佃契式。招佃契式，包括田批式和园批式，其内容主要有地租、交租期限、量秤、承佃人的义务、处罚规则等。明末的承佃契式依内容的繁简程度主要有佃田批式（当荷式）、承佃田批式、认佃式、佃帖式、租批式。这五种契约都是佃户所立交付地主的，包括如下各项内容：承佃原因、保人或中人、承佃田亩、地租、纳租时间与地点、量秤、承佃人的义务、处罚规则等。[①]

在额租制下，租额是固定的。明代的契约都写明"早租""晚租"的额数。有的租额前还添上"硬"字。明代的硬租契约都写明"水旱包交"，表明这种租额没有讨价还价的余地。但其他名称，如早租、晚租、租谷等的额租是可以活议的。今引用《新刻徽郡补释士民便读通考》中的《佃田约》予以说明。其佃约全文如下：

> 立佃约人某，今佃到某都某名下，土名某处，田若干耕种，议定每年秋收，交纳租谷若干，每秤几十斤，净称，其谷务要干净。不致短少。如遇年程（景）水旱，请田主临田监割，分几分田租，分几分力粪。如无故

---

① 冯学伟. 契约文书之于古人生活的意义[J]. 法制与社会发展，2011，（1）：38-44.

荒芜田地，自甘照约交纳租谷赔偿。立此佃约。[1]

这是明末流行的租约格式，具有一定的普遍性。从以上佃约看，额租是指正常年景。遇有水旱，还可以活议。

（三）租店契

所谓房屋租赁契约，就是出租人将出租房屋交给承租人使用，承租人向出租人支付租金，并在租赁契约终止时将出租房屋还给出租人的协议。其实质就是有偿转移财物使用权的协议。租赁契约的形式和内容如下：

立赁房契人某，今因无房居住，情愿凭中赁到某名下草瓦房几间，家火几件，逐一开载明白。每年该赁房银若干，其银陆续支用。自立契之后，如有房屋倒坏，俱在主人承顾。若门户器用稍有失错，赁房人自当赔偿。今恐无凭，立此赁房文契为照。[2]

在实际立契中，还当有立契日期及立契人、中人的签名画押。从所引契式来分析，租赁契约双方当事人就契约的标的、租金数量责任等基本条款达成协议，即产生各自的权利和义务。出租人的主要权利是按约定收取租金。相应的义务有将租赁房屋按约交付给承租人使用；并负责对租赁房屋的修缮，如房屋倒坏，由出租人负责；契约关系终止时接受承租人返还的租赁房屋。承租人的主要权利是取得租赁房屋的使用权。其承担的主要义务有：如约按期向出租人交付租金；正确使用租赁房屋并予以妥善保管和爱护；契约终止时及时返还租赁物。

明代徐三省所集租赁文约格式，其中《租店约批格式》，说明了租赁关系的货币化：

某都某人，今租到某都某人名下土名某店房几间，开张。认定每年租

① 叶显恩. 明清徽州农村社会与佃仆制[M]. 合肥：安徽人民出版社，1983：76.

② 张传玺. 中国历代契约会编考释（下）[M]. 北京：北京大学出版社，1995：1070-1071.

银若干。或四季交纳，不致拖欠。凭此为照。[①]

该契式还附注说：如主人召佃，则云租与某人居住，或开张店铺。可见，明代房屋、店铺租赁契约关系中存在房主招租和承租人承租两种形式。[②]

四、雇佣文书

雇佣契约从形式上大致可分两种：一种是雇佣契约，这种契约会注明雇主姓名、雇佣期限、报酬及支付方式等，一般用于雇船夫、雇脚夫；另一种是典雇契约，这种典雇契约就好比典卖人身，一次性缴足典雇钱，受典雇者要听候使令，且不得违慢擅离，如果擅离或拐带财物出逃，出典人必须依数赔偿，这种契约一般用于雇长工。

（一）雇船夫约

明代商品运输大量依靠水运，因为水运装载量大，运费相对陆运低，并且安全不易碰撞损坏货物。水运必须寻找可靠的船户船夫。船户船夫良莠并存，有些不良船户船夫，会偷窃货物，或将船凿洞进水损坏货物，乘机偷窃，甚至凿船自沉，把货物占为己有。还有的勾结暗盗途中抢劫、杀人越货时有发生，弊窦丛生。《士商类要》卷二记曰："凡卸（写）船，必由船行经纪，前途凶吉，得以知之。间有歹人窥视，虑有根脚熟识，不敢轻妄。倘悭小希省牙用，自雇船只，人面生疏，歹者得以行事，以谓谋故，无迹可觅，为客者最宜警惕。"[③]客商与船户船夫亦须订立契约，其契约式样如式：

《雇船契》

立雇船文契船户×，系是×处人，今将自己民船一只，揽载到X客人名下×货若干，载至×处交卸。三面埠头议定船钱水脚银若干，余银到彼地结算完足。自上船之后，所载货物须要小心遮盖，不许上漏下隰，或遇盘滩

① 张传玺. 中国历代契约会编考释（下）[M]. 北京：北京大学出版社，1995：1071.

② 怀效锋. 中国法制史[M]. 北京：中国政法大学出版社，1998：348.

③ 中国商业史学会. 货殖——商业与市场研究（第三辑）[M]. 北京：中国财政经济出版社，1999：721.

剥浅，如有疏失货物，船户甘认照依原价赔还。今恐无凭，立此船契为照。[1]

另一船户契，略有不同，兹录如下：

《船户河交》

×处船户×，今得保领就×河（名）下，将自己船一只，揽载X人货物并行李若干，直至×河下交卸。议定每担水脚银若干，其银沿路批备，候载至地头结算凑足。所载货要小心搭盖，不敢上漏下隰。如有损坏货物，及搬滩博（剥）浅，如有疏遗，船户甘认照依地头卖价赔还。恐后无凭，立此河交为照。[2]

两份船户契约要点是：船户姓名、从何处至何处、货物（包括行李）数量、托运人姓名、水脚银数、运费待到目的地结算（或先付部分运费到终点最后总结算）、船户应负责任、保管货物的安全（包括不被水浸、丢失）、如有损坏或遗失须按原价赔偿。订立契约需由“埠头”“地头”三面协商决定，即必须有中介人兼具保人在场。

（二）雇脚夫契约

陆路运输靠车马，但装卸或过岭、过渡需肩挑背负，水运过渡、过滩及水陆联运装卸则需卸挑运夫，这在明代统称为脚夫。雇用脚夫也须经“经纪”（牙行）中介，或请“脚夫”中介方可放心，与脚夫须订立契约，被称为雇脚夫契。

雇脚夫亦须有契约：

《雇脚夫契》

立雇脚夫文契人×，今将自己亲身揽到×客人名下行囊货物若干，挑至×处交卸，三面议定工银若干。自上路之后小心看管，货物不致疏失，脚人

① 中国商业史学会. 货殖——商业与市场研究（第三辑）[M]. 北京：中国财政经济出版社，1999：721.

② 中国商业史学会. 货殖——商业与市场研究（第三辑）[M]. 北京：中国财政经济出版社，1999：721-722.

自管赔还，或有一人不到，仍甘将己银另雇人送。今恐无凭，立此为照。[①]

另有一契。稍有不同，录下以供比较：

《雇脚夫契》

×处脚夫甲头×，今将×处×人货几担并行李，承揽到脚夫挑至×处店内交卸。议约每挑工食银若干，每挑先借上期银若干，余者候挑至地头算明凑足。自上路后务小心看顾货物，不致失落损坏。如有一名肩挑不到，甘将已银工雇人前（挑）到地头。如有走闪，系保人跟寻下落，照地头卖价赔还。恐后无凭，立文约为照。[②]

上列二契要点是雇佣双方姓名，货物名称数量，交货地点，工银。脚夫责任是小心看管不能失落货物，如失照赔，一人不到得另雇脚夫挑到。但第二契要比第一契周到全面，有三点补充：一是雇佣双方的籍贯都里，有招保人；二是挑货至店内交卸；三是可先借工银若干，余额待货到补足结算。后契显然比前契条款齐全。契约订立也必须有“经纪”“脚头”在场三面议定。

（三）雇长工契

明代经济的发展带动了雇佣制的发展，特别是明中叶以后，伴随工农业及商品货币经济的发展，劳动力市场也随之产生，农业和手工业、商业等领域雇工现象普遍。雇工分长、短工，短工视为一般平民，长工乃“立券用直，工作有年限者”。所谓立券，就是雇佣契约，但雇主与受雇人之间仍有主仆名分，说明人身依附性尚未完全去掉。

明代雇佣长工订立的雇佣文约已有通行格式，明后期称为“雇长工契式”“雇长工契”“雇工帖”“雇工契”等，其格式和内容如徐三省《世事通考·外郑·文约类》载《雇工人文约》所示：

① 中国商业史学会. 货殖——商业与市场研究（第三辑）[M]. 北京：中国财政经济出版社，1999：724.
② 中国商业史学会. 货殖——商业与市场研究（第三辑）[M]. 北京：中国财政经济出版社，1999：724.

立雇约人某都某人，今因生意无活，自情托中帮到某都某名下替身农工一年，议定工银若干。言约朝夕勤谨，照管田园，不懒惰。主家杂色器皿，不敢疏失。其银归按季支取，不致欠少。如有荒失，照数扣算。风水不虞，此系天命。存照。[①]

从上述契约可看出，此契约一般由雇工本人或其监护人签立，内容主要包括立雇原因、雇工期限、工价、工作职责、发生意外等，自受契立雇后，雇工尤其是长工对雇主具有一定的人身依附关系。

五、合伙契约文书

明代随着商业经营规模的不断扩大，商业竞争的加剧，往往需要巨额的资金或合作经营才能应付自如。在这种形势下共同出资、共同经营的经营形式开始出现。

（一）合资经营文书

明清时的商业合伙已极为常见，在各类文书大全之类的书籍中常常可以看到合伙契约的契式，一般被称为“合约”“合同”，采用一式多本、骑缝画记号或文字的“合同契”形式。

合作经营文书的签订是为避免因钱债而引发经济纠纷招致官司，明代商人特别重视合同文书的使用。凡是合伙经营的情况，都需要在开始之前订立契约，根据资金大小或各方意愿，签订合伙经营的契约，用该契约来具体约束各方的责任与义务。明代出现了标准的合伙经营的契约格式，合伙契约格式如《新刻徽郡补释士民便读通考》所载：

立合约人　　窃见财从伴生，事在人为。是以两同商议，合本求利，凭中见，各出本银若干，同心揭胆，营谋生意。所得利钱，每年面算明白，量分家用，仍留资本，以为渊源不竭之计。至于私己用度，各人自备，不得支动店银，混乱帐（账）目。故特歃血定盟，务宜苦乐均受，不得

① 张传玺. 中国历代契约会编考释（下）[M]. 北京：北京大学出版社，1995：1069.

匿私肥己。如犯此议者，神人共殛。今欲有凭，立此合约一样两纸，存后照用。[①]

可见合伙契约的内容有关于出资、分红、公积金的约定，但都没有关于偿还合伙债务方面的条款，也没有关于合伙字号、合伙经营问题的约定，特别是没有关于股份转让的规定。从现代民法来看，这还不能算是完整的合伙契约。实际的契约应该有着进一步明确细节的“合同议单”之类的附件。不过为避免“晦气”和讨吉利，合伙契约一般确实并不明言有关债务的清偿问题，也没有转股的限制性约定。总的来说强调的是“一团和气”，并不预先设定发生问题的处理方式。

（二）伙山经营契约

伙山经营契约是山主在植树造林时和雇佣劳动者签订的，双方根据土地条件和植树要求议定工食价格订立契约。例如，《明成化六年祁门县徐志文兄弟伙山批》[②]：

十一都徐志文、徐志才，今讨到同都吴斯哲名下山一片、坐落六保，土名大寒坑口，前去烧荒种拨。凭中面议贴备工食银八钱正，栽种杉苗，无问平栈高低密种。候三年之后，请本主人相倪，如有不行，栽种荒废，甘罚加倍公用，仍行栽种无词。立此山批为用。

成化六年十月二十日 立山批人 徐志文（押）批

同弟 徐志才（押）

见人 谢三（押）

从这个契约中可以看出：雇工之所以要为山主去栽种杉苗，就是为了赚得工食银。山主对雇工的要求有二：一是“无问平栈高低密种”，即在他们承包的山地的各个角落，不管是平地还是起伏不平的地方，都要“密种”杉树；二是为了保证种树的质量，要求在3年之后，由山主进行检查，如果发现有“栽

① 谢国桢. 明代社会经济史料选编（下）[M]. 福州：福建人民出版社，1981：275.

② 张传玺. 中国历代契约粹编[M]. 北京：北京大学出版社，2014：940.

种荒废”之处，山主可以对雇工进行加倍惩罚，并要他们在荒废处仍行栽种。条件是相当苛刻的。

六、运输契约文书

明代随着商品交易规模的日益扩大，货物运输也越来越重要，从所见文献资料来看，货物运输已成为民事活动的重要客体，且普遍存在，陆运、水运皆有承运有“南船北马”之说。“北马”，如《大明律·户律·课程·盐法》所称“驮载者”，即是承运者为客商将货物运达指定地点后可获得约定的“脚钱”。“南船”承运因船户众多，他们或受雇于民，载运民间货物；或受雇于官府，运输税粮。由于水上运输风险较大，故船运契式已较规范，有契式为证：

> 某处船户某人，今凭某人保委，将自己船只揽载各客人货物，至某河下交卸，议脚与若干。所装货物，不许漏湿损坏。如遇□滩搁浅，若有疏虞，船户甘认，照数赔还。今欲有凭，立契为照。①

实契中还有日期及立约人、中保人签名画押。从所引契式来看，货物运输契约双方当事者的权利、义务清晰可见：其一，托运人的主要权利是要求承运人按契约约定将货物运至目的地，其主要义务是按约支付运费。如承运人没有按约将货物送至指定地点，托运人有权减免运费。其二，承运人的主要权利是按契约约定收取运费；其义务是使用运输工具将货物运送至指定的地点，并在交货之前负责货物的安全运送和妥善保管，货物如有短缺、损坏，负有赔偿责任。至于按约收取运费，则是受法律保护的，甚至可以货物抵偿。

七、加工承揽契约文书

加工承揽契约是加工承揽关系中双方签订的契约。这类契约主要靠民间习惯来调整，随着处理加工承揽关系经验的积累和总结，在民间逐渐形成了规范的包工契约格式，包工契约反映了手工业中存在的订货包工关系：

---

① 张传玺. 中国历代契约会编考释（下）[M]. 北京：北京大学出版社，1995：1070.

立议约人某，今包到某人器用几作（件），用心作造。当日凭中面议：高若干，大若干，俱有旧式照样。该银多少，本银工价一应在内，务宜细察精巧。造完之日，价银依议交足。如有不照原样，悉随减价无说。恐后无凭，立此存照。[①]

从该契式内容中可以看出，加工承揽契约双方当事人的权利义务分别是：承包人或承揽人之权利是在按约完成工程并交付使用后，要求发包人或定做人依约支付报酬；其义务是应按契约约定的技术条件和质量标准准时完成工程并交付于发包人或定做人，并对完成的工程负瑕疵担保责任。发包人或定做人的权利是，要求承包人或承揽人按约定的规格、技术和质量完成工作，否则可减价付款；其义务是按契约之约定，在接受工程或定做成果时，向对方支付酬金。[②]

八、经商执照文书

明代，对个体工商户通过“编审”制度施行监督管理。铺行开业要到主管部门登记注册，发给牌照，并由主管官吏定期调查资本数额和营业状况，尔后分等立案造册；对铺行的转让或停业，亦须核准。[③]明代对商旅的管制很严，客商、船户要在牙行和码头登记姓名、籍、路引、货物数目等，每月由官查照。由于封建政权的特性，当商业发展到某种程度时，封建统治者对其控制也就随之加强。他们严格控制盐茶等主要商品的贸易，以保证财政来源。到封建社会末期，封建统治者的贪婪性暴露得更加突出，明后期，朝廷派了许多宦官当矿、税监，四处搜刮工商业者的钱财。

（一）路引

路引也叫关券、商引、物引。明代凡外出经商，必须得到政府批准办理此证，以作通行之用。路引上面写明货物种类、数量及道路远近、填明县都图的地区名和持引人的姓名，以及到达的目的。此项管理由兵马司负责，实行严格

① 张传玺. 中国历代契约会编考释（下）[M]. 北京：北京大学出版社，1995：1070.

② 梁凤荣. 中国传统民法理念与规范[M]. 郑州：郑州大学出版社，2003：256.

③ 北京市地方志编纂委员会. 北京志·综合经济管理卷·工商行政管理志[M]. 北京：北京出版社，2001：92.

控制，商人外出贩运货物必须随身携带，以备沿途巡检司验查。

明代日用类书中列有一份路引的式样：

某县某里某图某人为告给文引事，缘某前往某等处探亲经商，诚恐前途阻滞，理合告给文引，庶免关津留难，为此给引是实。[①]

（二）盐引

盐引是官府颁发的营盐凭据，盐是封建社会的专营品，“引”即“引目”“引符”。引目由工部刊铸铜版，内官掌出入，户部钤印给发盐运司。明代盐商营盐，必须持有盐运司颁发的盐引，盐引规定经营品种、销售范围、盐斤数量等。商人到指定的盐场支盐，并按指定的路线，运至指定的区域销售。在盐场支盐后，须到批验所重新称量，以检验与盐引所注明的斤数是否相符，沿途还要受到巡检司等缉私关卡的盘查。盐销完毕，要及时向所在州县衙门缴销盐引。

商人在行销官盐的过程中，“引”与盐不得分离，有引即为官盐，无引则为私盐，如史载“泉漳俱非行盐地，无商引正课，及诸禁例，听民间从便贸易。或有司薄征其税以佐军食，是为南路盐”[②]。大致是说漳泉一带盐场没有官府监制。

（三）茶引、照验

茶引与盐引性质相同，是官府发给茶商的经商凭据。徽州府在茶引未颁之前，地方衙门签发给茶商的运茶凭证叫作“照验”。其内容有茶商的籍贯、姓名、商号名称、配茶数量等，各关卡凭此票照验截角放行。

明朝参照宋朝茶法，以“引由制”为主。“引由制”是商人向官府交清茶款和茶税后请领引票，凭引卖茶，运销数量、地点都有规定。朱元璋于 1361 年颁布茶法。按《续文献通考·征榷考·榷茶》载：“官给茶引，付产茶府州县，凡商人买茶，具数赴官，纳钱给引，方许出境货卖。每引照茶一百斤，茶不及引者，谓之畸零，别置由帖付之，仍量地远近，定以程限，于经过地方执

---

① （明）徐会瀛. 文林聚宝万卷星罗·卷 25·体式门·外出给引状式[M].日本蓬左文库藏明万历刻本.

② （明）袁业泗，（明）刘庭蕙.（万历）漳州府志·赋役下·盐法考[M]. 明万历四十一年刊本：3.

照，若茶无由引及茶引相离者，听人告捕，其有茶不相当或有余茶者，并听拿问。卖茶毕，即以原给引由，赴住卖官司告缴，该府州县俱各委官一员管理。又定：凡茶引一道纳铜钱一千文，照茶一百斤；茶由一道纳铜钱六百文，照茶六十斤。诸人但犯私茶，与私盐一体治罪。如将已批验截角退引，入山影射照茶者，同私茶论。山园茶主，将茶卖与无引由客与贩者，初犯笞三十，仍追原价没官，再犯笞五十，三犯杖八十，倍追原价没官。客商贩到茶货经过批验所，须要依例批验，将引由截角，别无夹带，方许放行。违越者笞二十。伪造茶引者处死，籍没田房家产。告捉人赏银二十两。”[①]

（四）船引

明代后期禁海政策失效，隆庆元年（1567 年），明朝政府在福建漳州月港开放海禁，试图“于通之之中，寓禁之之法”[②]，即通过有限的开放稳定海疆，月港虽然开禁，但并非任何商民都有资格由月港出海进行贸易活动。商人须向海防机构申请船引（又称商引），即持合法出海的凭据方能出海交易。对于外出贩运的行商，必须身带官府签发的船引，供沿途巡检司验查。夜宿客店，也要登记姓名、人数、启程日月及货物情况，供官府检查。

船引有定额，初为 88 张，后增至 100 张、210 张。凡是出海进行商业贸易的，皆须持船引作为合法凭证。凭船引进出港口，违者法办。

（五）税契凭证

土地买卖之后，按法律规定，要税契。《明律笺释》称：“典卖田宅，照价多寡，纳税于官，官为印其契券，谓之税契。”[③]这样官府才在双方书立的草契（白契）上加盖官印，发给税契凭证，承认和保证土地所有权的转移。明代称税课局的税契凭证为“文凭”。负责契税和工商杂税征收的部门是在州、府、县设立的税课司、税课局，《明史》记载：“税课司（府曰司，县曰局）。大使一人，从九品，典税事。凡商贾、侩屠、杂市，皆有常征，以时榷而输其直于

① （明）王圻. 续文献通考（第 1 卷）[M]. 北京：现代出版社，1991：379.

② 陈明光. 中华大典·经济典·财政分典 2[M]. 成都：巴蜀书社，2017：1615.

③ 白寿彝. 中国通史 第 9 卷 中古时代 明时期 上 15 修订本[M]. 上海：上海人民出版社，2004：91.

府若县。凡民间贸田宅，必操契券请印，乃得收户，则征其直百之三。”[①]

在明代徽州文书中，存遗量较大的一类是税课局的税契凭证，也就是现在一般被称为契尾的税票。但是“税票”并不是当时的叫法，而是后人在整理徽州文书时才把此类税契凭证统称为“税票”的。事实上，明代并没有“税票”和“税尾”之称，当时将税契凭证称为“文凭”。明代税契凭证沿袭了元代税契凭证的制法，都要准确写明买方的买入价格、买到的具体田产及交付凭证的具体日期等。下文以洪武二十四年（1391 年）“祁门谢翊先置产税票”为例[②]：

徽州府祁门县税课局，今据谢士云等用价钞壹拾陆贯伍伯（佰）文，买到同都谢开先等名下山地为业，文契赴局印兑，除已依例收税外，所有文凭须至出给者。

右付本人收执。　　　准此。

攒典　缺

洪武二十八年二月十三日

税课局（押）

明中期以后的税契凭证印制精美，并在其中引述《大明律•户律》中“典卖田宅”的条文，强调契尾是田土交易的凭证，对不税契者要依法严惩。

契者，“约也”[③]。推衍之为合约、合同，双方互认互守的文字合同。契约由两个要件构成：第一个要件是原因或客观事实，它是债的根据；第二个要件是当事人之间的协议。[④]

九、其他

明代的商业文书除了契约和官府许可文书以外，还有包括商业活动中的财务管理及市场需要等所产生的相关的商业文书，如会票、店历、商情书信等。

---

① （清）张廷玉，等. 明史•职官志四[M]. 北京：中华书局，2005：1188.

② 严桂夫，王国健. 徽州文书档案[M]. 合肥：安徽人民出版社，2005：162.

③ （汉）许慎. 说文解字[M]. 北京：中华书局，1963：213.

④ 〔意〕彼德罗•彭梵得. 罗马法教科书[M]. 黄风译. 北京：中国政法大学出版社，1992：307.

（一）会票

会票是明代徽州商人发行和使用的一种异地借贷、支付和汇兑银两的凭证。性质接近于唐宋时期的“飞钱”和“便换”，但比它们使用范围更广。《法学辞海》中这样定义：“[会票]旧时商人发行的一种异地支付凭证。明代开始使用。原是一地交款领票，到另一地兑款的汇票。后因金属货币不足，加之发行者的信用良好，逐渐成为在市场上流通的货币。”[①]会票的内容包括立票人、会到地点、银两数额和成色、行息、归还日期。

（二）店历

店历是明代政府对旅店及往来商户统一管理所用的店簿记录。行商贩货，尤其是陆路运输，路途上总要投店住宿，因此旅店、客栈成为官府掌握控制行商动态行踪的又一重要环节。政府规定，凡住店客栈，都必须备有官府署发的“店历”，“凡客店每月置店历一扇，在内赴兵马司，在外赴有司，署押讫，逐日附写到店客商姓名人数，起程月日，月终，各赴所司查照”[②]，即客店要对投宿的商人进行详细登记，并按月上报所辖官衙进行查照。这样，官府就可以全面掌握客商经营情况和流动路线。与店历性质相似的，明朝还在行商贮（停）货之地即塌房，也建立登记制度，详细登记商人姓名、字号、货物品类、数量、从何处来等内容，并定期上报官府。塌房的登记，除了可掌握商人情况外，还可据其货之多少而向行商征收商税（由塌房代征）、支配他们的买卖。

（三）商情书信

商业离不开市场，市场处于经常变化中，商品随着市场供需关系在变动，供需关系常受到天时、年成、交通、金融、物资、价格等因素的制约。商贾必须关注商品市场的动态，采取多种手段获取商业信息，以及时决定商品之出纳、价格之升降。明代通信手段只能利用快马、邮驿等传递方式。明代的商贾已充分注意到信息的重要，如《商贾便览》中记载：“必须信息彼此频通，不但各

---

① 李伟民. 法学辞海 2[M]. 北京：蓝天出版社，1998：1227.

② （明）申时行，等. 明会典[M]. 上海：商务印书馆，1936：1018.

处货物行情时知裁办，即两地兴居，可亦借以慰怀。故勤谋生理者，不惜笔墨，吝省小费，每逢紧要即专雇飞报，或给酒钱附便快交，则知机风，早晚可得趋避而有益矣。”[①]商贾常雇用专职人员驻守在城市、码头，探听行情，获取商业信息，及时飞报，以便商贾采取相应的对策。笔者在明代善本书中看到一封有关商业信息的信件，摘录如下：

《父家寄子书》

父字示男某知：儿奔走风尘，父之心岂不怀念。但尔能体亲之心，保重身体，则老父无忧矣。货到彼地，时价好否?至于发货之际，切要检点。尔在外狂乐少饮，酒为狂乐。美色宜远。帐完之日，即速归来，慰我悬望。家中大小平安，尔无虑焉。只此字示，余不多及。[②]

第三节 小　　结

明朝繁荣的商品经济环境，使得商业文书大量涌现，特别是明中期以后，随着商业政策的不断放宽，商业活动增多，商业文书种类也更加丰富。此时的商业文书，无论是内容还是形式都有了突飞猛进的发展，并形成了一定的商业文书规则和较完善的商业契约样式。明代商业文书对比前朝已经有了巨大的进步。秉着对前朝的继承和发展，商业文书发展到明代，文书的种类更加丰富、条款更加完备并且出现了大量的民间契约。这也就是明代商业文书所具备的三大特点。

具体而言，明代民间契约不仅涉及财产关系领域、家庭关系领域、人身关系领域，而且在工商贸易领域，以及民间社会管理领域也都普遍使用契约。明代民间社会的契约从民众观念的树立到民间实践的普及、从契约格式的多样化到契约内容的高度完备，都代表着明代民间社会的契约发展水平已经相当高。明代商业文书的种类，不仅包括国家制定的许多商业法律法规类文书，还产生了大量的民间雇佣文书、契约文书、借贷文书、经商依凭、通行文书、经营活

① 王世华. 薪火相传：明清徽商的职业教育[M]. 北京：北京时代华文书局，2018：264.

② 张树天，王槐茂. 冯梦龙全集·折梅笺笑林版经十三篇[M]. 呼和浩特：远方出版社，2005：157.

动文书、账簿账单、房屋土地专卖契约、商业札记等。条款方面，契约约束的领域更加广泛，内容更加完备。例如，就法律文书而言，明代商业的法律文书，不仅详细规定了商业活动各方面的内容，并且对违反规定者也制定了相应的惩罚措施。签订的契约往往还需要注明证人来进行担保。“典”“当”“租”和“赁”的条款都是有明显区别的。

从文书内容细节来看，中国古代商业文书的真正巅峰出现在清代。虽然明代商业文书先进程度不如清代，但这一时期的商业立法、契约文书中的许多细则、规章、条款，仍然有保留下来，对清代乃至现代的商业文书发展都提供了许多宝贵的借鉴作用。

第九章　清朝前期(1840年以前)的商业文书

清朝分前期（古代部分）（以下简称清朝前期）和后期（近代部分）两个阶段。清朝前期是指从1644年建立至1840年鸦片战争前，自顺治、康熙、雍正、乾隆、嘉庆到道光十九年（1839年），共196年。这段时期商业得到一定程度的发展，清廷对商业及商业文书的管理进一步规范，客观上有利于商业文书的形成和保管。从古代的商业文书遗存总体上看，留存至今的清朝前期商业文书数量最多、最完整且种类多样。

第一节　概　　述

清朝前期商业比明朝有所发展，镇市增多、商人活动频繁。市场在生产恢复的基础上呈繁荣景象。“镇市数量增多，镇市商业经济也进一步繁荣，佛山、景德、汉口、朱仙四大镇较明代发展。铜商、盐商、票号商、典当商等大商人活跃。”[①]清朝前期商业的发展，是顺治、康熙、雍正、乾隆、嘉庆、道光六朝商业管理严格的结果。该时期形成的商业文书具有种类细化、内容广泛等特点。

一、清朝前期历史发展与商业文书

受明清新旧政权更替、清朝统治者实行有利商业的政策等因素的影响，清朝前期商业经历了一个恢复期—全盛期—衰退期的起伏发展过程，总体上依然

① 张其泮，张魁峰，杨德寿，等. 中国商业百科全书（上）[M]. 北京：经济管理出版社，1991：49.

保留了封建社会“重农抑商”的思想，但同时也“恤商”，有一定程度的放宽政策，促使清朝前期商业得以缓慢发展。伴随清朝前期商业的发展，在土地房屋、林业和盐铁业等诸多领域形成各类商业文书。

（一）清朝前期商业历史

根据商业发展变化情况，将清朝前期商业发展过程划分为恢复期、全盛期和衰退期三个阶段。这三个时期的发展和各朝统治者实行的相关经济政策密切相关。

1. 商业恢复期（1644—1735年）

商业恢复期是指顺治、康熙、雍正朝——自顺治入关到康熙平定“三藩”之乱和统一台湾以前，是清朝初建到逐步巩固的时期。这一时期，被严重破坏的社会经济逐渐得到恢复，清代商业也进入缓慢的恢复期。

清初几十年，由于统治者实行限织、禁矿和海禁的政策，抑制了商业的发展。直到康熙前期，官府一直规定私人拥有织机“不得逾百张”，每张织机“纳税五十金（两）”。超过100张的“违律论，要处罚”。康熙四十四年（1705年）禁铜矿的开采，康熙五十四年（1715年）索性把广东的矿山都封闭了。[①]清开国的90年中，统治者对开矿采取压制政策，大大限制了商人投资矿业。同时，清廷为了打击郑成功的反清活动、杜绝其与内地的商贸往来，于顺治十三年（1656年）宣布海禁，严禁商民船只私自出海。此外，康熙四年、十三年、十六年、十八年都陆续有迁界之举。迁界政策给沿海地的渔业、盐业、农业、手工业、商业、海外贸易的打击很严重，严重阻碍了沿海地区的商业发展。

这一时期，“恤商”和“抑商”同时存在。雍正二年（1724年），谕各省督抚曰：“四民以士为首，农次之，工商其下也。”[②]雍正帝虽然把商人视为贱民，置于“四民”之末，但同时，雍正帝十分重视商业经济的功能。认为“通商”与“裕国”有着密切的关系，即只有“通商”，才能“裕国”。在这一思想指导下，雍正时期出现了这样的情况：一方面把农业视为久安长治的根本；另一方面又为商业的发展提供方便。

---

① 吴慧. 中国商业通史（第四卷）[M]. 北京：中国财政经济出版社，2008：7.

② 王孝通. 中国商业史[M]. 北京：团结出版社，2007：181.

2. 商业全盛期（1736—1795 年）

乾隆时期，社会经济已发展到完全成熟的阶段，可称为商业最盛时期。海禁、矿禁解除，手工业政策放宽，商品经济活跃，商业在农业、手工业发展的基础上，得到了空前的发展，不但超过康熙之时，而且也超过了明万历前期的水平，是中国封建社会末期商业发展的最高点。但是到了乾隆晚期，地主阶级奢侈腐化、大小官僚贪污行贿盛行，土地兼并严重，阶级矛盾加深等状况，使得商业由盛转衰。

3. 商业衰退期（1796—1839 年）

嘉庆时期，商业又转向衰退期，封建剥削加重，市场的商品量供给少，商业活动余地缩小。道光六年（1826 年）下旨："若北路商民专运售杂茶，并在古城设局抽税，即以所收银抵兰州茶商课，俟试行三年再行定额。至附茶仍由甘商运销。"[①]清王朝对茶叶销售管理设局征税，商民赋税负担加大，影响茶叶市场发展。此外，清廷再度加强了对矿业、手工业和沿海贸易的限制，商税加重，贪污盛行。嘉庆、道光年间商业发展再度受到限制，致使商业逐渐衰退。

（二）清朝前期商业历史对商业文书的影响

清朝前期，清廷对商业各个领域均实行严格管制，商业活动逐渐规范，客观上有利于官方商业文书的留存。

封建统治者制定的律令对商品买卖、钱庄银票、手工作坊、店铺牌匾等商事进行了规定。清初法律条文多沿袭明朝，明朝制定的商业活动管理的五条规范为"私充牙行埠头""市司评物价""把持行市""私造斛斗秤尺""器用布绢不如法"[②]。其中"私充牙行埠头"，是指必须具备法律规定的条件并进行注册以取得合法资格——"光给印信文簿"，即"牙贴"。从法律上确定商事主体的合法资格，保障交易的安全和有序。

清代石刻碑文上也可见一些行会章程和官府告示，其反映出的规范市场、规范交易、规范各类经济组织和经济个体的内容和原则，说明清代管理较严格。

清统治者对商业贸易管控严格。对于那些有关国计军需的行业，政府指定

---

① 吴慧. 中国商业通史（第四卷）[M]. 北京：中国财政经济出版社，2008：626.

② 孙丽娟. 清代商业社会的规则与秩序：从碑刻资料解读清代中国商事习惯法[M]. 北京：中国社会科学出版社，2005：68.

官商，实行垄断经营。对有些行业虽允许商民经营，但政府控制得很严。虽然清朝前期商业较前代有了很大的发展，特别是在康雍乾盛世时期，随着大城市、名城镇的出现，以及农村集市、墟场、朝会的繁荣，商品交换和贸易十分发达。但这些民间贸易活动，却很少在官文书中有所反映。

清朝前期官方商业贸易文书主要反映的是官方垄断和控制的贸易，如清朝前期的内地与边疆的茶马贸易、实行专卖的盐铁行销贸易，以及与周边藩属国的封贡贸易等。“有关商业贸易的档案，主要有题本和奏折及上谕档中有关商业类文书中的记载。”①

二、清朝前期商业文书的基本构成与特点

清朝前期商品经济的进一步发展，使商品买卖活动增加，出现了土地、房屋、店铺买卖、借贷、典当等方面的商业记录文书，“圣祖继世祖之后，与民休息，凡百秕政，次第革除，商业受益匪浅，如各关抽分溢额者，向例加与纪录”②。这些商业文书记录了当时商业活动的内容，并作为一种商品交换凭证被保存在档案馆、博物馆等部门。

（一）清朝前期商业文书的基本构成及其收藏出版

清朝前期商业文书的构成以契约类商业文书为主，今人对商业文书的收藏出版也主要针对这类商业文书。依据不同的分类标准，清朝前期商业文书种类也不同。

1. 清朝前期商业文书的基本构成

清朝前期商业文书有直接形成的土地房产等买卖契约，也有间接记录于官方奏折和题本等文书中的内容。

从商品交易类型来看，包括买卖文书、租佃文书、借贷文书、典当文书、分合文约、执照凭证类商业文书和地契统计类商业文书。

从商业文书的形成者和保管者看，商业文书包括官方商业文书和民间商业文书。清代官方商业文书记载规范而详细，其商品买卖等记载主要见于相关诉

① 秦国经. 明清档案学[M]. 北京：学苑出版社，2005：685.

② 王孝通. 中国商业史[M]. 北京：团结出版社，2007：180.

讼文书、碑文、执照等。例如，道光六年（1826 年）十一月二十一日《谭来悦等供状》中称："周国中因开悦来油行负欠，各字号银有数千两无措，并不是好嫖好赌，实系因账放滥难归。集理数次，众号客邻恤行栈，仍尽客帮们买，照旧佃与周国中开设堆货，以便挣还客账。"①又《上海碑刻资料选辑》中有碑文《松江府为禁修葺官府横取赊买竹木油麻材料告示碑》（顺治七年）和《嘉定县为公务需用竹料毋许抑勒竹行告示碑》（康熙五十三年）等，规定公用竹料和官发现银采买。②执照类商业文书如道光五年（1825 年），江苏省武进县《奉文清理田粮给业细号执照单》③等。民间商业文书有宗族的规范性商业文书，以及分散个人手中的多年留存下来的商业文书。民间商业文书主要是在田地、房屋、林业、人口买卖和各类商业活动中形成的。

此外，商业文书也可以按照名称划分，包括契、文约、执照、清册等。需要说明的是，契约文书中涉及田地、房屋和山场等商品买卖、租佃、借贷契约或合同的属于商业文书；契约文书中涉及宗族事务文书、乡规民约、调解合同等的属于非商业类契约文书。商业文书以买卖、租佃等契约类商业文书为主，还包括执照、账簿等其他非契约类商业管理文书。

2. 清朝前期商业文书的收藏出版情况

清朝前期商业文书（以契约类商业文书为主）主要收藏于国内各级各类档案馆、博物馆和研究所等处，另外，民间个人收藏者也保存一些商业文书。这些商业文书以契约类为主，数量巨大。"中外学术机关搜集入藏的明清契约文书的总和，保守地估计，也当在 1000 万件以上。"④清朝前期商业文书主要作为清代契约文书出版物的组成部分被研究、出版。表 9-1 为笔者统计的清代契约文书出版物情况，这些出版物分别以"中国历代"、"明清"和"清代"为时间断限，主要涉及契约文书，没有独立的以"清朝前期商业文书"命名的相关出版物。

---

① 四川省档案馆，四川大学历史系. 清代乾嘉道巴县档案选编（上册）[M]. 成都：四川大学出版社，1989：62.

② 上海博物馆图书资料室. 上海碑刻资料选辑[M]. 上海：上海人民出版社，1980：105.

③ 郑焕明. 古今土地证集藏[M]. 沈阳：辽宁画报出版社，2002：11.

④ 杨国桢. 明清土地契约文书研究[M]. 北京：中国人民大学出版社，2009：2-3.

表 9-1　清代契约文书出版物情况

序号	出版物名称	作者	出版社	出版时间	清代契约数量	时期及种类
1	《中国历代契约会编考释》	张传玺	北京大学出版社	1995年	432件	宋、元、明、清至民国时期的北京、安徽房屋买卖契约、典当契约、租佃契约等
2	《首都博物馆藏清代契约文书》（全8册）	首都博物馆	国家图书馆出版社	2015年	4000余件	康熙至宣统间的清代契约文书
3	《湖北天门熊氏契约文书》	武汉大学民间文献研究中心、湖北省博物馆	湖北人民出版社	2014年	1778件	康熙十年（1671年）至民国二十七年（1938年）湖北天门熊氏家族的土地买卖、房产买卖、土地租佃、土地典当等
4	《清代地契档案史料》（嘉庆到宣统）	熊敬笃	四川省新都县[①]档案局	1986年	嘉庆5件、道光（十九年以前）10件	地契
5	《清代上海房地契档案汇编》	上海市档案馆	上海古籍出版社	1999年		上海房地契
6	《徽州千年契约文书》	中国社会科学院历史研究所	花山文艺出版社	1993年	4000余种徽州文书	安徽省宋元、明清、民国的租佃文约、田土契约、合同文书、卖身契、典当文约、税契凭证、赋税票据等契约文书
7	《明清福建经济契约文书选辑》	福建师范大学历史系	人民出版社	1997年	1795件	各类契约文书
8	《北京西山大觉寺藏清代契约文书整理及研究》	姬脉利、张蕴芬	北京燕山出版社	2014年	128件	清康熙七年（1668年）至民国十三年（1924年），土地房产的租赁契、典当契、买卖契，以及借贷契、伙资、施舍赠予、分家析产等合同
9	《清代浙东契约文书辑选》	张介人	浙江大学出版社	2011年	契约306份	清代契约上的县印和契约税
10	《清代山西民间契约文书选编》（13册）	郝平	商务印书馆	2019年	清代、民国、革命根据地、新中国成立初期5000余件	卖契、典契、借约、推约、租约、分产文书、合同、执照、诉状、判决书、纠纷合约、归并地约等近40种

① 今成都市新都区。

续表

序号	出版物名称	作者	出版社	出版时间	清代契约数量	时期及种类
11	《清代宁波契约文书》	顾剑徽	宁波市档案局	2009年	近千件	清代土地买卖及其他产权交易的契约文书
12	《自贡盐业契约档案选辑》	自贡市盐业历史博物馆、自贡市档案馆	中国社会科学出版社	1985年	850件	1732年（清雍正十年）至1952年自贡地区盐业契约、文书900余件
13	《吉昌契约文书汇编》	孙兆霞	社会科学文献出版社	2010年	438份	1733—1961年，土地、林地、房屋买卖契约、租佃契约、典当契约和分关（家）契约等
14	《田藏契约文书粹编》	田涛	中华书局	2001年	950 件	1408—1969年的契约文书
15	《贵州苗族林业契约文书汇编》（全三卷）	唐立、杨有庚、武内房司	东京外国语大学出版社	2004年	30余万件	锦屏林业契约山林、田地、房屋、宅基地、水塘、菜园权属买卖契
16	《贵州文斗寨苗族契约法律文书汇编》	陈金全、梁聪	人民出版社	2008年	46件	姜元泽家藏卖田契、卖山契等契约文书
17	《贵州清水江流域明清土司契约文书（九南篇）》	高聪、谭洪沛	民族出版社	2013年		山林、田土、菜园、池塘买卖契约典当借贷契约；土司及宗族组织自治文书、诉讼等其他文书
18	《成都龙泉驿百年契约文书》	龙泉驿区档案馆	巴蜀书社	2012年	304件	土地买卖、租赁租佃契约和买卖文约等
19	《广东土地契约文书》	谭棣华、冼剑民	暨南大学出版社	2000年	近500份	广东及海南、香港明清民国初年民间土地交易契约文书
20	《清代广东土地契约文书汇编》	罗志欢、李龙潜	齐鲁书社	2014年	50件	清康熙至同治时期田地、房屋卖契等

表9-1中所列的20种出版物，是与清朝前期契约类商业文书相关的主要出版物。清朝前期契约类商业文书并没有独立的汇编物。第一，从清朝前期这个时间节点上看，缺乏独立性。清朝前期这类商业文书均是作为清代或更大的时

间断限范畴的一部分，如《清代地契档案史料》《中国历代契约会编考释》。第二，单独对契约类商业文书集中汇编很少，从商业文书种类上看，缺乏独立性。这些出版物多从地区角度进行研究，有的只叙述一种或几种，如《清代广东土地契约文书汇编》；有的包含所有契约文书，种类混杂，如《北京西山大觉寺藏清代契约文书整理及研究》中包括土地房产的租赁契、典当契、买卖契，以及借贷契、伙资、施舍赠予、分家析产等合同。

此外，档案类出版物中也有少量涉及买卖及商业管理的文书记录，如《清代长芦盐务档案史料选编》中，长芦盐政官著为盘察运库秤掣引盐事奏折[①][乾隆二十二年十月十一日]（1757 年 11 月 22 日），广储司收讫长芦盐政西宁解交各商赏借利银数目记单[乾隆三十八年九月二十日]（1773 年 11 月 4 日）[②]等。

（二）清朝前期商业文书的特点

在沿袭明朝基础上，清朝前期商业文书得以进一步发展，且这些商业文书具有种类日益细化、记录内容广泛、地域差异大、用纸幅面尺寸多样等特点。

1. 种类细化

清代前期针对买卖双方、商品买卖前后形成的商业文书，种类日益细化，指代非常具体，界限分明。例如，买卖文书中土地买卖就有卖契、找契、推收契、杜绝契、加找契之分，卖契又分为活契和绝卖契，房产买卖文书有白契和红契之分。在中国第一历史档案馆网站公开的数字化档案目录中，分别以“红契”“白契”为检索词进行查询，检出清朝前期涉及红契和白契方面的条目记载分别为 39 条和 32 条，主要集中在乾隆、嘉庆和道光 3 个朝代。其中乾隆朝白契 20 条，约占 63%。具体见表 9-2。

---

① 中国第一历史档案馆，天津市档案馆，天津市长芦盐业总公司. 清代长芦盐务档案史料选编[M]. 天津：天津人民出版社，2014：74.

② 中国第一历史档案馆，天津市档案馆，天津市长芦盐业总公司. 清代长芦盐务档案史料选编[M]. 天津：天津人民出版社，2014：134.

表 9-2 中国第一历史档案馆清朝前期红契、白契使用情况

种类	数量	条目示例	时间	档号
红契 39 条	乾隆 11 条	为胞弟祥禄不遵断令霸占砧圈地内场园房间呈请提取置产红契查验事	乾隆五十五年七月	06-01-001-0000521-0040
	雍正 1 条	为直隶天津县民人李长丰红契所买鹰户王证地亩追价给还民人并咨查其余各契典买地系何人所买等情事致内务府	雍正十二年三月十二日	05-13-001-000007-005
	嘉庆 13 条	为呈明本库并无扎穆布押借银两所用红契等事	嘉庆二十三年五月十四日	05-08-002-000066-0040
	道光 14 条	为审讯正蓝旗舒永额控王如璧等欠租一案咨催将雍和宫置买直隶永清县地亩红契送部事致内务府	道光七年二月二十二日	05-13-002-001936-0029
白契 32 条	乾隆 20 条	奏请严禁地方官私印白契不贴契尾之弊事	乾隆十九年九月初十日	03-0341-074
	嘉庆 8 条	为查明铡草人杜三等原置马甲佟世荣名下房地白契事	嘉庆八年十月二十一日	05-08-005-000033-0023
	道光 4 条	为咨送员外郎辂敏置典定善坐落宝坻县地亩红白契纸事	道光十三年四月二十四日	05-08-005-000156-0063

2. 记录内容广泛

从商业文书的内容看，主要涉及土地、田塘、房屋的买卖。租佃借贷与典当等方面，另外还有盐铁等产业合股和分股、分家析产、借还账簿等，涉及民间经济生活的各个方面。在清代奏折中有大量关于地契、文约类的田地诉讼文书和执照类文书等商业管理方面的内容。碑文告示中也有土地、田塘、房屋买卖及其诉讼文书的记录内容等，不同商业活动主体形成内容丰富的商业文书。

3. 地域差异大

商业文书在清朝前期各地区均有形成，从计量单位、语言风格等方面看，商业文书的地域差异大。例如，宁都县买田契据，对于田面则计以几秤（一秤田即一担谷田）；南康等县买卖田契，则载几升土（一升土即一担谷）；崇义、上犹等县则载几升种（一升种亦即一担谷）；定南等处则载几多束（束为田禾

一捆之称，大概上则田每亩约有一百二十束，中则约九十束，下则约六七十束不等）。①

商业文书在语言使用上也有地域性特点。存量丰富的清代契约文书有满语、汉语和满汉双语文字形式，加上契约文书的地域性特点，其内容含有相当数量的方言词汇，所以说商业文书使用的语言具有地域性。

4. 用纸幅面尺寸多样

清代官方和民间使用的商业文书形制多种多样。民间契约用纸幅面小。例如，张氏家族（居今河北石家庄市辛集市东大陈村）契约文书的用纸幅面小。“绝大部分使用高 35—40 厘米、宽约 25 厘米的棉纸，左右对折，从右至左竖行毛笔书写，一般右面为文书正文，左面为立契时间、土地长宽数据、中人签字等。”②而且，民间契约用纸有多种尺寸。

“官纸”幅面大。现存最早的江西“官纸”是乾隆年间广昌县 7 件藩宪颁发的格式墨印契纸（即“官版契纸”，俗称“官纸”），幅面为 53.5 厘米×60 厘米。③

第二节 清朝前期商业文书的种类和内容

清朝前期商业文书按照商品买卖的对象划分为土地、房屋、山场和其他物品等类商业文书；按照商业文书的载体划分为纸质文书、瓷板文书和碑文石刻文书等；按照契约的活动对象划分为卖、典、租、退、佃（田、土、山、房、基地）等。下面，笔者依次对买卖文书、租佃文书、借贷文书、典当文书、分合文约、执照凭证类商业文书和地契统计类商业文书进行阐述。

---

① 许智范，刘禄山．“历史碎片”啄探——江西民间契约文书考察[J]．南方文物，2006，(1)：85，103-112.

② 张玉．束鹿县张氏家族契约文书述略[J]．文物春秋，2005，(1)：61-69.

③ 许智范，刘禄山．“历史碎片”啄探——江西民间契约文书考察[J]．南方文物，2006，(1)：85，103-112.

一、买卖文书

买卖文书主要以卖契为主，卖契中所卖物种类丰富，有田、地、房屋、山、木竹、基地和塘等，主要形成卖田契、卖地契、卖屋契、卖地基契、卖山契、卖塘契等商品买卖文书。

（一）田地买卖文书

清朝前期，以地主制为核心的封建土地制度发展到鼎盛阶段，土地的占有和买卖普遍使用契约，有绝卖契、活卖契等多种契约形式。“清代民间田宅买卖，为完成所有权的转移，需要书立自典契、绝卖契、找契、推收契、杜绝契和加找契等各种文书。”[①]下面，笔者将从绝卖契、找价契和增找契文书举例说明。

1. 绝卖契

清朝前期进一步在法律上明确了“活卖”“绝卖”的区别，绝卖契和活卖契取决于所有权是否绝对转让给买方。绝卖是相对于活卖而言的中国古代土地交易的一种方式。绝卖是指所有权绝对转让给买方，卖方不得回赎，亦称“断卖”。“活卖”也称“典卖”，即有回赎权的买卖，卖主并未将所有权绝对转让，在一定期限内可以原价将原物买回。

清乾隆三十八年（1773 年）十月二十九日的僧人绝卖契（契约文书 056 号）[②]（图 9-1）如下：

立卖契文约人觉明，因为无钱使用，今将本身香伙（火）地两段，头段六亩，四至买主；二段拾亩，东、北、西三至买主，南至大沟，四至分明，共计地二段十六亩，坐落北安河家北黄阴洼。同中说合卖给大觉寺耕种，永远为业。言明价钱清钱六十五吊正。当日笔下交足，外无欠少。恐后无凭，立此卖契存照。

乾隆三十八年十月二十九日 立卖契人 觉 明（押）

代字人 了 照（押）

① 范金民.“草议”与“议单”：清代江南田宅买卖文书的订立[J]. 历史研究，2015，(3)：78-94，190.

② 姬脉利，张蕴芬. 北京西山大觉寺藏清代契约文书整理研究[M]. 北京：北京燕山出版社，2014：52-53.

中见人 觉 寿（押）

通 性（押）

刘自禅（押）

郝承义（押）

孙弘志（押）

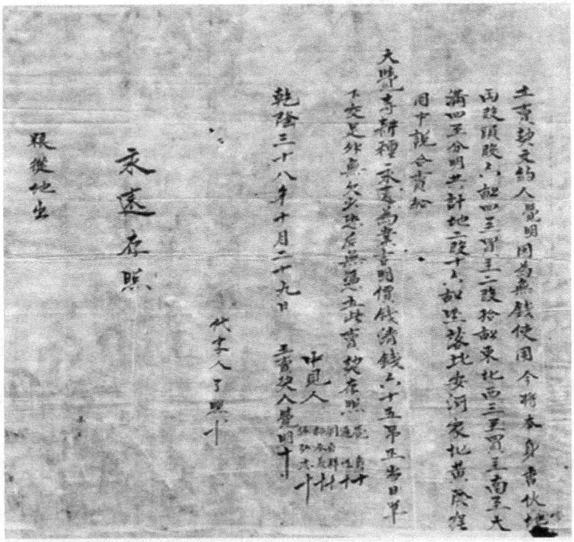
中见人
乾隆三十八年十月二十九日
代字人
永远存照
粮从地出

图 9-1 契约文书 056 号

这份契约订立于清乾隆三十八年（1773 年），正文开始点明了该契约的种类——卖契文约，接着以大部分文字记载田地的坐落、四至、面积等情况。最后写立字人“觉明”因无钱使用，将自己的土地十六亩卖予大觉寺，所得收入为钱六十五吊。又如顺治十二年（1655 年）正月叶复泰的活卖契，卖主出卖的是田皮，即使用权。具体内容如下[①]：

立卖契人叶复泰，自己买得大苗早田壹段，土名本乡北坑□墘仔，递年收大苗早谷叁箩庄，今因要得银两应用，情愿将前田，先尽问亲房伯叔兄弟等各不愿就，托中说谕出卖与族内士纯弟□前去为业，当日同中三面

① 杨国桢. 清代闽北土地文书选编（一）[J]. 中国社会经济史研究，1982，(1)：111-121.

言议定时值土风田价银肆两正，九五成色，立契之日，一色现银交收足讫，无少分厘，并无货物准折、逼勒等情。其田自卖之□，□从弟前去管业，召佃收租，□泰不敢异□□□，随田产米叁升，现存汾常里二图九甲叶应户内□差，其差照县例□□，□有来历不明，不涉买主之事，卖主出头仾当，向后办□契价取赎，银契两相交付，不得刁难。的系二家甘允，各无反悔，今欲有凭，立契一纸为照。

今交得契价银肆两正，再照。

顺治拾贰年正月　日立契人　叶复泰

同男　叶恩奖

□喻人　叶笃□

在见人　叶成之

代笔人　叶子英

下面道光十一年（1831 年）十一月十六日的卖契是卖田骨田皮契，就是卖田人将其田的所有权和使用权都转让，完全出卖其田。具体内容如下[①]：

立卖断骨皮民田契字人黄墩吴宗贤、金明、金养等，原承祖手遗有骨皮民田一处，坐落地名排下，计田一大丘，册载民粮二斗正，又载下官粮一硕二斗正，今因需钱应用，三房公同酌议，情将其田出卖，投托中人引进到本都儒坌李炸宁名下承买为业，当日经中三面言议定田价铜钱二百七十千文正，立字之日，其价交清，分文未欠……自卖之后，永断葛藤，任凭李宅照契耕作管业……

……

道光十一年十一月十六日

立卖断骨皮民田契字人　吴宗贤

金明

金养

（具名下略）

① 杨国桢. 清代闽北土地文书选编（二）[J]. 中国社会经济史研究，1982，（2）：102-114，116.

2. 找价契和增找契

清朝前期，对于土地买卖中出现的“加价”，出现了找价契和增找契。例如，乾隆四十三年（1778 年）的找价契[①]：

立找契字人马坤元，承父置有粮田贰号，坐落仓下，壹号土名洋塘，壹号土名洋尾，共计大苗壹拾叁担庄，先年立契载明四至，卖与杨成瑸叔边为业，当日契明价收，今元要银应用，托中劝谕，向杨天祚边找出前田价银伍拾伍两正，一顿交收，并无货帛准折及逼勒贪吞等情，自找之后，前田听凭召佃收租，永远管业，不得异说。所有前田产米叁斗贰升伍合，原存禾供里十四图二甲蔡镇户内，仍凭向蔡宅户内推割过户完粮，不得丢累。此系两相甘允，各无反悔，今欲有凭，敬立找契字为照

……

乾隆肆拾叁年拾壹月　日立找契人　马坤元（押）
劝谕人　吴朝辅（押）
见交人　林振攀（押）
同见人　杨正茂（押）
代笔人　蔡帝明（押）

乾隆二十一年（1756）十月黄东寿的增找契[②]：

立增找契人黄东寿，缘前卖断有皮骨田一段，坐落亭里洋源，所有产田四至，载在前契明白，因阳邑有一卖一增之例，托中劝谕向江宅名下增得价纹银贰拾肆两正，成增之田，一顿交足，不欠分文，自断增之后，永无再增之理，今欲有凭，立增找断契为照

胞兄　黄宏道
乾隆二十壹年十月　日立增找契人　黄东寿（押）
劝谕　虞敷五（押）

① 杨国桢. 清代闽北土地文书选编（二）[J]. 中国社会经济史研究，1982，(2)：102-114，116.
② 杨国桢. 清代闽北土地文书选编（一）[J]. 中国社会经济史研究，1982，(1)：111-121.

在见　肖以时（押）
代笔　张敬承（押）

在清朝前期的土地买卖契约中，契约的完整条款根据官府提供的格式、内容及双方当事人的约定，一般包括以下几项：当事人姓名；立契理由，即出卖土地的原因；土地的数量、坐落、编号、四至；田地上附属物，如房屋、木植、树苗、水滩、鱼塘等是否一同转移；税额起割入册；防止和注意事项，如不能重复交易、来历不明，及一切不明之事；价款和交付方式；土地权属转移时间；契约责任；立契时间；中人姓名。

（二）房地买卖文书

清代房地交易形成的买卖文书，有前后顺序之分。草议（也叫议单）在正式交易文契之前签订，之后是卖契、加契、推收、叹契、拔根契等诸多与之相应的后续文契。卖契中又分白契（草契）、红契、上手契及契尾等。

1. 草议

草议的基本属性和特征与正契的相同。草议又可分为契书式和条款式两种。契书式草议内容简单，大体包含房产或田产位置、数量、价银及付款方式，强调买卖出自情愿，不得反悔。条款式草议主要内容与契书式基本相同，规定则更加具体详细，如除双方自愿不得反悔外，还会强调如果反悔需加一成处罚，罚处后仍不准悔等。

草议不同于今人理解的未经官方盖印的“白契”那样的“草契”，而是买卖双方与中人在房地交易前事先订立的议单式文契，在正式契约成立前发生效力，正式契约成立后失效；草议订立时买方会付以预约定金，卖方从买方收取定金，定金在买卖正式生效时扣算，或作为价银的一部分予以结算；草议订立于买主卖主两边同意所议条件之后，而形成于正式契约成立之前。草议或议单，是清初以来直到民国时期江南民间房地正式交易前订立的一种较为普遍的文契。[①]

2. 卖房契等后续文契

草议后形成卖房契、加契、绝契、叹契和卖装修据等后续文契，如《张史

① 范金民．“草议”与“议单”：清代江南田宅买卖文书的订立[J]．历史研究，2015，(3)：78-94，190.

氏卖房地契（道光元年十二月）》：

（1）卖契（道光元年十二月）[①]：

立卖房屋文契张史氏，为因正用，今将故夫张惠川遗产，坐落大东门外廿五保十六图十六铺朱家弄内坐北面南平房内外陆间，并天井三方，连随屋基地□分，央中卖到黄处为业。凭中三面议得时值价银通足制钱壹百念千文正。当立契日其钱一并收足，不另立收票。其房自卖之后，任从得主收科入册，管业输粮，出召取租，并无门房上下言阻，亦无从〔重〕相迭卖、债利抵押等情。倘有别姓生言，失主理直，与得主不涉。此系两相允洽，各无异言。恐后无凭，立此卖房屋文契为照。

计开：其房坐落廿五保十六图十六铺朱家弄内坐北面南。

四址：东址墙门与孙姓公同出路，南址戴屋，西址孙屋，北址周屋。

道光元年十二月　日立卖房屋文契　张史氏（押）

中　朱元勋（押）　唐德文　韩修元　唐德孚　张敬成（押）
　　唐馨发（押）　裘振初　王丹廷　张秉铨（押）　薛端和
　　姜宏济　陈秉均　陆茂荆（押）　韩渭川（押）　张国良
　　孙载华（押）　孙尚修（押）　孙成玉（押）　周圣龙（押）

（2）加契（道光元年十二月）[②]：

立加添房价文契张史氏，为因曾将故夫张惠川遗产，大东门外坐落二十五保十六图十六铺朱家弄内坐北面南平房内外陆间，并天井三方，连随屋基地，央中卖与黄处为业。今因正用，复央原中加到黄处。凭中三面议得加价通足制钱柒拾千文正。当立契日，其钱一并收足，不另立收票。其房自加之后，仍旧管业居住，出召取租。此系两相允洽，各无异言。恐后无凭，立此加添文契为照。

计开：其房坐落圩号、四址、装修，悉照原契载明。并照。

四址：东址墙门出路与孙姓公同出路，南址戴屋，西址孙屋，北址周屋。

① 上海市档案馆. 清代上海房地契档案汇编[M]. 上海：上海古籍出版社，1999：10.

② 上海市档案馆. 清代上海房地契档案汇编[M]. 上海：上海古籍出版社，1999：11.

道光元年十二月　日立加添文契　张史氏（押）

同婿　陆茂荆（押）　韩渭川（押）

孙载华（押）　孙尚修（押）　孙成玉（押）

中　朱元勋（押）　周圣龙（押）　赵大倌（押）　戴全宝（押）

孙应兰（押）　孙泰山（押）　孙咸凝　王益清　石振麟（押）

李国相（押）　石宗麟　唐德文　韩修元　唐德孚

张秉铨　薛端和　张敬成（押）　姜宏济　王丹廷　陈秉均

图　唐馨发（押）

甲　裘振初

代笔 裘象昭（押）

（3）绝契（道光元年十二月）[①]：

立杜绝割藤房屋文契张史氏，为因曾将故夫张惠川遗产坐落大东门外廿五保十六图十六铺朱家弄内平房内外陆间，并天井三方，连随屋基地，得过卖加银两，卖与黄处为业。今因正事急需，复央原中，情愿割藤，杜绝到黄处永为世业。凭中三面议得时值杜绝价银通足制钱捌拾千文正。当立契日，其钱一并收足，不另立收票。其房自绝之后，任从拆卸起造，排坑掘井，永为□姓世业，与失主毫无干涉。并无门房上下言阻，亦无重相迭卖、债利准折等情。倘有别姓生言，一应失主理直。此系两相情愿，各无异言。恐后无凭，立此杜绝割藤房屋文契永远为照。

计开　四址：东址墙门与孙姓公同出路，南址戴屋，西至孙屋，北址周屋。

道光元年十二月　日立杜绝房屋文契　张史氏（押）

同婿　陆茂荆（押）　韩渭川（押）

族　张国良

中　朱元勋（押）　唐德文　孙载华（押）　唐德孚　孙尚修（押）

周圣龙（押）　孙成玉（押）　赵大倌（押）　孙应兰（押）

戴全宝（押）　石振麟（押）　孙泰山（押）　石宗麟（押）

① 上海市档案馆. 清代上海房地契档案汇编[M]. 上海：上海古籍出版社，1999：12-13.

孙咸凝 王丹廷 李国相（押） 韩修元 张敬成

张秉铨（押） 王益清 姜宏济 薛端和 陈秉均

图 唐馨发

甲 裘振初

代笔 裘象昭（押）

实收契内银两俱足，随契收足，不立收票。

（4）叹契（道光元年十二月）[①]：

立收门房上下叹契笔据张史氏，为因以前曾将故夫张惠川遗业，坐落大东门外廿五保十六图十六铺朱家弄内平房陆间，并天井三方，连随屋基地，得过卖、加、绝三契银两，卖与黄处永为世业。复央原中叹到黄处俗例叹契价银通足制钱念千文正。当立契日其钱一并收足，不足立收票。其房自叹之后，任从拆卸、起造，永远割藤，毫无枝节。此系两相允洽，各无异言。恐后无凭，立此叹契笔据为照。

计开

道光元年十二月 日立叹契笔据 张史氏（押）

同婿 陆茂荆（押） 韩渭川（押）

中 朱元勋（押） 唐德文 王益清 唐德孚 薛端和 张秉铨（押）

孙载华（押） 韩修元 孙尚修（押） 孙成玉（押）

周圣龙（押） 赵大倌（押） 载全宝（押） 孙应兰（押）

孙咸凝 孙泰山（押） 李国相（押） 石振麟（押）

陈秉均 石宗麟 姜宏济 张敬成（押） 王丹廷

图 唐馨发（押）

甲 裘振初

代笔 裘象昭（押）

实收叹契银两俱足，随契收足，不立收票。并照。

① 上海市档案馆. 清代上海房地契档案汇编[M]. 上海：上海古籍出版社，1999：13.

（5）卖装修据（道光元年十二月）[1]：

立卖在房装修据张史氏，为因曾将故夫张惠川遗业，坐落大东门外朱家弄内廿五保十六图十六铺平房陆间，并天井三方，连随屋基地，央中卖、加、绝、叹到黄处永为世业。凭中三面议得在房一切装修价通足钱叁拾千文正。当立契日，其钱一并收足。自卖之后，其一切门挞、窗槅、沿石等物，总归得主收受，与失主永无干涉。此系两相允洽，并无悔言。恐后无凭，立此卖在房装修笔据为照。

计开

道光元年十二月　日立卖在房装修据　张史氏（押）

同婿　陆茂荆（押）　韩渭川（押）

中　朱元勋（押）　王益清　石振麟（押）　李国相（押）　石宗麟（押）

薛端和　张秉铨（押）　张敬成（押）　唐馨发（押）

王丹廷　裘振初　姜宏济　张国良　孙载华（押）

孙咸凝　孙尚修（押）　周圣龙（押）　孙成玉（押）　戴全宝（押）

孙应兰（押）　唐德文　孙泰山（押）　唐德孚

赵大倌（押）　李国相　陈秉均

代笔　裘象昭（押）

实收装修契银俱足，随契收足，不立收票。并照。

清朝前期房地契约成契理由的出现，是封建社会政治经济管理制度、社会传统思想在契约行为中留下的烙印，是民间应对政府限制土地交易，而使房地买卖合法进行的产物。

3. 红契

房地契约要由官府加盖官印，称“红契”。而没有加盖官印的就相应地称为白契。红契更多地表现出了当事人建立契约的规范化与格式化。例如，康熙五十六年（1717 年）成作霖出卖房屋地基契[2]：

---

① 上海市档案馆. 清代上海房地契档案汇编[M]. 上海：上海古籍出版社，1999：13-14.

② 注：该契约现存于张掖市档案馆。

立卖房屋地基人成作霖等，因为顺德堡祖遗浮相房贰间、空圈叁个、门贰合。其地基东至牛家，南至涝池，北至官城，西至白弘漢，四至分明，通行路壹道，凭中说合，情愿卖于住人向发阳名下，修盖住坐为业，当中定作时值价银壹拾两整，当交不欠，自立契后，买主照至管业，随地基城分差役，受业人承认，若有亲族人等争论者，卖主一面承当，恐后无凭，立卖契为照。外画字银贰两。（组合画押）

同兄 成顺章

全在

同弟 成弘章

成贵章（押）

康熙五十六年四月十六日 立契人

成作霖（组合画押）

张永年

李篆章

中见人 全在

赵名卿

白伟芳

这份康熙年间契约，从原件看应为“红契”。当事人将自己祖遗房屋卖出，契约并未表明立契缘由，但将自己祖遗房屋卖出应该是迫不得已而为之。契约强调“凭中说合，情愿出卖”，契尾有中见人三人，说明中见人不仅具有见证功能而且具有说合促成交易的功能。契约交易过程是否遵循“先问亲邻”制度没有提及，但在契约中却提及若有亲族人等争论者，卖主一面承当，契尾有同兄、同弟的署名，说明契约事实上贯彻了交易“先问亲邻”制度。

契约对交易当事人、标的物、数量、价款及标的物的权利担保事项均有记载，但对于代书人没有提及，这说明在民间契约实践过程当中，契约记载事项并没有做到完全的统一，书写者不同可能导致格式的不一致，且代书人的功能有限，仅局限于代写文书，因此在契约文本中出现与否显得不是很重要。

4. 白契

未经官方盖印的房地契叫“白契”，也叫“草契”。清代标准房地契约称连三契，由草契、官契、契尾三部分组成，从左向右依次粘连，是传统契约独有的现象。清代房地草契少则几十字，多则也不过数百字，言语精练，要素齐备，有固定的书写内容与格式。例如，嘉庆九年（1804 年）钱大宝立兑换地基文契[①]：

立兑换地基文契人钱大宝，因为析顶李家庄偏僻狭小，安居不便。父子商议妥当，情愿兑换□族叔□孟名下，永远为业。东西□一丈七尺五寸，南北长六丈四尺。其地坐落寨中，北至马三位，西至街，南至官街，东至本主。自换之后，任钱希孟父夫子修补作座，若有户族人实言争论，当钱大宝一面承当。恐后无凭，立兑换文契为照。

合同为照（半书）

钱大富（押）

嘉庆九年六月十六日

立换契人 钱大有（押）

钱大保（宝）（组合画押）

钱希曾（押）

钱希益（押）

族叔 钱希孔（押）

张绍临（押）

同中人 钱希舜（押）

董其书（组合画押）

曾大彩（押）

代书人 曾大化（文字组合画押）

这份嘉庆年间“白契”很注重防伪，来确保契约的真实性，避免以后发生纷争，体现在以下三处：一是在契尾、立契时间前有骑缝并写有“合同为照”四字的“半书”。这样做便于证明文书的原始性，以及将来发生纠纷时作为证

① 注：该契约收藏于甘肃省民乐县钱英文家族。

据使用。二是这份契约的防伪方式还体现在契约正文结尾处的“横撇”符号。书写人在契文书写完毕以后使用特殊符号表示正文已完，如果再添加信息则属于伪造。三是体现在立契人、同中人以及代书人的画押上。本契文中画押人采取“十字”画押法和几个文字的组合画押法。

（三）其他物品买卖文书

买卖文书中的对象除了房屋、山场外，还有树木、铁和水磨等，形成了各类买卖文书。

1. 卖树文约

嘉庆二十一年（1816年），四川重庆府兴福寺住持僧德怀出卖柏树立有卖约如下[①]：

立出卖柏树文约人兴福寺住持德怀。

情因连年旱魃负下，会项沉重，僧于二月初十日请凭山主诸人恭议，今将寺柏树四百根，出卖与蒙永顺名下。彼即凭众面议时市九八纹银三百二十两正，彼时僧凭众收定银十二两五钱足，其余下欠之项，定限四月初十日蒙姓进厂交银二百伐木，以下之项，俟货下河一半，价银概楚，如若四月初间蒙姓有误，其树凭随寺僧发卖，蒙姓不得问及僧定银之事，亦不得借事生非。倘蒙姓伐木之日，若有人异言阻止，其有蒙姓进厂资用，亦应有僧道魁、僧明鉴、山主雷学谦、雷致和等亦应承担。其余未在之树不得擅行打朽。恐在下河木料在途攀坏他人粮食，以及木料失落，概不与寺相涉。此系二家情愿，其中并无屈从。今恐无凭，立出卖约一纸为据。

凭众人　雷开封
雷登贤
雷学祥
石占鳌笔

嘉庆二十一年丙子岁二月十八日　立出卖柏树文约人住持僧

这份文书的内容包括交易物品的数量、价格、定钱及货物和余额的交付时间等；双方在交易实现时的责任和义务；是柏树买卖交易的凭证。

① 四川省档案馆，四川大学历史系. 清代乾嘉道巴县档案选编（上册）[M]. 成都：四川大学出版社，1989：21.

2. 买卖生铁字约

道光十四年（1834 年）商人林兴发定买黄廷玉、黄德泰父子生铁的契约，即黄廷玉出卖生铁字约[1]：

立出卖字人黄廷玉，今凭中将已得佃黄正良名下青矿山所办煸生铁，出卖与林兴发名下承买生铁五万斤。即日三家面议，每百斤价值足色银七钱三分，其银林姓已秤过交。其秤准以林姓十七两三钱为数，厂内过秤，送至木洞林姓铁铺交给，力钱黄姓支给。以架厢日起，先上林姓号铁，定以四月内交楚，其银现交二百两，其余俟架厢后陆续交给，铁毕价楚。倘过四月铁斤不楚，有廷玉所招赵德顺佃耕之业，任意林姓揭佃上庄耕种，毋得外生异言。恐有人心不一，故立卖约一纸为据。

四月初三日复卖生铁一万斤，仍照原价扣算，不得异言，恐口无凭，故德泰亲笔批于原约之后，其银现交故批共成六万之数。

黄谦益
凭中　林顺元
黄仕元

道光十四年一月二十四日　立卖生铁字人黄廷玉

这件字约不仅写明了买铁斤数、价钱、秤准、交付生铁的最后期限、地点、运输费用的支付方、货款的支付过程等，而且明确规定了卖方在违约后给买方的补偿措施，“倘过四月铁斤不楚，有廷玉所招赵德顺佃拔之业，任意林姓揭佃上庄耕种，毋得外生异言”；有凭中人作为担保，只规定卖方违约后应承担责任。

3. 卖水磨约

水磨是用水力作为动力的磨，也被称作“水磨石”“磨屋”“水磨屋”，以水磨为买卖对象的卖契即卖水磨约，如《祁门三四都汪家坦黄氏文书》中的《清乾隆三十一年九月江文光立出卖水磨约》[2]：

---

① 四川省档案馆，四川大学历史系. 清代乾嘉道巴县档案选编（上册）[M]. 成都：四川大学出版社，1989：305.

② 刘伯山. 徽州文书（第四辑）[M]. 桂林：广西师范大学出版社，2011：327.

立出卖人江文光，今有自己水磨一付，出卖与王□号名下，三面言定价钱三千七百文整。其□言定抬磨之日将□□清，不致短少，自成之后□各无悔，如悔者甘罚钱□百文公用。今欲有凭，立此卖约存照。

当日付□捌百又照。

乾隆卅一年九月念四日立出卖约人　江文光（押）

中见　汪锡王（押）

王圣有（押）

代笔　汪二灵（押）

买卖文书是在涉及银钱支付已经完成后，签订以做凭证。这种一次性全额支付的方式在清代占据主导地位。由于契约签订之前买卖双方都已经履行了相应的给付义务，出卖人签押是对此进行确认，它记载着双方当事人的交易行为和完成情况，并明晰双方的责任分配，是商品买卖中双方对已经发生的契约关系的确认。

从买卖契约内容看，契约主要记载出卖人的义务及买受人的权利。在清代卖方和买方的权利义务是不对等的。绝大多数契约（包括合同契）都是由卖方等在交易中处于经济弱势的当事人单方面立契、签署，由买方等在交易中处于强势地位的当事人收执。

二、租佃文书

清朝前期形成的租佃文书（租佃契约）涉及土地、耕畜和山场等租佃对象，形成租田地文书、租山文书、对换田地文书、租屋文书等租佃文书。租佃文书分租佃文书、租佃合同和退田帖等。

（一）租佃文书

租佃文书内容包括地名、界线、面积大小、租金、署名及订立日期等事项。例如，嘉庆元年（1796 年）徽商租佃市面房屋的租约[①]：

立租批，汪聚盛今租到陈裕丰宝典钟楼上市房一所，门面三间，通后二路，

① 中国社会科学院历史研究所. 徽州千年契约文书（清・民国编）・第二卷[M]. 石家庄：花山文艺出版社，1991：108.

批屋二间。当言定每年租金元丝银肆拾两整，四季交还。立此租批为据。

立租批　汪聚盛

鲍天培　汪其中　同见

嘉庆元年弍月初三日　立凭证

嘉庆陆年弍月拾八日议定，加租银捌两正，又照。

（二）租佃合同

乾隆四十年（1775 年）陈宗万等立出召山约[①]：

立出召约人陈宗万、宗岱、宗本、正绪、正维，原有十保土名桃源桥青山培山壹号，上至降，下至坦，左至茶窝湾，右至关帝阁，四至内召与汪仪进、汪旺保同宗岱前去栽种杉松树木，务要通山猛密，毋得抛荒寸土。日后成材，除杉松木八拾根，其余主、力两半均分，当贴工食钱壹百文。自召之后，毋得违误，如违，甘罚。今欲有凭，立此召约存照。

合同贰纸各收壹纸存照

乾隆四十年十一月十三日立　出召约人　陈宗万 花押

宗岱花押

宗本花押

正绪花押

正维花押

从这份合同可看出，陈宗万等出租山场与汪仪进、汪旺保等栽种松杉树木，并要求他们不得抛荒寸土，要使得所租山场通山成林，郁郁葱葱，待林木成材后，主、力两半均分。

（三）退田帖

退田帖是一纸出退佃权的契约文书。关于押租钱不计利息的情况，下面以道光五年（1825 年）十一月吉日石城朱先进兄弟的退田帖为例[②]：

① 刘伯山. 徽州文书（第一辑）• 第九册[M]. 桂林：广西师范大学出版社，2005：360.

② 卞利. 清代前期江西赣南地区的押租制研究[J].中国农史，1998，17（3）：47-55.

立退田帖人砦石下朱先进兄弟，今因无钱使用，自愿将父手分授主田壹处，坐落地名社坑里，小土名石峡子田壹处，原载尹宅骨租壹石正。其田今要出退与人，遍问房亲人等，俱各无钱成交。今托中人说合，送至南山栋尹正三叔边向前承顶，当日凭中三面言定田价铜钱贰万文正。其钱及帖即日两交明白，不欠分文，中间并无债货准折，二比甘允，不是逼勒成交。其田自退之后，任凭顶人耕作管业，出退人不敢阻挡异说等情。倘有上手来历不明，不涉顶人之事，出退人自行一力支当。其田后日取赎，不限年只限对月，照依帖内原价赎回，两无争竞。今欲有凭，立退田帖为照。

一批即日领到帖内价铜钱一足。所领是实。

一批中礼铜钱贰百文正。

一批笔礼铜钱壹佰伍拾文正

道光伍年十一月吉日　　立退田帖人　朱先进（押）

尹召庚（押）

说合中人　朱樸先（押）

罗宝先（押）

代笔人　朱秀廷（押）

由于租佃对象在时间的延续和租佃生产活动的复杂，地主和佃户的租佃契约产生了主契和从契。主契是一般意义的租佃契约，就是地主和佃户在确立租佃关系时形成的契约；从契是租佃契约执行到一定时间，需要再次订立相关内容的后续契约，从契又可以分为佃山分成合同、抵字、甘结字、退字等。①

三、借贷文书

清朝前期有借约、赊欠字据和欠租单等。其中借约中有一种不需要抵押的货币借贷文契②：

① 罗云丹，邓锦凤. 从《清水江文书》看清代至民国时期清水江民族地区租佃制度的特征[J]. 原生态民族文化学刊，2015，7（4）：82-88.

② 中国社会科学院历史研究所. 徽州千年契约文书（清・民国编）・第一卷[M]. 石家庄：花山文艺出版社，1991：65.

十都四图立借约人郑以谟，今借到十都五图何名下本文（纹）银叁两陆钱正。其本银每月贰分伍厘行息。其银约至来年春上交还壹半，期至秋收八月本利一并付还。今恐无凭，立此借约存照。

康熙八年九月初三日　　立借约人　郑以谟

凭中人　郑实甫

代笔　郑道明

清朝时期在民间贸易中，如果发生赊欠，一般都要立约据，如嘉庆十五年（1810年）八月二十日，四川新繁县“杨应明向张台赊买黄牛一只，议定价钱十二千文，立有约据”[①]。嘉庆二十三年（1818年）八月，山西蒲州永洛县姚添信称：“姚余儿向儿子买马一匹，价银十一两，因没欠银，是堂侄姚增爱说明叫姚余儿立给欠约，每月二分起利，十月内还清。”[②]在商品赊买赊卖和预买预卖时，一般由债务人签写字约给债权人，如道光二年（1822年）三月，湖南岳州府巴陵县“张棕位赊欠益阳县人夏有庭竹钱五千文，立有欠字”[③]。嘉庆二年（1797年）六月初二日，四川绵州绵竹县米商周正纪“凭苏允受做中向罗树基买谷两石，当付价钱二千文，约定八月内交谷，立有字约”[④]。

从这些资料来看，这类字据的内容包括商品的价格、赊欠的数量、利息和归还时间。借票一般附有抵押契据。例如，浙江镇海“有因债务人信用薄弱，恐债务到期而不履行，借债之时，除由债务人书立借票外，并有附随永远实卖不动产契据为抵押物者”[⑤]。

四、典当文书

典当文书中有典田皮契、典屋契等：“典契或称当契，是农民为生活所迫，把土地或房屋典当出去，以换回银两，经中人说合，双方同意而签订的契约文

① 内阁全宗·刑科题本·土地债务类5272[Z].嘉庆十六年八月二十六日常明题本.

② 内阁全宗·刑科题本·土地债务类5843[Z].嘉庆二十三年成格题本.

③ 内阁全宗·刑科题本·土地债务类6130[Z].道光三年七月初六日景谦题本.

④ 内阁全宗·刑科题本·土地债务类4354[Z].嘉庆三年八月十九日苏凌阿题本.

⑤ 司法行政部. 民事习惯调查报告录[M]. 南京国民政府司法行政部，1930：1054.

书。”[①]典当契约包括绝典字据和典当文契等类型。

（一）绝典字据

《清道光二十七年宛平县胡大绝典地字据》体现了绝典的特点[②]：

立绝典字人胡大，因手乏无钱，十八年十月廿日将本身自种地三段共九亩半，同中说合，情愿典与王姓名下耕种。一典五年为期，典价清钱八十七吊正。廿二年八月十二日又找典价清钱七吊，共计九十四吊正。五年期过，手乏无力还钱赎地，仍同中人说合重典清钱九十五吊正。廿七年九月廿六日立字，前后典价王姓共交清钱一百八十九吊正，八年以内钱到许赎。今同中人说合，情愿找价，王姓永远为业，任凭税契挖井盖房安葬。两相情愿，各无返悔。言明地价清钱贰百七十五吊正。其钱笔下交足，并不欠少。亦无亲族人等争竞。立字之后，若有亲族人等争竞，有立字说合中保等人一面承管。恐口无凭，立绝典字据永远为证。

道光十八年十月廿日与道光廿七年九月廿六日典字贰张跟随。

计开四至：

五亩半，东至韩姓，西至大道，南至刘姓，北至杜姓。

二亩半，东至苇坑，西至道，南至陆姓，北至陈姓。

一亩半，东至陆姓，西至王姓，南至王姓，北至陆姓。

三段共九亩半地。

道光二十七年十月十二日立

知情中保人　安大（押）杜秀（押）

绝典地字人　胡大（押）

代笔人　马兴安（押）

该绝典详细讲明了土地抵押的过程，其中经过了两次找典、补齐典价的过程。绝典原因，系典期过后无力筹钱赎回土地，最后通过绝典的形式将土地卖给王姓。

① 张玉．束鹿县张氏家族契约文书述略[J]．文物春秋，2005，(1)：61-69.

② 张传玺．中国历代契约会编考释（下）[M]．北京：北京大学出版社，1995：1529-1530.

（二）典当文契

典当文契中，以产业为抵押对象的有偿借贷文契，称为产业典当文契。在徽州，属于这一类的借贷方式有两种，一种是只交付利息，不交出产业；另一种则须交出产业。故前者可被称为“交利式”典当，后者则被称为“交业式”典当。如“交业式”典当文契：

立出佃田皮约人叶廷镇，今因缺用，自情愿将土名吴村段门口前田皮陆秤，央中出佃与詹名下为业。三面凭中，议作时值价粪力九七银肆两整。其田自今出佃之后，一听佃人耕种无阻。未佃之先，与内外人等并无重帐、不明等事。如有自理，不涉佃人之事。今恐无凭，立此佃约存照。

其田约五年内将契内本利取赎。如过期，听自管业耕种无租，再批。

康熙四十九年正月十三日

立出佃田皮约人　叶廷镇

中　詹公远

前项田皮于乾隆五十二年二月廿八日原价退回，

批人　詹廷辉①

在上述文契中，“佃”与“典”通用。其中所称的“佃人”，实际就是产业的“受当方”或“受典人”（也即货币的借出方）。其在获得所当产业的经营权后，通过经营这份产业而获取对借贷利息的补偿。因为是涉及田皮，所以用“粪力”二字。又因在徽州的典当契约中，多是以田地抵押为主，故这一类“交业式”典当，又被称为“交地式”典当。

五、分合文约

分合文约是分伙约和合伙约（分股合同）的统称。分伙约是原本一起经营，后来分开散伙的合同；合伙约是几个人共同开店经营，均摊成本和按股分红地

① 中国社会科学院历史研究所. 徽州千年契约文书（清·民国编）·第一卷[M]. 石家庄：花山文艺出版社，1991：159.

约定凭证。清朝前期合伙股份经营具有合伙合同之签订者皆出自愿、合伙主体可为个人或商铺，以及共同经营、得利分配的特点。

（一）分伙约

乾隆十五年（1750年）“分伙约”[①]：

立分伙约人陈国昹，原因乾隆十二年，与兄永治，同在桃源桥头，合伙生理，开张贸易。至十三年，不料永治弃世，仍同侄名好女在店，但不能力办店中事体，听其习学手艺。其店中货物，与各位所欠店帐（账），并店内所借外人银两，经中逐一算明，悉遵国昹一人收还；面议店内存纹银陆两柒钱整，与好女侄出店，其银议作二年交付，毋得（短）少。其店屋十五、十六两载，仍照前租银，称付好女。所有店中家伙，各位各领。所造栏圈，装修板壁，俱归好女。日后亦毋得藉口。自分之后，两无异说。恐后无凭，立此分伙合同二纸，各收一纸存照。

乾隆十五年二月初二日　　立分伙约人　陈国昹

陈宗岱

外批乾隆十七年店屋仍租与国昹开张，面议租银贰两贰钱无词。

上述“分伙约”，是由一名叫陈国昹的商人与其侄子陈宗岱签订的。文中的“好女”，便是陈宗岱的小名，并且他就是陈永治的儿子。陈永治与陈国昹兄弟二人本来合伙经营一家小店，因兄长陈永治不幸去世，继承父业的侄子陈宗岱当时尚不成器，不能一同经营，于是，陈国昹立分伙合同，两人协议散伙。

（二）合伙约

乾隆四十三年（1778年），陈国昹可能已经去世，陈宗岱变成一位有能力的小商人。于是由他牵头，仍在桃源桥头，且是在他家原来的店屋内，又与陈宗禄、陈正耀一起，合伙开设一家小烟店，总资本银30两。他们签订的“合伙约”如下[②]：

---

① 刘伯山. 徽州文书（第一辑）· 第九册[M]. 桂林：广西师范大学出版社，2005：324.

② 刘伯山. 徽州文书（第一辑）· 第九册[M]. 桂林：广西师范大学出版社，2005：364.

立合伙约人陈宗岱、宗禄、正耀，原因志气相投，合伙在桃源桥源（可能是“原”字之笔误——笔者注）烟铺生理各出本元银拾两，共成本叁拾两。其店例照市，毋得蒙混。其利照股均分，毋得节外生枝。其店内银钱，除店租、身俸外，毋得过支。倘日后获利，其店毋得加租另开。自立合伙之后，各宜同心协力，毋得推委。如有徇私肥己等情，神明鉴察。今欲有凭，立此伙约为照。

递年公议身俸钱捌千文正，店租银叁两正。

乾隆四十叁年正月拾六日　立合伙约人　陈宗岱

宗禄

正耀

与上面的“分伙约”相比，可知店屋的租金已由乾隆十七年（1752 年）的每年银二两二钱，增至乾隆四十三年（1778 年）的每年银三两。其每人每年的薪俸（工资）则为钱八千文整。

（三）分股合同

“清代合伙”实指两人（自然人）以上，或两商号以上，或自然人和商号，经协商一致订立契约，以货币、实物或劳务作股共同出资，共同经营的民间商业经济组织。合伙出资开设店铺签订相关的合同事宜。例如，《乾隆四十八年三月二十七日，任俊逸、王维省关于在顺天府宛平县南各庄开设“源盛布铺”相关事宜的合同》：①

立合伙人，王维省，今领到任俊逸财主名下本纹银叁佰两，作为壹俸。王维省本纹银壹佰贰拾两，作为肆厘。王维省人壹俸。今在顺天府宛平县南各庄开设源盛布铺生理。日后获利，按俸均分。言定每年人俸支使银拾伍两。下班铺送骡脚、路费银陆两。上班骡脚路费，一应不管。铺中俸股，伙计不许私放土帐，酗酒嫖赌。如有违禁者，罚俸伍厘，如有瞒心昧己者，诸神鉴察。恐后无凭，立合伙二纸。各执一张存照。

① 刘俊，刘建生. 从一批晋商契约析清代合伙经营[J]. 中国社会经济史研究，2014，(1)：78-84.

合同

中人　任房、郝建动

乾隆四十八年三月 二十七日

立合伙人　任俊逸、王维省

可见，任俊逸、王维省二人的合伙出资包括银股（货币）和身股（劳务）两种类型。其中，王维省不仅出资而且因具体经营而顶身股一俸，两人在合同中还明确了王维省每年支使银两的具体数额及用途。

还有混合合伙制，即在合伙之中存在劳动者出资、经营者既出资又出力的混合情况。例如，《道光九年二月十三日，郭崇德、姚和仪关于经营蒲州府东关柴市茎口“隆盛醋房”的合同》①：

立写合同文字人郭崇德，所有祖传生意，在于蒲州府东关、柴市巷口，一东坐北向南“隆盛醋房”生意。今仝中人说合，郭崇德入本银叁拾壹两，有家俱（具）、帐（账）物，共吃生意壹分。后序姚和仪净人吃生意壹分。又有郭崇德净人生意半分。日后若是生意不做者，本银家俱（具）赊出，外帐（账）俱系郭姓经管，不予姚姓相干。恐后人心难凭，今立合同为证。

道光九年二月十三日　立

中人 郭之魁、郭文舟、奕周祥、张新奎、燕大贵、张新英、王景福

清代的合伙股份经营，并非单纯资本的组合，亦非简单地以人身顶股，它表现出人合为本、产附于人、经管分立、以义行商的主要特征。合伙关系的结成，纯属民间私人之间为获取商业利益而自由、自愿地协议契约行为。合伙协议一般情况下大多采用书面形式，如“契约文书 084 号”（图 9-2）②：

立公议合同，旧业窑户马进山，旧业山主张起龙，因南安河村小南山地方旧有煤窑一坐，嘉庆九年原做过，因工本短少未成。今马进山会同新

① 刘俊，刘建生. 从一批晋商契约析清代合伙经营[J]. 中国社会经济史研究，2014，(1)：78-84.

② 引自《北京西山大觉寺藏清代契约文书》，该文书为大觉寺藏品。

业开窑人大觉寺常住监院了尘与三官庙豁然报明做煤，言明按壹佰贰拾股开做。言明出煤得利之日，先归新业工本，后有余利，照字所分。旧业窑户马进山应得贰十伍股；山主张起龙，应得拾伍股；大觉寺常住应得四拾股；三官庙豁然应得四拾股。说过如有旧业人等争论，有马进山一面承管，三言议定，批合同以样二张。此系在字，各人情愿，并无反悔。恐后无凭，立合同文约，永远存照。

山主人 张起龙（押）

新业伙计人 豁然（押）

了尘（押）

道光十六年十一月二十二日立

合同窑户人 马进山（押）

代字人 王成功（花押款）

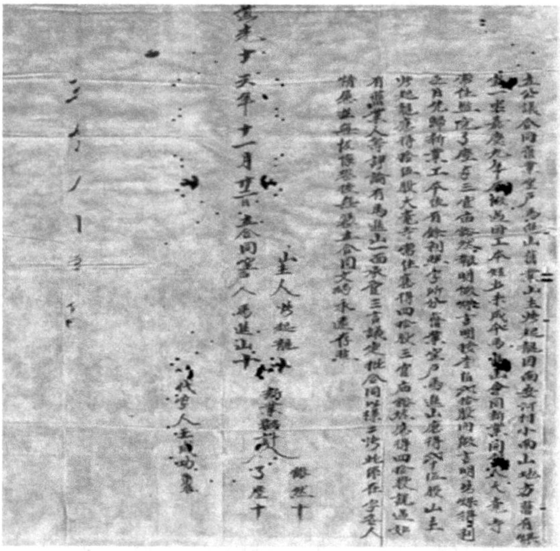

图 9-2 契约文书 084 号

图 9-2 的这份契约签订于清道光十六年（1836 年），契约记载了大觉寺曾入股开办煤窑的历史。大觉寺、三官庙与世俗百姓合股开办煤窑，并按照股份分得利润，既反映了股份制经营的社会现象，又说明了古代寺院经济存在多种多样的形式。

六、执照凭证类商业文书

清朝前期对商人活动有所控制。清朝规定各行业要领执照才可买卖。买卖茶叶、盐的执照称为“茶引”“盐引”（亦称“运司支单”）。政府于产地收购盐、茶，然后出售给零售盐、茶商人，“盐引”“茶引”相当于许可证，商人凭引贩运到销地零售。

（一）运司支单

“运司支单”就是盐引，盐引是盐商购盐、卖盐的凭证和许可证，“清承明制，实行盐的引岸专商制度：‘引’指引票，是运销食盐的一种特许证；岸即‘引地’，即引票上规定的销盐地区”①。据《清史稿》所记：

> 商人之购盐也，必请运司支单，亦曰照单，曰限单，曰皮票，持此购于场。得盐则贮之官地，奉天谓之仓，长芦谓之坨。未检查者曰生盐，已检查者为熟盐，熟盐乃可发售。②

还有茶引，“商茶的售卖制度就是商人必须凭引售茶，茶引批验所或关津验茶引相符，方可售卖。引外之茶、无引之茶、以残引售茶，均为私茶，官法惩处”③。引亦可买卖，“城固茶引有大小之别：大引共二百一十张，每张折价二两，共该银四百二十两；小引六张，每张折价二两，共该银一十二两；折价即纳茶课也。商人不拘多寡，有力量者，或领三、四十张，无力者，或领一二十张，亦无定名，今年系赵商，明年即将引卖与钱商”④。

另有采煤执照，称“照票”。“照”在煤矿开采业中被称为“窑照”，是官方发给煤矿投资者即窑户的采煤凭证。“票”是“照”的通俗称谓，时人习惯将二者合起来使用，称其为“照票”。对商人来说执照是开采的合法凭据，而对政府来说执照则是税收的依据，政府要杜绝的就是私自开采煤窑。

---

① 倪玉平. 清朝嘉道时期的两淮盐政与盐税[J]. 盐业史研究，2016，(4)：38-51.

② 赵尔巽，等. 清史稿[M]. 北京：中华书局，1977：3605.

③ 杜家骥. 杜家骥讲清代制度[M]. 天津：天津古籍出版社，2014：214.

④ 吴觉农. 中国地方志茶叶历史资料选辑[M]. 北京：农业出版社，1990：5.

（二）给业细号执照单

清朝前期，因土地买卖回赎，权属变更频繁，在管理上造成混乱，为清理整顿，归正现业，官府又重新颁发“清理田粮业票”，如清嘉庆二十五年（1820年）江苏阳湖县“给业细号执照单”[①]（图 9-3），有买卖过户、变更业主姓名的记载。由县府发出，盖满汉文县印。

給業細號執照
陽湖縣正堂張 為欽奉
黎字八百五十一號平田
現業戶沈紀方 住本鄉 本都 本圖大庄
嘉慶貳拾伍年 月

图 9-3 给业细号执照单

① 郑焕明. 古今土地证集藏[M]. 沈阳：辽宁画报出版社，2002：10.

七、地契统计类商业文书

清朝前期官府对田房地契买卖情况上报清册，主要登记项目有田房地契的时间、卖主、标的物、印契张数、面积和价钱等项。例如，嘉庆二年（1797 年）闰六月，江西署南昌府邵洪的呈查抄前巡抚陈淮原籍田房地契造具价银清册[①]（图 9-4 至图 9-8），记载了陈淮在乾隆五十年（1785 年）至乾隆五十七年的 13 张地契情况。

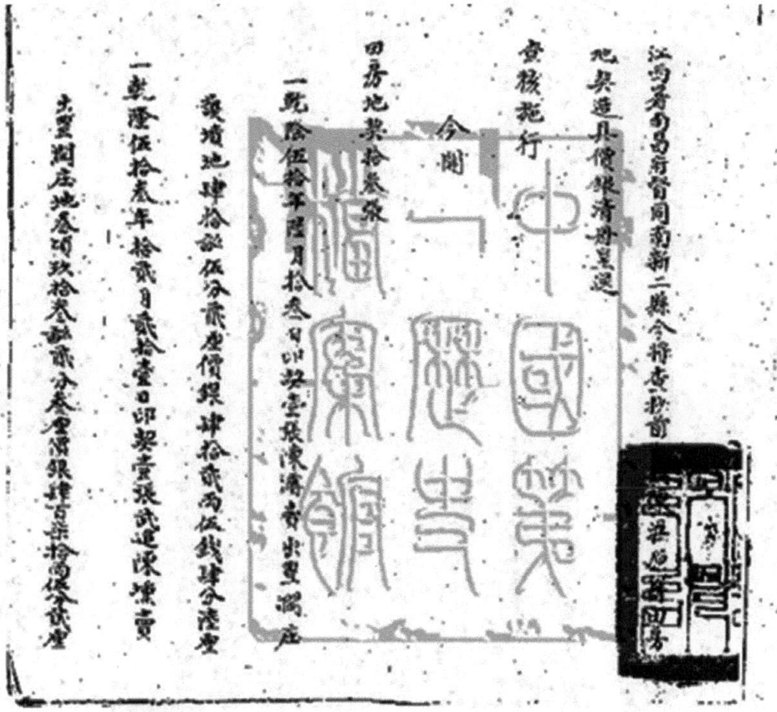

图 9-4　田房地契清册（第 1 页）

① 邵洪. 江西署南昌府邵洪呈查抄前巡抚陈淮原籍田房地契造具价银清册[A]. 北京：中国第一历史档案馆，档号：03-2382-016.

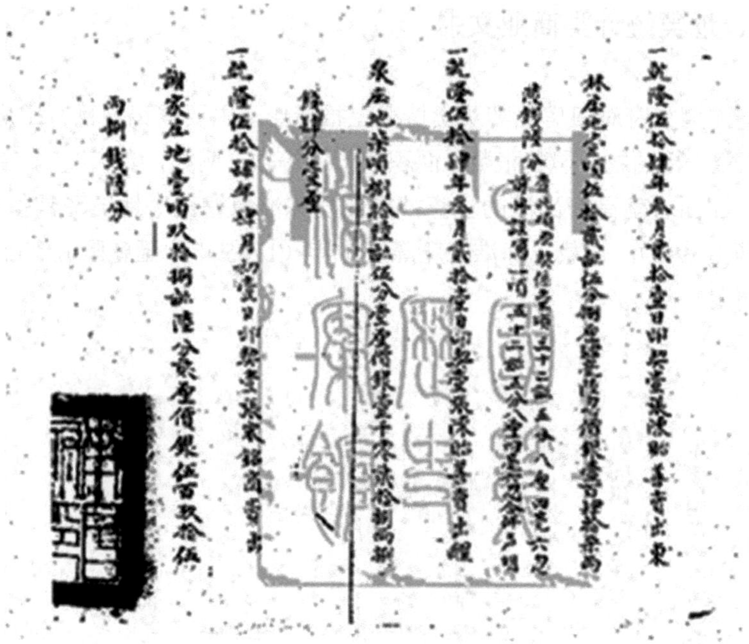

图 9-5　田房地契清册（第 2 页）

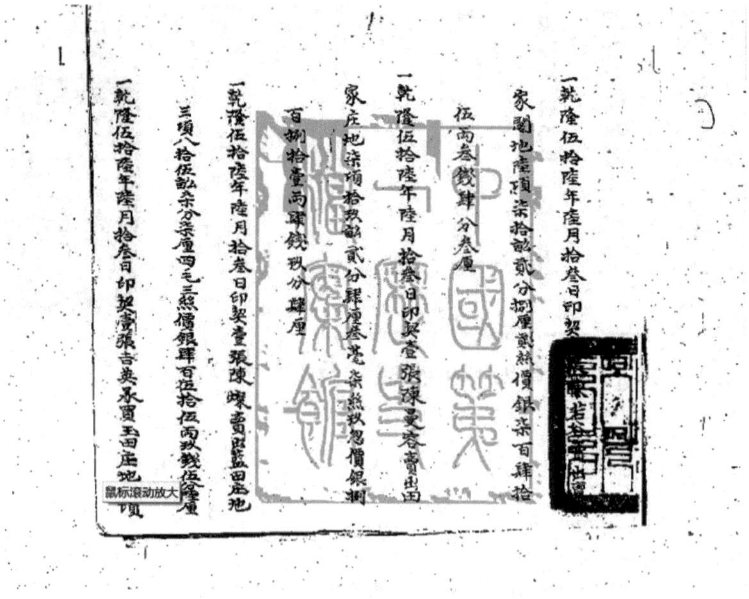

图 9-6　田房地契清册（第 3 页）

图 9-7 田房地契清册（第 4 页）

一乾隆伍拾柒年玖月拾玖日印契賣張巖若
瓦草房共肆拾貳間價銀貳百叁拾
以上房契貳紙共價銀壹千柒百貳拾陸兩貳錢肆分叁厘
總共地房契拾叁紙價銀捌千貳百玖拾兩零伍錢壹分叁厘

图 9-8 田房地契清册（第 5 页）

清朝前期还形成对房契买卖情况进行统计的商业管理文书。例如，乾隆四十七年（1782 年）五月初六，军机处满文录副奏折[①]（图 9-9）——“正白旗满洲承领国泰任所送到李姓□□：新旧红契四张、西河沿新旧房契两张、吴姓代置新旧红白房契八张、元盛店新旧契九张、典房白契壹张、新旧人契十五张、单子四张、赎回无房契壹张，以上六项共契三十七张单子四张”。这是对契约进行统计管理的商业文书，登记内容包括契约的名称、张数和每份契约的价款。

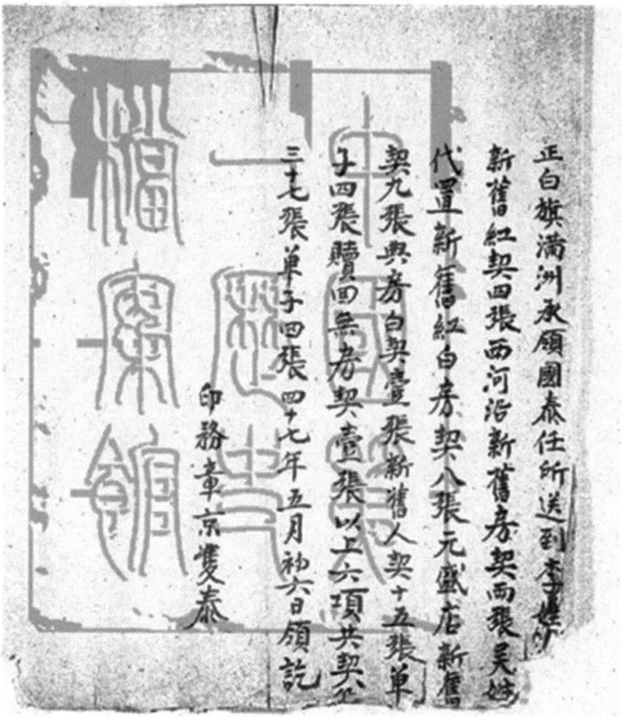
正白旗滿洲承領國泰任所送到李姓
新舊紅契四張西河沿新舊房契兩張吳姓
代置新舊紅白房契八張元盛店新舊
契九張典房白契壹張新舊人契十五張單
子四張贖回無房契壹張以上六項共契
三十七張單子四張 四十七年五月初六日領訖
印務章京

图 9-9 房契等契约登记文书

第三节 小 结

清朝前期商业有一定程度的发展。主要因为康熙朝和乾隆朝都实行了一些

① 佚名. 军机处满文录副奏折[A]. 北京：中国第一历史档案馆，档号：03-0189-2926-047.

促进农业、手工业发展和重视、鼓励商业贸易的措施，商业活动和商业政策不断规范，商业贸易活跃。这些措施客观上有利于商业文书的大量形成和规范管理，清朝前期商业文书保管的完好程度和数量均大大超过了前朝历代。这些商业文书主要由档案馆、博物馆、图书馆、研究所等机构和私人保存。现有的清朝商业文书相关研究成果颇丰，多为清朝契约类商业文书汇编出版物，本章对清朝前期商业文书进行了独立的梳理。

清朝前期形成的商业文书种类丰富，包括买卖文书、租佃文书、借贷文书、典当文书、分合文约、执照凭证类商业文书和地契统计类商业文书等。这些商业文书的内容包括田地、房屋、山林和水磨等物品的买卖，还包括多人合股经营、盐业和茶业经营许可等。总之，和前朝相比，清朝前期商业文书比较成熟和规范。

主要参考文献

1. 古籍

（唐）李延寿. 南史[M]. 北京：中华书局，1975.

（元）脱脱，等. 金史[M]. 北京：中华书局，1975.

（明）宋濂，等. 元史[M]. 北京：中华书局，1976.

清会典[M]. 北京：中华书局，1991.

清实录[M]. 北京：中华书局，2008.

老乞大谚解・朴通事谚解[M]. 台北：联经出版事业公司，1978.

新编事文类要启札青钱后集[M]. 北京：书目文献出版社，2005.

（战国）鬼谷子. 鬼谷子[M]. 方向东注评. 南京：江苏古籍出版社，2001.

（汉）刘珍，等. 东观汉记校注[M]. 吴树平校注. 北京：中华书局，2008.

（汉）许慎. 说文解字[M]. 北京：中华书局，1963.

（汉）郑玄，（唐）贾公彦. 十三经注疏・周礼注疏[M]. 上海：上海古籍出版社，2010.

（晋）常璩. 华阳国志[M]. 济南：齐鲁书社，2010.

（唐）杜佑. 通典[M]. 王文锦，王永兴，刘俊文，等点校. 北京：中华书局，1988.

（唐）李林甫，等. 唐六典[M]. 陈仲夫点校. 北京：中华书局，1992.

（唐）吴兢. 贞观政要[M]. 2 版. 长沙：岳麓书社，2000.

（唐）长孙无忌，等. 唐律疏议[M]. 刘俊文点校. 北京：中华书局，1983.

（宋）陈元靓. 事林广记[M]. 北京：中华书局，1999.

（宋）李昉，等. 太平广记[M]. 北京：中华书局，1961.

（宋）李昉，等. 太平御览[M]. 上海：上海古籍出版社，2008.

（宋）吕陶. 净德集[M]. 北京：中华书局，1985.

（宋）孟元老. 东京梦华录[M]. 高嘉敏编著. 合肥：黄山书社，2016.

（宋）彭大雅. 黑鞑事略[M]. 徐霆疏证. 北京：中华书局，1985.
（宋）王溥. 五代会要[M]. 上海：上海古籍出版社，1978.
（宋）王溥. 唐会要[M]. 上海：上海古籍出版社，2006.
（宋）王钦若，等. 册府元龟（校订本）[M]. 周勋初等校订. 南京：凤凰出版社，2006.
（宋）吴自牧. 梦粱录[M]. 符均，张社国校注. 西安：三秦出版社，2004.
（宋）乐史. 太平寰宇记[M]. 王文楚，等点校. 北京：中华书局，2007.
（元）胡祗遹. 胡祗遹集[M]. 魏崇武，周思成校点. 长春：吉林文史出版社，2008.
（元）马端临. 文献通考[M]. 北京：中华书局，1986.
（元）苏天爵. 滋溪文稿[M]. 陈高华，孟繁清点校. 北京： 中华书局，1997.
（元）陶宗仪. 南村辍耕录[M]. 北京：中华书局，1959.
（元）王结. 文忠集[M]. 北京：中国书店，2018.
（元）王恽. 秋涧先生大全集[M]. 上海：上海书店出版社，1989.
（元）熊梦祥. 析津志辑佚[M]. 北京图书馆善本组辑. 北京：北京古籍出版社，1983.
（元）徐元瑞. 吏学指南[M]. 北京：北京图书馆出版社，2004.
（元）许有壬，王逢，倪瓒，等. 北京图书馆古籍珍本丛刊 95 集部·元别集类·至正集·梧溪集·清閟阁遗稿·侨吴集·畤斋文稿[M]. 北京：书目文献出版社，2003.
（元）姚燧. 牧庵集[M]. 北京：中华书局，1985.
（元）俞希鲁. 至顺镇江志[M]. 杨积庆，贾秀英，蒋文野，等校点. 南京：江苏古籍出版社，1990.
（元）赵承禧，等. 宪台通纪[M]. 王晓欣点校. 杭州：浙江古籍出版社，2002.
（明）闵梦得，中国人民政治协商会议福建省漳州市委员会. 万历癸丑漳州府志[M]. 厦门：厦门大学出版社，2012.
（明）申时行，等. 明会典[M]. 上海：商务印书馆，1936.
（明）王圻. 续文献通考（第 1 卷）[M]. 北京：现代出版社，1991.
（明）叶子奇. 草木子[M]. 北京：中华书局，1959.
（清）董诰，等. 全唐文[M]. 北京：中华书局，1983.
（清）阿桂，等. 大清律例[M]. 北京：中华书局，2015.
（清）顾祖禹. 读史方舆纪要[M]. 贺次君，施和金点校. 北京：中华书局，2005.
（清）刘锦藻. 清朝续文献通考[M]. 北京：商务印书馆，1955.
（清）钱绎. 方言笺疏[M]. 2 版. 李发舜，黄建中点校. 北京：中华书局，2013.
（清）阮元，等. 经籍籑诂[M]. 北京：中华书局，1982.
（清）沈家本. 历代刑法考（下）[M]. 北京：商务印书馆，2011.

（清）沈之奇. 大清律辑注[M]. 怀效锋，李俊点校. 北京：法律出版社，2000.
（清）孙诒让. 周礼正义[M]. 王文锦，陈玉霞点校. 北京：中华书局，1987.
（清）托津，等. 钦定大清会典事例（嘉庆朝）[M]. 台北：文海出版社，1991.
（清）吴中孚. 商贾便览[M]. 杨正泰点校. 南京：南京出版社，2019.
（清）武亿. 安阳县金石录[M]. 台北：新文丰出版公司，1982.
（清）徐松. 宋会要辑稿[M]. 北京：中华书局，1957.
（清）于敏中，等. 日下旧闻考[M]. 北京：北京古籍出版社，1985.
（清）曾国藩. 广注经史百家杂钞[M]. 上海：世界书局，1936.
（清）朱寿朋. 光绪朝东华录[M]. 张静庐，等校点. 北京：中华书局，1958.
方龄贵. 通制条格校注[M]. 北京：中华书局，2001.
高荣盛. 秘书监志[M]. 杭州：浙江古籍出版社，1992.
黄时鉴. 元代法律资料辑存[M]. 杭州：浙江古籍出版社，1988.
马建石，杨育棠. 大清律例通考校注[M]. 北京：中国政法大学出版社，1992.
前南京国民政府司法行政部. 民事习惯调查报告录[M]. 北京：中国政法大学出版社，2000.
睡虎地秦墓竹简整理小组. 睡虎地秦墓竹简[M]. 北京：文物出版社，1990.
田涛，郑秦. 大清律例[M]. 北京：法律出版社，1999.
薛梅卿. 宋刑统[M]. 北京：法律出版社，1999.
杨天宇. 周礼译注[M]. 上海：上海古籍出版社，2004.
张友渔，高潮. 中华律令集成•清卷[M]. 长春：吉林人民出版社，1991.
曾贻芬. 通典食货典校笺[M]. 成都：巴蜀书社，2013.

2. 今人著作

安徽省博物馆. 明清徽州社会经济资料丛编（第一集）[M]. 北京： 中国社会科学出版社，1988.
安徽省地方志编纂委员会. 安徽省志•文物志[M]. 北京：方志出版社，1998.
安徽省文物志编辑室. 安徽省文物志稿（中册）[M]. 合肥：安徽省文物志编辑室，1988.
北京市地方志编纂委员会. 北京志•综合经济管理卷•工商行政管理志[M]. 北京：北京出版社，2001.
曹树基，潘星辉，阙龙兴. 石仓契约[M]. 杭州：浙江大学出版社，2011.
长沙简牍博物馆，北京大学中国古代史研究中心，北京吴简研讨班. 吴简研究（第三辑）[M]. 北京：中华书局，2011.
陈炳应. 西夏文物研究[M]. 银川：宁夏人民出版社，1985.
陈得芝. 蒙元史研究丛稿[M]. 北京：人民出版社，2005.

陈得芝，邱树森，何兆吉. 元代奏议集录[M]. 杭州：浙江古籍出版社，1998.
陈峰. 宋史论稿[M]. 西安：陕西人民出版社，2004.
陈高华，张帆，刘晓，等. 元典章[M]. 天津：天津古籍出版社，2011.
陈国灿. 斯坦因所获吐鲁番文书研究[M]. 武汉：武汉大学出版社，1995.
陈国灿. 斯坦因所获吐鲁番文书研究[M]. 台北：台湾古籍出版有限公司，2004.
陈金全，梁聪. 贵州文斗寨苗族契约法律文书汇编——姜启贵等家藏契约文书[M]. 北京：人民出版社，2015.
陈敬涛. 敦煌吐鲁番契约文书中的群体及其观念、行为探微[M]. 北京：中国政法大学出版社，2013.
陈明光. 中华大典·经济典·财政分典 2[M]. 成都：巴蜀书社，2017.
陈明光，王万盈. 中国财政通史：魏晋南北朝财政史[M]. 长沙：湖南人民出版社，2015.
陈晓强. 敦煌契约文书语言研究[M]. 北京：人民出版社，2012.
陈义钟. 海瑞集[M]. 北京：中华书局，1962.
陈支平. 民间文书与明清东南族商研究[M]. 北京：中华书局，2009.
戴炎辉. 中国法制史[M]. 台北：三民书局，1979.
杜建录，史金波. 西夏社会文书研究（增订本）[M]. 上海：上海古籍出版社，2012.
敦煌研究院. 敦煌遗书总目索引新编[M]. 北京：中华书局，2000.
《法国汉学》丛书编辑委员会. 法国汉学[M]. 北京：中华书局，2000.
冯学伟. 明清契约的结构、功能及意义[M]. 北京：法律出版社，2015.
福建师范大学历史系. 明清福建经济契约文书选辑[M]. 北京：人民出版社，1997.
傅衣凌. 明清社会经济史论文集[M]. 北京：商务印书馆，2010.
耿世民. 回鹘文社会经济文书研究[M]. 北京：中央民族大学出版社，2006.
故宫博物院. 钦定户部则例•田赋[M]. 海口：海南出版社，2000.
郭道扬. 中国会计史稿[M]. 北京：中国财政经济出版社，1982.
郭沫若. 两周金文辞大系图录考释[M]. 北京：科学出版社，1957.
国家文物局古文献研究室，新疆维吾尔自治区博物馆，武汉大学历史系. 吐鲁番出土文书[M]. 北京：文物出版社，1981.
韩翔，王炳华，张临华. 尼雅考古资料[M]. 乌鲁木齐：新疆社会科学院，1988.
郝春文. 唐后期五代宋初敦煌僧尼的社会生活[M]. 北京：中国社会科学出版社，1998.
郝春文. 郝春文敦煌学论集[M]. 上海：上海古籍出版社，2010.
何汝泉. 唐代转运使初探[M]. 重庆：西南师范大学出版社，1987.
洪诚. 洪诚文集[M]. 南京：江苏古籍出版社，2000.

胡开全. 成都龙泉驿百年契约文书：1754-1949[M]. 成都：巴蜀书社，2012.
胡如雷. 隋唐五代社会经济史论稿[M]. 北京：中国社会科学出版社，1996.
怀效锋. 中国法制史[M]. 北京：中国政法大学出版社，1998.
怀效锋. 大明律・户律五[M]. 北京：法律出版社，1999.
黄正建. 唐代衣食住行研究[M]. 北京：首都师范大学出版社，1998.
黄正建. 中晚唐社会与政治研究[M]. 北京：中国社会科学出版社，2006.
姬脉利，张蕴芬. 北京西山大觉寺藏清代契约文书整理及研究[M]. 北京：北京燕山出版社，2014.
贾志刚. 唐代军费问题研究[M]. 北京：中国社会科学出版社，2006.
姜伯勤. 敦煌吐鲁番文书与丝绸之路[M]. 北京：文物出版社，1994.
蒋福亚. 走马楼吴简经济文书研究[M]. 北京：国家图书馆出版社，2012.
李华瑞. 宋代酒的生产和征榷[M]. 保定：河北大学出版社，1995.
李华瑞. 宋夏关系史[M]. 北京：中国人民大学出版社，2010.
李剑农. 魏晋南北朝隋唐经济史稿[M]. 北京：生活・读书・新知三联书店，1959.
李剑农. 中国古代经济史稿[M]. 武汉：武汉大学出版社，2006.
李锦绣. 唐代财政史稿[M]. 北京：北京大学出版社，1995.
李经纬. 吐鲁番回鹘文社会经济文书研究[M]. 乌鲁木齐：新疆人民出版社，1996.
李明晓. 两汉魏晋南北朝石刻法律文献整理与研究[M]. 北京：人民出版社，2016.
李廷先. 唐代扬州史考[M]. 南京：江苏古籍出版社，2002.
李逸友. 黑城出土文书（汉文文书卷）[M]. 北京：科学出版社，1991.
李则芬. 元史新讲（四）[M]. 台北：黎明文化事业公司，1989.
梁凤荣. 中国传统民法理念与规范[M]. 郑州：郑州大学出版社，2003.
辽宁省博物馆，辽宁省辽金契丹女真史研究会. 辽金历史与考古（第五辑）[M]. 沈阳：辽宁教育出版社，2014.
林家平，宁强，罗华庆. 中国敦煌学史[M]. 北京：北京语言学院出版社，1992.
林梅村. 汉唐西域文明与中国文明[M]. 北京：文物出版社，1998.
林文勋. 云南省博物馆馆藏契约文书整理汇编[M]. 北京：人民出版社，2013.
刘伯山. 徽州文书（第一辑）[M]. 桂林：广西师范大学出版社，2005.
刘进宝. 敦煌历史文化[M]. 兰州：甘肃人民出版社，2000.
刘进宝. 敦煌文书与唐史研究[M]. 台北：新文丰出版股份有限公司，2000.
刘进宝. 丝绸之路敦煌研究[M]. 乌鲁木齐：新疆人民出版社，2010.
刘俊文. 敦煌吐鲁番唐代法制文书考释[M]. 北京：中华书局，1989.

刘浦江. 辽金史论[M]. 沈阳：辽宁大学出版社，1999.
刘秋根，张冰水. 保定房地契资料全编[M]. 石家庄：河北人民出版社，2012.
刘兴隆. 新编甲骨文字典[M]. 北京：国际文化出版公司，2005.
龙登高. 中国传统市场发展史[M]. 北京：人民出版社，1997.
鲁西奇. 中国古代买地券研究[M]. 厦门：厦门大学出版社，2014.
罗振玉，王国维. 流沙坠简[M]. 北京：中华书局，1993.
罗志欢，李龙潜. 清代广东土地契约文书汇编[M]. 济南：齐鲁书社，2014.
马承源. 商周青铜器铭文选[M]. 北京：文物出版社，1988.
孟宪实. 汉唐文化与高昌历史[M]. 济南：齐鲁书社，2004.
乜小红. 俄藏敦煌契约文书研究[M]. 上海：上海古籍出版社，2009.
乜小红. 中国中古契券关系研究[M]. 北京：中华书局，2013.
彭久松. 中国契约股份制[M]. 成都：成都科技大学出版社，1994.
彭泽益. 清代工商行业碑文集粹[M]. 郑州：中州古籍出版社，1997.
漆侠. 中国经济通史·宋[M]. 2 版. 北京：经济日报出版社，2007.
乔幼梅. 宋辽夏金经济史研究[M]. 济南：齐鲁书社，1995.
乔幼梅. 宋辽夏金经济史研究（增订版）[M]. 上海：上海古籍出版社，2015.
秦国经. 明清档案学[M]. 北京：学苑出版社，2005.
荣新江，李肖，孟宪实. 新获吐鲁番出土文献[M]. 北京：中华书局，2008.
沙知. 敦煌契约文书辑校[M]. 南京：江苏古籍出版社，1998.
上海博物馆图书资料室. 上海碑刻资料选辑[M]. 上海：上海人民出版社，1980.
上海市档案馆. 清代上海房地契档案汇编[M]. 上海：上海古籍出版社，1999.
史金波. 西夏经济文书研究[M]. 北京：社会科学文献出版社，2017.
史金波，白滨，黄振华. 文海研究[M]. 北京：中国社会科学出版社，1983.
史金波，聂鸿音，白滨. 天盛改旧新定律令[M]. 北京：法律出版社，2000.
史金波，魏同贤，〔俄〕E. N. 克恰诺夫. 俄藏黑水城文献[M]. 上海：上海古籍出版社，1998.
孙丽娟. 清代商业社会的规则与秩序：从碑刻资料解读清代中国商事习惯法[M]. 北京：中国社会科学出版社，2005.
孙兆霞，等. 吉昌契约文书汇编[M]. 北京：社会科学文献出版社，2010.
谭棣华，冼剑民. 广东土地契约文书[M]. 广州：暨南大学出版社，2000.
唐耕耦. 敦煌寺院会计文书研究[M]. 台北：新文丰出版股份有限公司，1997.
唐耕耦，陆宏基. 敦煌社会经济文献真迹释录[M]. 北京：全国图书馆文献缩微复制中心，1990.

唐智燕. 汉语商贸词汇演变研究[M]. 北京：中国社会科学出版社，2010.
陶晋生. 宋辽关系史研究[M]. 北京：中华书局，2008.
田涛，〔美〕宋格文，郑秦. 田藏契约文书粹编（第三册）[M]. 北京：中华书局，2001.
汪维辉，〔日〕远藤光晓，〔韩〕朴在渊，等. 朝鲜时代汉语教科书丛刊续编（上）[M]. 北京：中华书局，2011.
王德朋. 金代商业经济研究[M]. 北京：社会科学文献出版社，2011.
王素. 敦煌吐鲁番文献[M]. 北京：文物出版社，2002.
王万盈. 清代宁波契约文书辑校[M]. 天津：天津古籍出版社，2008.
王孝通. 中国商业史[M]. 上海：上海科学技术文献出版社，2014.
王新英. 全金石刻文辑校[M]. 长春：吉林文史出版社，2012.
王兆祥，刘文智. 中国古代的商人[M]. 北京：商务印书馆国际有限公司，1995.
翁独健. 斡脱杂考[M]. 北京：燕京大学哈佛燕京学社，1986.
翁俊雄. 唐代区域经济研究[M]. 北京：首都师范大学出版社，2001.
吴玉贵. 突厥汗国与隋唐关系史研究[M]. 北京：中国社会科学出版社，1998.
吴震. 吴震敦煌吐鲁番文书研究论集[M]. 上海：上海古籍出版社，2009.
向南. 辽代石刻文编[M]. 石家庄：河北教育出版社，1995.
谢国桢. 明代社会经济史料选编（下）[M]. 福州：福建人民出版社，1981.
严桂夫，王国健. 徽州文书档案[M]. 合肥：安徽人民出版社，2005.
杨国桢. 明清土地契约文书研究[M]. 北京：中国人民大学出版社，2009.
杨浣. 辽夏关系史[M]. 北京：人民出版社，2010.
杨积堂. 法典中的西夏文化：西夏《天盛改旧新定律令》研究[M]. 北京：法律出版社，2003.
叶显恩. 明清徽州农村社会与佃仆制[M]. 合肥：安徽人民出版社，1983.
张博泉. 金代经济史略[M]. 沈阳：辽宁人民出版社，1981.
张传玺. 中国历代契约会编考释[M]. 北京：北京大学出版社，1995.
张传玺. 契约史买地券研究[M]. 北京：中华书局，2008.
张传玺. 中国历代契约粹编（上）[M]. 北京：北京大学出版社，2014.
张传玺. 中国历代契约粹编（中）[M]. 北京：北京大学出版社，2014.
张德义，郝毅生. 中国历代土地契证[M]. 保定：河北大学出版社，2009.
张其泮，张魁峰，杨德寿，等. 中国商业百科全书（上）[M]. 北京：经济管理出版社，1991.
张树天，王槐茂. 冯梦龙全集[M]. 呼和浩特：远方出版社，2005.
张秀民. 中国印刷术的发明及其影响[M]. 北京：人民出版社，1958.
张一农. 中国商业简史[M]. 北京：中国财政经济出版社，1989.

张渝. 清代中期重庆的商业规则与秩序：以巴县档案为中心的研究[M]. 北京：中国政法大学出版社，2010.
张泽咸. 唐五代赋役史草[M]. 北京：中华书局，1986.
张正明. 明清晋商商业资料选编（上、下）[M]. 太原：山西经济出版社，2016.
张志勇，王洪涛. 中国行政管理史[M]. 沈阳：辽宁大学出版社，2014.
张重艳，杨淑红. 中国藏黑水城所出元代律令与词讼文书整理与研究[M]. 北京：知识产权出版社，2015.
章开沅. 中国经济史[M]. 北京：高等教育出版社，2002.
赵德馨. 中国经济通史[M]. 长沙：湖南人民出版社，2002.
赵丰，王乐. 敦煌丝绸[M]. 兰州：甘肃教育出版社，2013.
赵彦龙. 西夏文书档案研究[M]. 银川：宁夏人民出版社，2010.
赵云旗. 唐代土地买卖研究[M]. 北京：中国财政经济出版社，2002.
郑焕明. 古今土地证集藏[M]. 沈阳：辽宁画报出版社，2002.
郑学檬，杨际平，陈明光，等. 中国经济通史（第四卷）[M]. 长沙：湖南人民出版社，2002.
中国商业史学会. 货殖——商业与市场研究（第三辑）[M]. 北京：中国财政经济出版社，1999.
中国社会科学院考古研究所. 殷周金文集成释文[M]. 香港：香港中文大学出版社，2001.
中国社会科学院历史研究所. 徽州千年契约文书（清·民国编）[M]. 石家庄：花山文艺出版社，1991.
周良霄，顾菊英. 元代史[M]. 上海：上海人民出版社，1993.
周自强. 中国经济通史·先秦经济卷[M]. 2 版. 北京：中国社会科学出版社，2007.
朱雷. 朱雷敦煌吐鲁番文书论丛[M]. 上海：上海古籍出版社，2012.
走马楼简牍整理组. 长沙走马楼三国吴简·嘉禾吏民田家莂[M]. 北京：文物出版社，1999.
走马楼简牍整理组. 长沙走马楼三国吴简·竹简（壹）[M]. 北京：文物出版社，2003.
走马楼简牍整理组. 长沙走马楼三国吴简·竹简（贰）[M]. 北京：文物出版社，2007.
走马楼简牍整理组. 长沙走马楼三国吴简·竹简（叁）[M]. 北京：文物出版社，2008.
走马楼简牍整理组. 长沙走马楼三国吴简·竹简（肆）[M]. 北京：文物出版社，2011.
走马楼简牍整理组. 长沙走马楼三国吴简·竹简（柒）[M]. 北京：文物出版社，2013.
〔俄〕孟列夫，钱伯城. 俄藏敦煌文献[M]. 上海：上海古籍出版社，2000.
〔法〕童丕. 敦煌的借贷：中国中古时代的物质生活与社会[M]. 余欣，陈建伟译. 北京：中华书局，2003.
〔美〕谢弗. 唐代的外来文明[M]. 吴玉贵译. 北京：中国社会科学出版社，1995.

〔日〕滨下武志. 近代中国的国际契机——朝贡贸易体系与近代亚洲经济圈[M]. 朱荫贵，欧阳菲译. 北京：中国社会科学出版社，1999.
〔日〕池田温. 中国古代籍帐研究[M]. 龚泽铣译. 北京：中华书局，1984.
〔日〕堀敏一. 隋唐帝国与东亚[M]. 韩昇，刘建英译. 昆明：云南人民出版社，2002.
〔日〕气贺泽保规. 绚烂的世界帝国：隋唐时代[M]. 石晓军译. 桂林：广西师范大学出版社，2014.
〔日〕西鸠定生. 中国经济史研究[M]. 冯佐哲，邱茂，黎潮合译. 北京：农业出版社，1984.
〔匈〕G. 卡拉. 东方学研究所圣彼得堡分所收藏哈喇浩特及西域出土中世纪蒙古文文献研究[M]. 敖特根译. 北京：民族出版社，2006.
〔意〕彼德罗・彭梵得. 罗马法教科书[M]. 黄风译. 北京：中国政法大学出版社，1992.
〔意〕马可・波罗. 马可・波罗行纪[M]. 张晗译. 哈尔滨：哈尔滨出版社，2009.
チメドドルジ（吉田顺一）. ハラホト出土モソゴル文書の研究[M]. 東京：（株）雄山阁，2008.

3. 期刊论文

卞利. 清代江西安远县土地买卖契约文书的发现与研究[J]. 农业考古，2004，(3)：92-99，103.
陈东林. 元代官营高利贷初探[J]. 江苏商论，2012，(12)：148-149.
陈广恩. 黑水城文书所见元朝对西北的经营——以亦集乃路为考察中心[J]. 西夏学，2018，(1)：167-177.
陈广恩，陈柳晶. 窝阔台后王忽剌术事迹考述——以黑水城出土文书为考察重点[J]. 民族研究，2017，(5)：76-86，125.
陈国灿. 略论佉卢文契约中的人口买卖[J]. 西北师大学报（社会科学版），2015，(3)：46-50.
陈明富. 古汉语中表“买卖”义词语历时考察[J]. 殷都学刊，2003，(3)：114-117.
陈明光，毛蕾. 唐宋以来的牙人与田宅典当买卖[J]. 中国史研究，2000，(4)：63-72.
陈胜强. 中人对清代土地绝卖契约的影响及其借鉴意义[J]. 法学评论，2010，(3)：155-160.
陈学文. 土地契约文书与明清社会、经济、文化的研究[J]. 史学月刊，2005，(12)：9-11.
陈学文. 明清时期社会治安的条令和乡规民约[J]. 江南大学学报（人文社会科学版），2014，(4)：48-53.
陈永胜. 敦煌买卖契约法律制度探析[J]. 敦煌研究，2000，(4)：95-104，182-183.
陈云朝，童旭. 论清代徽州禁约合同——以俞藏 48 件徽州禁约文书为中心[J]. 安徽师范大学学报（人文社会科学版），2014，(4)：444-449.
储小旵，张丽. 契约文书札记五则[J]. 中国农史，2012，(4)：123-129.

崔碧茹. 宋代女性的经济活动：以地产买卖与契约为中心[J]. 中国经济史研究，2010，(3)：123-133.
戴建国. 宋代的田宅交易投税凭由和官印田宅契书[J]. 中国史研究，2001，(3)：97-111.
邓晓影. 宋代商业发展与商人地位的提高[J]. 湖南城市学院学报，2007，(3)：15-18.
丁海斌. 论《周礼》所记载的经济管理文书与档案[J]. 档案学研究，1995，(2)：23-27，49.
丁海斌，康胜利. “文书”“公文”“文件”“档案”四词生成、演变之文化形态研究[J]. 档案学通讯，2016，(2)：47-51.
丁牧羊，王鹤淇. 《周礼》文档名词再研究[J]. 档案学通讯，2015，(6)：32-39.
杜建录. 黑城出土西夏榷场文书考释[J]. 中国经济史研究，2010，(1)：114-120.
杜文玉. 论唐代雇佣劳动[J]. 渭南师专学报（综合版），1986，(1)：40-45.
范金民. “草议”与“议单”：清代江南田宅买卖文书的订立[J]. 历史研究，2015，(3)：78-94，190.
方钦. 传统中国社会财产权利的性质——以清代闽北土地买卖文书为例[J]. 南方经济，2016，(12)：87-103.
冯学伟. 契约文书之于古人生活的意义[J]. 法制与社会发展，2011，(1)：38-44.
高敏. 魏晋南北朝的杂税之制[J]. 中国社会经济史研究，1990，(3)：1-12.
高敏. 论《吏民田家莂》的契约与凭证二重性及其意义——读长沙走马楼简牍札记之二[J]. 郑州大学学报（社会科学版），2000，(4)：67-70.
高敏. 《长沙走马楼三国吴简·嘉禾吏民田家莂》释文注释补正——读走马楼简牍札记之八[J]. 郑州大学学报（哲学社会科学版），2001，(4)：102-108.
高启新. 东晋《朱曼妻薛氏买地券》发现始末[J]. 收藏家，2016，(2)：49-52.
高玉玲. 宋代契约的“情愿”法及解读——以买卖契约为中心的考察[J]. 兰州学刊，2015，(6)：115-122.
龚万松. 宋代契约担保法律制度管窥[J]. 兰台世界，2013，(36)：48-49.
管汉晖，毛捷. 本位、战争与通胀：元代纸币的运行机制[J]. 中国经济史研究，2018，(2)：109-124.
郭睿君. 清代徽州契约文书所见“中人”身份探讨[J]. 档案学通讯，2017，(4)：58-63.
郭睿君，李琳琦. 清代徽州契约文书所见“中人”报酬[J]. 中国经济史研究，2016，(6)：32-41.
郭蕴静. 略论清代商业政策和商业发展[J]. 史学月刊，1987，(1)：31-36.
韩树伟. 吐鲁番、敦煌出土回鹘文契约文书研究述要[J]. 西北民族论丛，2019，(1)：255-277，334.

郝春文. 唐后期五代宋初沙州僧尼的宗教收入（四）——为他人举行法事活动之所得[J]. 敦煌学辑刊，1997，（1）：1-20.
黑维强. 论古代契约文书的文献特点及词汇研究价值[J]. 合肥师范学院学报，2011，29（5）：6-10.
侯文昌. 近六十年吐鲁番汉文契约文书研究综述[J]. 西域研究，2012，（1）：127-133.
胡如雷. 几件新疆出土文书中反映的十六国时期租佃契约关系[J]. 文物，1978，（6）：22-25.
胡兴东. 斡脱：蒙元时期民事制度的一个创新[J]. 云南师范大学学报（哲学社会科学版），2003，（5）：35-40.
贾小军. 秦汉魏晋南北朝西北经济及其经济交流初探[J]. 伊犁教育学院学报，2004，（4）：18-22.
简修炜，夏毅辉. 南北朝时期的寺院地主经济初探[J]. 中国史研究动态，1984，（4）：19-20.
姜密. 宋代官田契约租佃制及地租选择的经济学意义[J]. 河北学刊，2010，30（2）：65-69.
蒋福亚. 魏晋南北朝的租佃关系[J]. 中国史研究，1999，（1）：46-55.
蒋福亚. 走马楼吴简所见雇佣劳动[J]. 首都师范大学学报（社会科学版），2011，（1）：1-8.
蒋福亚. 走马楼吴简所见盐铁官营和酒类专卖[J]. 史学月刊，2011，（12）：12-20.
孔毅. 东晋南朝的实物货币[J]. 西南师范大学学报（哲学社会科学版），1993，（2）：67-72，83.
李卿. 《长沙走马楼三国吴简·嘉禾吏民田家莂》性质与内容分析[J]. 中国经济史研究，2001，（1）：122-131.
李荣忠. 四川清代档案工作研究[J]. 档案学通讯，1989，（1）：65-68.
李瑞哲. 试论胡商在丝绸之路上的活动以及中原王朝对待胡商的政策[J]. 敦煌学辑刊，2009，（2）：163-172.
李世龙. 试论中国古代的海外贸易[J]. 河南大学学报（社会科学版），2003，（1）：16-18.
李霞. 元代法律对民间借贷契约的规制[J]. 兰台世界，2015，（513）：137-138.
李晓明，张建强. 英藏黑水城文献中一件西夏契约文书考释[J]. 西夏研究，2012，（1）：52-57.
李云泉. 朝贡制度的理论渊源与时代特征[J]. 中国边疆史地研究，2006，16（3）：37-42，148.
李祝环. 中国传统民事契约中的中人现象[J]. 法学研究，1997，（6）：136-141.
梁君. 元代黑水城地区婚姻契约考释[J]. 黑河学刊，2015，（4）：47-49.
梁凌霄，魏楠，李文文. 试论元朝商业繁荣的原因[J]. 陇东学院学报，2014，25（2）：47-50.
凌文超. 走马楼吴简中所见的生口买卖——兼谈魏晋封建论之奴客相混[J]. 史学集刊，2014，（4）：73-81.
刘成仁. 略论两宋经济商业的高涨繁荣[J]. 吉林财贸学院学报，1983，（1）：80-86.
刘方. 论西周商业的发展[J]. 宝鸡师院学报（哲学社会科学版），1989，（2）：2，51-55，80.
刘和惠. 元代徽州地契[J]. 元史及北方民族史研究集刊，1984，（8）：28-31.

刘进宝. 从敦煌文书看唐五代私有土地的发展途径[J]. 中国农史，2006，(2)：42-50.
刘进宝. 从敦煌文书看唐五代佛教寺院的“唱衣”[J]. 南京师大学报（社会科学版），2007，(4)：53-59.
刘俊，刘建生. 从一批晋商契约析清代合伙经营[J]. 中国社会经济史研究，2014，(1)：78-84.
刘秋根. 元代官营高利贷资本述论[J]. 宋史研究论丛，2001，(0)：263-274.
刘文杰，雷荣广. 论文书和档案的起源[J]. 四川档案，1985，(4)：7-12.
刘洋. 近三十年清代契约文书的刊布与研究综述[J]. 中国史研究动态，2012，(4)：43-52.
刘永华，温海波. 签押为证：明清时期画押的源流、类型、文书形态与法律效力[J]. 文史，2017，(1)：101-120.
刘志月. 莫高窟北区B59窟出土《西夏嵬名法宝达卖地帐》研究——兼论西夏土地买卖中的优先权[J]. 河西学院学报，2016，(4)：44-50.
柳方. 吐鲁番新出的一件奴隶买卖文书[J]. 吐鲁番学研究，2005，(1)：122-126.
卢茂村. 三张明代卖身卖田卖屋契[J]. 农业考古，2001，(3)：112-113.
鲁西奇. 北魏买地券三种考释[J]. 魏晋南北朝隋唐史资料，2010，(1)：44-54.
鲁西奇. 甘肃灵台、陕西长武所出北魏地券考释[J]. 中国经济史研究，2010，(4)：10-17.
罗将，谢继忠，蒋兴国. 清代河西地区房产交易契约初探——甘肃民间契约文书研究之二[J]. 社科纵横，2017，(11)：136-142.
罗云丹，邓锦凤. 从《清水江文书》看清代至民国时期清水江民族地区租佃制度的特征[J]. 原生态民族文化学刊，2015，(4)：82-88.
马芳. 浅析蒙元王朝回回商人的经济和政治待遇问题[J]. 和田师范专科学校学报（汉文综合版），2005，(6)：7-8.
马季凡. “贝玉”不是商代人的葬具——读姚朔民的《“具乃贝玉”新说》[C]//王宇信，宋镇豪，孟宪武主编. 2004年安阳殷商文明国际学术研讨会论文集. 北京：社会科学文献出版社，2004：314-319.
马建春. 元代西域人的商业活动[J]. 暨南学报（哲学社会科学版），2006，(3)：171-176.
毛永俊. 古代契约“中人”现象的法文化背景——以清代土地买卖契约为例[J]. 社会科学家，2012，(9)：107-110.
孟凡云. 民族交融背景下全景式的元代经济史——评李幹《元代民族经济史》[J]. 中南民族大学学报（人文社会科学版），2011，(1)：181.
明成满. 从敦煌文书看唐五代时期寺院的财产管理方式[J]. 宁夏社会科学，2010，(6)：103-106.
乜小红. 略论《俄藏敦煌文献》中的两件十六国买卖券[J]. 中国经济史研究，2008，(2)：

70-78.
乜小红. 从粟特文券契看高昌王国奴婢买卖之官文券[J]. 西域研究，2009，(4)：37-42，134.
乜小红. 对敦煌农业雇工契中雇佣关系的研究[J]. 敦煌研究，2009，(5)：116-122.
乜小红. 再论敦煌农业雇工契中的雇佣关系[J]. 中国经济史研究，2011，(4)：69-75.
乜小红. 中古西域民汉文买卖契约比较研究[J]. 西域研究，2011，(2)：55-62，143-144.
乜小红. 中国古代佛寺的借贷与“便物历”[J]. 中国史研究，2011，(3)：61-83.
乜小红，陈国灿. 对丝绸之路上佉卢文买卖契约的探讨[J]. 西域研究，2017，(2)：64-78.
牛杰. 论宋代契约关系和契约法[J]. 中州学刊，2006，(2)：181-184.
乔南. 清代山西的商业市镇，平遥——以平遥市楼碑刻资料为中心的考察[J]. 晋阳学刊，2006，(6)：31-37.
尚衍斌. 唐代“兴胡”与元代“斡脱”名义考辨[J]. 新疆大学学报（社会科学版），2001，(2)：39-44.
施一揆. 元代地契[J]. 历史研究，1957，(9)：79-84.
宋德金. 金代买地券考述[J]. 北方文物，2017，(1)：93-101.
宋杰. 吐鲁番文书所反映的高昌物价与货币问题[J]. 北京师范学院学报(社会科学版)，1990，(2)：67-76.
孙瑞. 日本泉屋博古馆所见先秦私文书——西周青铜私文书的鼎盛[J]. 日本学论坛，2002，(2)：41-45.
孙瑞. 《周礼》中市场法制管理文书探究[J]. 法制与社会发展，2003，(3)：141-144.
唐朝晖. 元代江浙地区的商业繁荣与诗文新变[J]. 湖南商学院学报，2011，18 (2)：121-123.
唐任伍. 论隋唐对外贸易的发展[J]. 史学月刊，1993，(6)：43-47.
田欢. 清代吐鲁番厅法律文书所见“租卖”土地交易[J]. 深圳大学学报(人文社会科学版)，2013，(5)：151-159.
田涛，白俊骞. 汉字起源研究述评[J]. 铜仁学院学报，2016，18 (2)：167-169.
童光政. 明朝依律决讼载盐船沉没赔偿案[J]. 中国审判，2007，(2)：76-77.
童旭，丁亚兰. 论清代徽州禁约合同——兼议与禁约告示、禁约碑之区别[J]. 西南政法大学学报，2013，(5)：3-14.
汪宁生. 从原始记事到文字发明[J]. 考古学报，1981，(1)：1-44，147-148.
汪兴和. 元代大都的商业经济[J]. 江苏商论，2004，(2)：159-161.
王东健. 隋唐时中原与突厥贸易研究[J]. 大庆师范学院学报，2016，36 (5)：107-109.
王公山，马玉红. 先秦盟誓的契约属性及其文化意蕴[J]. 学术界，2008，(6)：229-233.
王海燕. 明代典当业初探[J]. 东北师大学报（哲学社会科学版)，1998，(1)：56-62.

王明前. 三国两晋财政体系演变初探[J]. 阿坝师范高等专科学校学报，2011，(4)：60-65.

王日根. 清代江南地方官府对商业秩序的整治——以碑刻资料为中心的考察[J]. 厦门大学学报（哲学社会科学版），2007，(2)：105-112.

王日根，卢增夫. 清代晋江店铺买卖契约文书的分析[J]. 福建师范大学学报（哲学社会科学版），2005，(1)：125-131.

王素. 略谈香港新见吐鲁番契券的意义——《高昌史稿·统治编》续论之一[J]. 文物，2003，(10)：73-76.

王孙盈政. 唐代“敕牒”考[J]. 中国史研究，2013，(1)：89-110.

王万盈. 产权交易下的清代浙东契约文书述论[J]. 西北师大学报(社会科学版)，2008，(3)：68-73.

王祥伟. 试论晚唐五代宋初敦煌寺院财产管理的特征及意义[J]. 敦煌学辑刊，2008，(2)：137-144.

王新民. 麴氏高昌与铁勒突厥的商业贸易[J]. 新疆大学学报(哲学社会科学版)，1993，(3)：58-61.

王艳明. 从出土文书看中古时期吐鲁番的葡萄种植业[J]. 敦煌学辑刊，2000，(1)：52-63.

王阳. 元代契约文书札记八则[J]. 汉字文化，2017，(5)：37-41.

魏建栋. 浅析汉字的起源与发展[J]. 美术大观，2012，(6)：85.

谢重光. 晋唐寺院的商业和借贷业[J]. 中国经济史研究，1989，(1)：49-66.

徐秀玲. 晚唐五代宋初敦煌雇佣契约样文研究[J]. 中国农史，2010，(4)：48-59.

徐秀玲. 麴氏高昌国时期雇价问题探讨——兼论高昌寺院银钱的使用情况[J]. 历史教学(下半月刊)，2014，(147)：24-32.

许智范，刘禄山. “历史碎片”啄探——江西民间契约文书考察[J]. 南方文物，2006，(1)：85，103-112.

薛平拴. 隋唐长安商业市场的繁荣及其原因[J]. 陕西师范大学学报(哲学社会科学版)，2006，(3)：89-95.

严耀中. 东晋南朝地方财政收支述论[J]. 中国社会经济史研究，1985，(2)：9-17.

杨富学. 回鹘文文书中所见元代畏兀儿租佃契约关系研究[J]. 西北民族研究，1989，(2)：161-172.

杨富学，陈爱峰. 黑水城出土夏金榷场贸易文书研究[J]. 中国史研究，2009，(2)：77-99.

杨国桢. 清代闽北土地文书选编（一）[J]. 中国社会经济史研究，1982，(1)：111-121.

杨国桢. 清代闽北土地文书选编（二）[J]. 中国社会经济史研究，1982，(2)：102-114，116.

杨卉青. 宋代契约保障制度[J]. 榆林学院学报，2007，17（1)：44-46，73.

杨卉青，崔勇. 宋代借贷契约及其法律调控[J]. 河北大学学报（哲学社会科学版），2007，（4）：37-41.
杨惠玲. 敦煌契约文书中的保人、见人、口承人、同便人、同取人[J]. 敦煌研究，2002，（6）：39-46.
杨际平. 吐鲁番出土唐代经济文书札记[J]. 中国社会经济史研究，1994，（1）：1-7.
杨荣春. 吐鲁番出土《北凉神玺三年（公元三九九年）仓曹贷粮文书》研究[J]. 敦煌学辑刊，2014，（4）：69-79.
杨淑红. 元代契约文书的刊布与研究综述[J]. 中国史研究动态，2011，（1）：28-34.
杨选第. 元代亦集乃路的民间借贷契约[J]. 内蒙古师大学报（哲学社会科学版），1996，（3）：98-103.
叶新民. 亦集乃路元代契约文书研究[J]. 蒙古史研究，1997，（0）：115-127.
俞江. “契约”与“合同”之辨——以清代契约文书为出发点[J]. 中国社会科学，2003，（6）：134-148，208.
郁晓刚. 敦煌寺院会计凭证考释[J]. 敦煌研究，2016，（5）：92-100.
张婧. 魏晋时期南疆地区土地买卖及相关问题研究——以佉卢文书为据[J]. 西安文理学院学报（社会科学版），2016，（5）：31-34，57.
张可辉. 从敦煌吐鲁番文书看中人与地权交易契约关系[J]. 西域研究，2011，（2）：63-72.
张利民. 从旅津晋商碑刻看清代天津集散中心地位的形成[J]. 史林，2017，（4）：15-20，70，217.
张荣强. 孙吴“嘉禾吏民田家莂”中的几个问题[J]. 中国史研究，2001，（3）：39-48.
张世慧. 走出“细故”：清代商业活动中的钱债案与法律调整[J]. 近代史研究，2017，（2）：69-83，161.
张晓玲，何宁生. 十六国的民事法制[J]. 西北大学学报（哲学社会科学版），2013，（6）：31-37.
张旭华. 魏晋南北朝时期的商品构成与经营方式[J]. 郑州大学学报（哲学社会科学版），1996，（1）：44-51.
张应强. 清代契约文书中的家族及村落社会生活——贵州省锦屏县文斗寨个案初探[J]. 广西民族学院学报（哲学社会科学版），2005，（5）：59-64.
张玉. 束鹿县张氏家族契约文书述略[J]. 文物春秋，2005，（1）：61-69.
赵华富. 元代契尾翻印件的发现[J]. 安徽大学学报（哲学社会科学版），2003，（5）：27-29.
赵云旗. 从敦煌吐鲁番文书看唐代土地买卖的管理机制[J]. 敦煌研究，1998，（3）：47-59，186.
郑炳林. 晚唐五代敦煌贸易市场的物价[J]. 敦煌研究，1997，（3）：18-36，189.

郑炳林．晚唐五代敦煌贸易市场的等价物[J]．中国史研究，2002，(3)：85-94.
郑炳林，徐晓丽．论晚唐五代敦煌贸易市场的国际化程度[J]．中国经济史研究，2003，(2)：14-18.
郑显文．中国古代关于商品买卖的法律文书研究[J]．中国经济史研究，2003，(2)：52-62.
周龙龙．从遮蔽到呈现：元朝斡脱商业活动透视[J]．天中学刊，2018，(1)：132-135.
周伟洲．唐朝与南海诸国通贡关系研究[J]．中国史研究，2002，(3)：59-73.
周伟洲．7—9世纪的南海诸国及其与隋唐王朝的关系[J]．中国历史地理论丛，2016，31(3)：5-16.
朱德贵，刘威威．长沙走马楼简牍会计凭证初探[J]．会计之友，2013，(9)：112-114.
朱红欠．南北朝时期租赁业初探[J]．西北民族论丛，2014，(100)：69-79，414.
朱雷．吐鲁番出土北凉赀簿考释[J]．武汉大学学报（哲学社会科学版），1980，(4)：35-45.
朱雷．吐鲁番出土文书中所见的北凉“按赀配生马”制度[J]．文物，1983，(1)：35-38.
朱迎平．中国古代经济文献的构成和特点[J]．上海财经大学学报，2004，(6)：71-78.
朱悦梅．我国回鹘文社会经济文书研究述要[J]．敦煌学辑刊，1999，(1)：132-135.
〔日〕船田善之．元代汉文公文书（文书原件）的现状及其研究文献[J]．彭向前译．西夏学，2009，(4)：84-89.
〔日〕荒川正晴．唐帝国和粟特人的交易活动[J]．陈海涛译．敦煌研究，2002，(3)：81-91.
關尾史郎．トゥルファン将来，“五胡”時代契約文書簡介[J].西北出土文献研究會，2004，(1)：71-90.

4．学位论文

白小平．中国古代买卖契约研究[D]．兰州：兰州大学，2006.
白雪．契约文书中“契约”义词语汇释[D]．西安：陕西师范大学，2016.
陈敏．唐五代宋初敦煌寺院会计制度研究[D]．长沙：湖南大学，2012.
崔尧．清代清水江下游典当契约研究——以清水江契约文书为中心[D]．贵阳：贵州民族大学，2015.
邓文倩．清代湖北天门熊氏田地租佃契约文书研究[D]．郑州：郑州大学，2017.
丁红玉．中国古代契约文书汇编研究[D]．沈阳：辽宁大学，2016.
杜汉超．长沙走马楼三国吴简米出入记录所见会计制度探讨[D]．长春：吉林大学，2009.
付海敏．宋代私有田宅交易纠纷及其处理[D]．济南：山东大学，2013.
郭婕．明代商事法研究[D]．北京：中国政法大学，2002.
黑文婷．古代契约文书中的价值、价钱类词语演变研究[D]．西安：陕西师范大学，2013.
李佳洋．宋代买卖契约研究[D]．兰州：甘肃政法学院，2017.

刘子熙. 论宋代赊买卖契约制度[D]. 重庆：西南政法大学，2011.
卢雄勇. 苏商伦理及其社会价值研究[D]. 南京：南京大学，2011.
秦红卫. 南北朝时期中西陆路贸易研究[D]. 兰州：西北师范大学，2005.
孙娟. 宋代田宅买卖法研究[D]. 天津：南开大学，2007.
孙强. 晚明商业资本的筹集方式、经营机制及信用关系研究[D]. 长春：东北师范大学，2005.
王琦. 魏晋南北朝时期纸张的应用及其背景下的文档工作[D]. 沈阳：辽宁大学，2012.
王星宇. 宋代买卖契约制度研究[D]. 北京：对外经济贸易大学，2016.
王永坚. 宋代契约制度研究[D]. 济南：山东大学，2008.
徐嘉露. 明代民间契约习惯研究[D]. 郑州：郑州大学，2018.
徐秀玲. 中古时期雇佣契约研究——以敦煌吐鲁番出土雇佣文书为中心[D]. 南京：南京师范大学，2011.
闫伟伟. 长沙走马楼吴国吴简会计账研究[D]. 长沙：湖南大学，2016.
燕海雄. 敦煌吐鲁番借贷契约比较研究[D]. 西安：陕西师范大学，2006.
杨朝迎. 宋至清代徽州地区几件买卖契约文书初探[D]. 兰州：兰州大学，2013.
袁伦强. 《新甲骨文编》（增订本）校补[D]. 重庆：西南大学，2018.
张婧. 新疆出土佉卢文人口买卖文书及相关问题研究[D]. 西安：陕西师范大学，2012.
张明. 唐中叶至宋代租佃契约思想研究（780—1279 年）[D]. 上海：上海财经大学，2015.
赵海波. 北朝时期信用借贷问题初探[D]. 呼和浩特：内蒙古大学，2010.
朱成实. 魏晋南北朝恶钱研究——兼及实物货币的流通及其质劣化[D]. 上海：上海师范大学，2016.
朱红欠. 中古时期租赁活动研究——以西北地区为中心[D]. 西安：陕西师范大学，2015.
曾诚. 归义军时期的敦煌寺院经济简论[D]. 南京：南京师范大学，2014.